La Découverte

Jacques Cartier

VOYAGES AU CANADA

Avec les relations des voyages en Amérique
de Gonneville, Verrazano et Roberval

Edités par Ch.-A. Julien, R. Herval, Th. Beauchesne
Introduction de Ch.-A. Julien

FRANÇOIS MASPERO
1, place Paul-Painlevé
PARIS V°
1981

© Presses Universitaires de France, Paris, 1946, pour l'intro-
duction, les notes, et les traductions de Verrazano et de
Roberval. Titre original : *Les Français en Amérique dans
la première moitié du XVIᵉ siècle.*
© Librairie François Maspero, Paris, 1981, pour la version
moderne des textes de Gonneville et de Jacques Cartier.
ISBN 2-7071-1227-5

Introduction

Les Français ont fréquenté l'Amérique dès le début du XVIe siècle mais ne l'ont certainement pas découverte. Il faudrait mettre définitivement fin à des légendes qui peuvent être flatteuses pour le patriotisme local mais qui ne reposent sur aucune documentation solide. Telle est celle, rapportée par Desmarquets[1] *à la fin du XVIIIe siècle, du marin dieppois Jean Cousin qui aurait réalisé le double exploit de découvrir l'Amérique et la route de l'Inde par le cap de Bonne-Espérance. Ce jeune capitaine dont les mérites avaient retenu l'attention des armateurs obtint d'eux, en 1488, un grand vaisseau sur lequel il toucha une terre inconnue près d'un « grand fleuve qu'il nomma Maragnon et que depuis on a nommé le fleuve des Amazones ». De là, « en courant sur l'est », il aborda le premier à la pointe de l'Afrique qu'il nomma le cap des Aiguilles. Il ne poussa pas plus loin et rentra à Dieppe en 1489, mais, au cours d'un second voyage, il doubla le cap de Bonne-Espérance et parvint « aux grandes Indes où il fit les échanges les plus avantageux ».*

---

1. Ch. DESMARQUETS, *Mémoires chronologiques pour servir à l'histoire de Dieppe et à celle des navigations françaises...*, Paris, 1785, 2 vol., I, p. 91-98. Le texte est reproduit *in extenso* par E. LE CORBEILLER, « La Question Jean Cousin », in *Bulletin de la Société de géographie*, 7e série, t. XIX, 3e trim. 1898, p. 375-387 et en majeure partie par Ch. de LA RONCIÈRE, *Histoire de la marine française*, II, *La guerre de Cent Ans*, Paris, 1914, 3e éd., p. 401-404.

Ce récit est suspect parce qu'il n'est rapporté que par un seul auteur, sujet à caution, et trois siècles après l'événement. Si l'on admet la découverte de l'Amérique, il faut également frustrer Vasco de Gama du premier voyage dans l'Inde et, cela, même les partisans de Cousin ne l'avancent qu'avec discrétion. Le texte révèle des erreurs sur l'organisation de l'Amirauté qui témoignent d'une ignorance grave. On prétend que Cousin fut l'élève du cartographe Desceliers qui vécut soixante-cinq ans plus tard, et les hypothèses les plus ingénieuses ne peuvent prévaloir contre ce hiatus chronologique.

Le récit tourne même au roman d'aventures lorsqu'il attribue à Cousin l'Espagnol Vicente Pinzon comme second. Cet homme, méchant et jaloux, finit par passer au service de Gênes après avoir essayé en vain de faire déposer son chef par ses matelots et s'engagea au service de Colomb. Grâce à cette ingénieuse intrigue, Colomb devient un pâle démarqueur des exploits du capitaine dieppois puisqu'il n'aboutit en Amérique qu'à l'aide des secrets que lui livra Pinzon. Ce que Desmarquets n'explique pas, c'est pourquoi Pinzon, au courant du voyage au Brésil, conduisit Christophe Colomb aux Antilles [2].

On ne s'attarderait pas à relater ces contradictions si elles ne trouvaient encore du crédit chez des auteurs sérieux et n'offraient aux romanciers en mal d'histoire une matière inépuisable. C'est ainsi qu'un livre qui

---

2. La question Jean Cousin a donné lieu à une abondante littérature. L'authenticité des voyages affirmée par des écrivains français comme Vitet, Margry, Gaffarel et le capitaine anglais Gambier, niée par presque tous les historiens étrangers notamment l'Espagnol Duro et le Portugais Cotesao a fait l'objet d'une étude critique du Dr R. HENNIG, *Terrae incognitae*, IV [1416-1497 n. Chr.], Leiden, 1938, p. 395-398, qui conclut à l'invention des deux voyages.

connut du succès prétendit, en 1942, revendiquer pour la France la primauté en Amérique et aux Indes grâce à des documents inédits qui justifiaient les affirmations de Desmarquets [3] !

En dépit des prétentions soulevées en faveur d'Amerigo Vespucci, de Vicente Yanes Pinzon ou de Diego de Leppe, il ne semble pas qu'on ait encore sérieusement contesté au Portugais Pedro Cabral la gloire d'avoir abordé, le premier, le 22 avril 1500, à l'île « de Vera Cruz ou de Santa Cruz » qui devait bientôt devenir, peut-être sous l'influence des trafiquants français qui allaient y quérir du bois de teinture, la « terre de Brésil ».

Les Français ont-ils, du moins, découvert Terre-Neuve ? On n'en a pas fourni, jusqu'ici, de preuve décisive et il semble, tout au contraire, probable que l'Italien Giovanni Caboto [4], au service des armateurs de Bristol, aperçut le premier, en 1497, l'île dans laquelle abondaient les morues au point qu'on pouvait les pêcher avec des paniers. Mais ce furent des Portugais, les frères Corte Real, qui réalisèrent la première exploration méthodique de Terre-Neuve [5].

Quant aux Français, ils se seraient rendus très tôt sur le banc si l'on en croit les traditions maritimes. En 1506, Jean Denys, de Honfleur, suivit la côte entre le cap Bonavista et le détroit de Belle-Isle, puis le

3. J. MAUCLÈRE, Caravelles au large. Le véritable découvreur de l'Amérique : Jean Cousin, marin dieppois, Paris, 1942.

4. L'ouvrage fondamental sur les voyages de Cabot est celui de J.-A. WILLIAMSON, The Voyages of the Cabots and the English Discovery of North America under Henri VII and Henri VIII, London, 1929.

5. Sur les Corte Real, voir H. HARISSE, Les Corte Real et leurs voyages au Nouveau Monde, Paris, 1883 ; H.-P. BIGGAR, « The Voyages of the Cabots and Corte Reals to North America and Groenland, 1497-1503 », in Revue hispanique, X, 1903.

Dieppois Thomas Aubert, monté sur la Pensée, *appartenant à Ango le père, fournit, en 1508, aux pêcheurs des avis précieux sur les rivages situés au nòrd du cap Bonavista. C'est sans doute au cours de ce dernier voyage que sept Indiens Béothuk furent enlevés sur la côte orientale de l'île pour être transportés à Rouen avec leurs vêtements et leur équipement, dont le célèbre imprimeur Henri Estienne laissa une précise description* [6].

Dès le début du XVIᵉ *siècle, les parages de Terre-Neuve attirèrent davantage les pêcheurs que les explorateurs. Il est certain qu'en 1504 des Bretons y fréquentaient. Les Normands et les Basques n'y étaient pas moins assidus chaque année. Rapidement les produits de la pêche tinrent place dans l'économie des provinces maritimes. Une pétition de 1510 révèle que le commerce des morues faisait déjà l'objet d'une organisation méthodique avec un marché central à Rouen où les marins écoulaient le gros de leur cargaison* [7].

En 1514, un acte de transaction entre les moines de l'abbaye de Beauport en Keritry et les habitants de l'île Bréhat [8] *précise que les patrons pêcheurs doivent verser la dîme pour le poisson pris « deux, troys, quatre, cinq, dix, vingt, trente, quarante, cincquante, sexante ans et dedans ». On a voulu conclure de ce texte que la fréquentation de Terre-Neuve par les Français remonterait au milieu du* XVᵉ *siècle et « vrai-*

6. *Ensebü Caesariensis episcopi Chronicon,* Parisiis, 1512, f. 172.
7. Le document est reproduit par H.-P. BIGGAR, *Les Précurseurs de Jacques Cartier, 1497-1534,* Ottawa, 1913, p. 115-118.
8. Document communiqué à la Société archéologique des Côtes-du-Nord en 1886, publié par TEMPIER, « Les Bretons en Amérique avant Christophe Colomb », in *Annales de Bretagne,* IX, nº 2, janvier 1894, p. 176-182 et reproduit par BIGGAR, *Les Précurseurs...,* p. 118-123.

semblablement depuis des temps plus reculés ». On ne peut aboutir à une telle affirmation qu'en forçant le sens du texte. La convention constate bien que les morutiers, tant de Terre-Neuve que d'Islande et de Bretagne, se voient imposer une redevance, mais nulle part il n'est dit que la perception effectuée « sexante ans et dedans » ait porté sur les trois lieux de pêche à la fois, sinon une seule date, et la plus reculée, eût suffi. Il paraît, tout au contraire, vraisemblable que les engagements furent souscrits à des périodes différentes pour la Bretagne, l'Islande et Terre-Neuve.

On serait, du reste, bien embarrassé s'il fallait choisir entre les traditions locales, qui sont aussi affirmatives que contradictoires. Aux mérites des Dieppois, le légiste bordelais Cleirac opposa ceux des Basques en quête de baleines, prétendant qu'ils découvrirent cent ans avant Christophe Colomb le grand et le petit banc des morues, les rivages de Terre-Neuve et le Canada ou Nouvelle-France [9].

Normands, Bretons, Rochelais et Basques pourraient tous prétendre à la primauté sans établir de démonstration décisive. Ce qui paraît, au contraire, assuré, c'est que les Français fréquentèrent très tôt les parages du Brésil et de Terre-Neuve. On en a la preuve, pour l'île, par le fait que Jeanne d'Aragon, en 1511, imposa comme guides deux pilotes bretons à l'expédition chargée de découvir le « secret de Terre-Neuve » où l'on croyait trouver en abondance de l'or et des produits précieux [10]. Il est donc incontestable qu'à cette époque les marins du duché s'imposaient par une compétence qu'ils ne pouvaient avoir acquise qu'au prix de longues années de navigation.

---

9. E. CLEIRAC, *Us et Coutumes de la mer...*, Bordeaux, 1647, p. 151.
10. Texte dans BIGGAR, *Les Précurseurs...*, p. 102-107.

Quant au Brésil, les hasards d'un procès plaidé en 1658 sauvèrent un document rapportant un voyage qu'y firent des Normands en 1504. Le capitaine honfleurais Gonneville, qui désirait se rendre aux Indes avec le concours de Portugais, pour en rapporter des « épiceries et autres raretéz », sur le navire L'Espoir, fut drossé par la tempête vers une grande terre où il jeta l'ancre, le 6 janvier 1504, dans une rivière semblable à l'Orne. On crut longtemps, faute de texte sûr, qu'il s'agissait d'une terre australe [11] et Kerguelen, qui la chercha vainement en 1772, fit triompher l'hypothèse de Madagascar. Or il est incontestable que Gonneville toucha au Brésil, peut-être vers le vingt-sixième degré de latitude sud. Les Normands passèrent six mois dans le pays qu'ils parcoururent jusqu'à deux jours de marche de la côte et changèrent « des quincailleries et autres besognes de petit prix » contre des vivres et des « peaux, plumasses et racines à teindre » qu'ils étaient sûrs de vendre en France à bon prix. Au cours du voyage de retour, le bateau dut faire une nouvelle escale, sans doute dans la région de Porto Seguro, sur une côte déjà fréquentée par des chrétiens et peuplée de tribus cannibales. Ils durent remonter cent lieues plus au nord, jusqu'à Bahia où d'autres tribus de même race leur firent bon accueil et leur permirent de faire leur plein de vivres et de marchandises. L'Espoir quitta le Brésil à la veille de Noël mais fut attaqué, le 7 mai 1505, dans les parages de Jersey et de Guernesey par un pirate anglais puis par un breton. Plutôt que de céder au Breton, Gonne-

---

11. E. de FLACOURT, *Histoire de la grande isle de Madagascar...*, Paris, 1661, p. 464-466 et Ch. de BROSSES, *Histoire des navigations aux terres australes...*, Paris, 1756, 2 vol., I, p. 106-120. Cette erreur exerça une influence considérable sur l'exploration des mers australes où l'on chercha la terre de Gonneville.

ville préféra jeter son navire à la côte où il perdit toute sa cargaison. Il ne lui resta que la consolation de rédiger une constatation détaillée en place de journal de bord pour réserver ses droits.

La Relation authentique *de Gonneville représente le témoignage le plus ancien du contact des Français avec un territoire et des indigènes américains* [12]. *Elle fournit des renseignements précis sur les mœurs des Carijo du littoral entre Cananea et les lacs du Sud où les Normands reçurent bon accueil. Le vieux roi Arosca et son peuple se montrèrent étonnés par le navire et l'artillerie et plus encore par les messages écrits qu'échangeaient les hommes entre eux. Il eût bien voulu se faire accompagner en campagne par des matelots « avec baston à feu et artillerie, pour faire paour et desrouter ses dits ennemys » mais le capitaine honfleurais s'y refusa par une sage réserve qui fut rarement gardée après lui. Il put même obtenir que le roi lui confiât son fils Essomericq pour l'emmener faire un séjour de vingt mois en France, sous la conduite d'un Indien plus âgé qui lui servait de chaperon. Essomericq faillit mourir du scorbut au cours du voyage, ce qui lui valut d'être baptisé et d'être appelé dorénavant*

12. Voir notamment P. MARGRY, *Les Navigations françaises et la Révolution maritime du XIVe au XVIe siècle...,* Paris, 1867, p. 137-180 ; P. GAFFAREL, *Histoire du Brésil français au XVIe siècle,* Paris, 1878, p. 30-54 ; [Ch. et P. BRÉARD], *Documents relatifs à la marine normande et à ses armements aux XVIe et XVIIe siècles...,* Rouen, 1889, p. 202-214 ; Ch. BRÉARD, *Le Vieux Honfleur et ses marins...,* 1897, p. 104-116 ; Ch. de LA RONCIÈRE, *Histoire de la marine française,* III, *Les Guerres d'Italie, Liberté des mers,* Paris, 1923, 3e éd., p. 132-137 ; abbé A. ANTHIAUME, *Cartes marines, constructions navales, voyages de découvertes chez les Normands, 1500-1650,* Paris, 1916, 2 vol., I, p. 522-523, II, p. 185-186 ; R. MARAN, *Les Pionniers de l'Empire,* Paris, 1943, p. 61-83.

Binot, d'après le nom de baptême du capitaine. Si Arosca consentit à ce départ, ce fut sans doute avec l'espoir que son fils apprendrait en France cet art de l'artillerie « qu'ils souhaitoient grandement pour pouvoir maistriser leurs ennemys ».

Les Tupiniquin de la région de Porto Seguro apparaissent pour la première fois dans la littérature française en des termes qui reviendront fréquemment dans les relations de voyage postérieures. Leur férocité contraste avec l'attitude bienveillante des Tupinamba de la région de Bahia qui acceptent de trafiquer selon les règles.

Le récit de Gonneville est bref, peu prodigue de détails, mais ceux qu'il fournit paraissent exacts. Il marque la différence entre les mœurs douces des Carijo, maintes fois signalées depuis, et la férocité des Tupiniquin. Il décrit avec précision les vêtements que les Carijo étaient seuls à porter l'hiver à cause du climat, au contraire des tribus Tupi du Nord qui allaient nues ; il fait la distinction entre les lits de nattes et les hamacs, note les ustensiles de cuisine, les ornements, les tatouages, les mutilations, les labrets de pierres vertes, l'armement d'arcs et de massues. En dépit de sa sobriété, Gonneville dégage les traits essentiels de l'aspect et des mœurs des Indiens que Thevet et Léry décriront plus tard en détail.

Après Gonneville, les Français ne cessèrent de fréquenter assidûment le Brésil, sur les côtes duquel ils pratiquèrent à la fois le commerce et la piraterie. Ce ne fut pas le gouvernement mais des armateurs et des marins qui organisèrent le trafic du bois de teinture et développèrent l'influence française au point qu'elle tint en balance la colonisation portugaise et se prolongea durant un siècle.

En Amérique du Nord, ce fut le capitaine florentin Verrazano qui réalisa le voyage d'exploration le plus remarquable [13]. *De nombreux Italiens chassés par les troubles de la péninsule avaient transporté en France leurs maisons de banque ou de commerce. Les plus riches s'étaient établis à Lyon où les attirait l'activité internationale des foires. Ils tenaient également une place active dans le grand centre d'affaires qu'était alors Rouen.*

Il semble que l'initiative du voyage de Verrazano partit de Lyon où les financiers s'intéressaient à la recherche de la route directe vers le Cathay, pays de la soie, en Chine septentrionale. C'est sans doute la colonie italienne de Rouen qui les mit en contact avec Jean Ango, le grand armateur et banquier dieppois.

13. Buckingham SMITH, *An Inquiry into the authenticity of documents concerning a discovery in North America claimed to have been made by V.*, New York, 1864 ; H. C. MURPHY, *The Voyage of V., a chapter in the early Discovery in America,* New York, 1875 ; C. DESIMONI, « Il Viaggio di G. da V. all' America settentrionale nel 1524 », in *Arch. storico italiano.* XXVI, 1877 et « Intorno al fiorentino G. V., Studio secondo », in *Atti della Soc. ligure di storia patria,* 1882 ; G. GRAVIER, *Les Voyages de G. V. sur les côtes d'Amérique en 1524-1528,* Rouen, 1898 ; L. HUGUES, « G. da V. Notizie sommarie », in *Raccolta di documenti e studi pubblicati della R. Commissione Colombiana,* Parte 5e, vol. II ; A. BACCHIANNI, « G. da V. e le sue scoperte nell'America Settentrionale (1524) secondo l'inedito codice sincrono Céllere di Roma », in *Boll. d. Soc. geografica italiana,* vol. XLVI, nov. 1909, p. 1274-1323 (fondamental). Ch. LA RONCIÈRE, *Histoire de la marine française,* III, *op. cit,* p. 255-267 ; W.-F. GANONG, « Crucial Maps in the early Cartography and Place nomenclature of the Atlantic, Coast of Canada, III », in *Transactions of the Royal Society of Canada,* section II, vol. XXV, 1931, p. 169-203 (important) ; R. HERVAL, *G. da V. et les Dieppois à la recherche du Cathay (1524-1528)...,* Rouen, s. d. [1933] ; A. MAGNAGHI, « Verrazano », in *Enciclopedia italiana,* Roma, 1937, vol. XXV, p. 188-189 (bonne mise au point). — Il convient d'écrire *Verrazano* de préférence à *Verazzano* ou *Verrazzano,* en raison de la signature *Janus Verrazanus* au bas de la lettre à François Ier et de l'emploi des formes *Verrazano* et *Verrazana* sur le planisphère de 1529 dû à Girolamo, le frère du navigateur.

Naturellement, ils réclamèrent le commandement de l'expédition pour un marin toscan connu par ses voyages en Méditerranée et qui était apparenté à des banquiers de Rome. C'est à Dieppe, où Ango commandait en maître et où les Florentins de Rouen avaient de gros intérêts, que fut préparée l'expédition. Nul explorateur du XVIᵉ siècle n'a été plus méconnu que Verrazano. Une sorte de fatalité s'est abattue sur lui qui a détruit ou mutilé les documents qui rendaient compte de son voyage. L'histoire, qui n'aime pas travailler sur les documents tronqués, a été sévère pour le marin toscan au point de contester non seulement la réalité de ses voyages, mais sa propre personnalité. Bien que l'original de la lettre-rapport qu'il adressa à François Iᵉʳ ait été retrouvé en 1909, la même suspicion continue à peser sur lui car il est difficile de rompre avec une tradition qui a pour elle l'autorité des siècles et la caution d'auteurs sérieux.

Verrazano voulait parvenir au « Cathay et à l'extrémité orientale de l'Asie ». On ignorait alors à peu près tout de l'immense littoral de l'Amérique septentrionale à l'exception de Terre-Neuve et de la Floride. L'idée d'un continent américain indépendant était loin d'avoir triomphé. Beaucoup croyaient que les terres nouvellement découvertes représentaient une avancée du Cathay. On pouvait même se demander s'il n'existait pas une barrière continue ou fragmentée entre l'Europe et l'Asie, aussi la découverte d'un passage hantait-elle l'esprit des hommes d'affaires et des marins. Ce fut le but que poursuivit Verrazano. Ce fut sans doute ce qui retint aussi l'attention de François Iᵉʳ qui s'intéressa personnellement à l'entreprise.

Un premier essai pour suivre la route du nord familière aux pêcheurs de Terre-Neuve échoua vers le milieu de 1523, sous les coups de la tempête. Verrazano, après avoir fait la course sur les côtes espagnoles

*— peut-être pour donner le change sur ses desseins —,
finit par entreprendre son voyage avec une seule cara-
velle de cent tonneaux, la* Dauphine, *montée par cinquante hommes et munie de vivres pour huit mois.
Après être arrivé à peu de distance de la côte d'Amérique — sans doute aux environs du cap Fear dans
la Caroline du Nord —, il suivit, le 7 mars 1524, la
côte vers le sud durant deux cents milles puis rebroussa
chemin jusqu'au point où il avait, pour la première
fois, aperçu le littoral et, là, fit escale. Il poursuivit
sa route vers le nord le long des côtes de la Caroline
du Nord, de la Virginie, du Delaware et du New Jersey
sans trouver le passage libérateur, bien que la lagune
du Pamlico Sound lui ait fait croire qu'il apercevait
la mer orientale. Chemin faisant, il pénétra dans la
baie de New York puis toucha à un très beau rivage
où s'éleva plus tard Newport. Après avoir franchi le
dédale des îles du Maine, il gagna Terre-Neuve sans
avoir découvert la baie de Fundy et débarqua à Dieppe
le 8 juillet 1524 d'où il expédia, séance tenante, son
rapport au roi.*

*Il avait parcouru plus de sept cents lieues d'une
terre inconnue qu'il avait baptisée Francesca, en l'honneur de François Ier, et établi ainsi la jonction entre
les découvertes des Espagnols en Floride et des Portugais au nord. Il ramenait l'espoir de découvrir de
l'or et des épices mais il n'avait pas trouvé le fameux
détroit et ne paraissait même pas convaincu de son
existence. Les financiers lyonnais, qui ne se souciaient
pas de terres nouvelles, restèrent insensibles aux échan-
tillons qu'il leur présenta. L'affaire fut classée aux pro-
fits et pertes et l'on n'en parla plus.*

*Verrazano était un homme de la Renaissance, lettré
et scientifique à la fois, aussi rapporta-t-il des des-
criptions précises non seulement des sites où il séjourna
mais de l'aspect et des mœurs des indigènes. Il dépeint*

les Indiens des environs du cap Fear, au teint noir, nus, munis seulement d'une étroite ceinture ; ceux plus au nord moins forts et plus intelligents ; ceux d'Arcadie (péninsule d'Accomak) plus blancs sous leurs habits d'herbes tressées, sans doute des Delaware ; ceux de la baie de Sainte Marguerite (New York) couverts de plumes d'oiseaux de diverses couleurs ; enfin les tribus du Maine vêtues de peaux d'ours et de loups-cerviers, et portant à leurs oreilles des patenôtres de cuivre.

C'est aux habitants du Refuge (Newport) qu'il porte le plus d'intérêt parce qu'ils représentent « la race la plus belle et la plus policée ». Il trouve leurs femmes remarquables de grâce et de beauté. Elles vont nues comme les hommes ou portent une simple peau de cerf brodée, et sont coiffées comme les femmes d'Egypte et de Syrie. Les bijoux les plus appréciés sont des lames de cuivre travaillé que l'on préfère à l'or.

Verrazano note aussi les mœurs et les coutumes des sauvages, notamment les demeures circulaires des Indiens du Refuge, les conditions agricoles, la nourriture, les procédés de navigation et de chasse.

Sauf dans la région de Portland, les sauvages accueillirent bien les Normands. Au nord du cap Fear on put craindre la mise à mort d'un jeune marin dont ils voulaient simplement admirer la blancheur de la peau. En Arcadie, un bel homme nu leur tendit, en offrande, un morceau de bois allumé. Partout le ravitaillement fut facile et les indigènes libéraux, sauf les Penobscot qui se montrèrent très exigeants dans le troc.

Verrazano décrit succinctement ce qu'il a vu mais sans porter de jugement de valeur sur les mœurs des sauvages ni les comparer à celles des Européens ; même en matière religieuse, il s'exprime avec beaucoup de prudence. Il lui semble que les Indiens n'ont ni lois ni croyances mais vivent en toute liberté par suite de leur totale ignorance.

Du point de vue géographique, le navigateur florentin rapporte de remarquables conclusions. Il affirme sans ambages qu'il a exploré une terre ignorée des anciens et qui constitue un autre monde qu'il croit presque aussi grand que l'Asie. Il juge que le nouveau continent est indépendant de l'Asie et de l'Afrique et qu'il est enfermé entre la mer orientale et la mer occidentale qu'il limiterait toutes deux. En cela, il n'hésite pas à contredire, en la rappelant, l'opinion d'Aristote qui admet que l'océan occidental ne fait qu'un avec l'océan oriental des Indes sans aucun continent interposé.

Verrazano voulait proposer à François Ier de diriger un nouveau voyage et peut-être une entreprise de colonisation [14], mais il arriva au moment où le roi se préparait à porter la guerre en Italie. Bientôt après ce fut, le 26 février 1525, le désastre de Pavie, suivi de la captivité. La reine-mère avait d'autres soucis que d'entreprendre des expéditions lointaines. Verrazano dut s'adresser, en avril 1526, pour équiper trois vaisseaux, à une société en commandite, constituée par l'amiral Chabot, toujours avide d'argent à gagner, et par Jean Ango, le patron reconnu des entreprises maritimes. Il trouva aussi appui auprès d'émigrés italiens de Rouen.

Son expédition ne put quitter la France qu'au printemps de 1528. On ne sait si elle avait pour but de chercher un passage plus au sud ou même d'aller jusqu'au Brésil. Verrazano n'en revint pas. Si l'on en croit le poète Paul Jove, qui tenait le récit du propre frère de Verrazano, le capitaine florentin et six de ses compagnons auraient été capturés dans une île des Antilles, étendus à terre, dépecés jusqu'aux os et

---

14. G. RAMUSIO, *Terzo volume, delle navigationi e viaggi...*, Venetia, 1556, p. 417.

dévorés [15]. *Nul ne se soucia de renouveler l'expédition de Verrazano qui avait permis d'explorer la côte américaine de la Caroline du Nord jusqu'au Maine et qui représente, bien que longtemps méconnu, l'exploit le plus remarquable des explorateurs partis de France au* XVIe *siècle.*

Ni les relations de Gonneville ni le rapport de Verrazano ne furent connus du grand public. Par contre, Jacques Cartier a laissé des récits de ses voyages qui ont grandement facilité la tâche des historiens [16].

Le capitaine de Saint-Malo à qui échut l'honneur de découvrir le Canada ne bénéficiait pas, en son temps, d'une grande notoriété. Il dut sa désignation moins à ses mérites, qui étaient réels, qu'aux relations d'un de ses parents, procureur fiscal des revenus de l'abbaye du Mont-Saint-Michel, avec l'abbé Le Veneur qui était également évêque de Lisieux. Le Veneur joua, dans la genèse de l'expédition canadienne, un rôle prépondérant qui fût demeuré inconnu sans la

---

15. A. BACCHIANI, « I Fratelli da V. e l'eccidio di una spedizione italo-francese in America (1528) », in *Boll. d. Soc. geografica italiana,* luglio-sett., 1925, p. 373-400.

16. Outre les récits de voyage, il existe des sources d'archives qui ont été publiées par H.-P. BIGGAR, *A Collection of Documents relating to Jacques Cartier and the Sieur de Roberval,* Ottawa, 1930. — Parmi les nombreuses biographies de Jacques Cartier, on retiendra celles de JOUON DES LONGRAIS, *Jacques Cartier, documents nouveaux,* Paris, 1888 ; N.-E. DIONNE, *Jacques Cartier,* Québec, 1933, 2e éd. ; J. POPE, *Jacques Cartier, sa vie et ses voyages,* trad. de l'anglais, Ottawa, 1890 ; S. LEACOCK, *Mariner of Saint-Malo, Cartier,* Toronto, 1914 ; Ch. de LA RONCIÈRE, *Jacques Cartier et la découverte de la Nouvelle-France,* Paris, 1961 ; L'abbé GROULX, *La découverte du Canada, Jacques Cartier,* Montréal, 1934 ; GASTON-MARTIN, *Jacques Cartier et la découverte de l'Amérique du Nord,* 1938. M. LANCTOT, l'érudit sous-ministre des archives du Canada à Ottawa, prépare un ouvrage qui doit apporter des données nouvelles sur la question.

découverte d'une étude du président Hénault sur la généalogie de la famille [17].

L'évêque de Lisieux fut chargé par François I*ᵉʳ de traiter avec le pape la question délicate du monopole des terres neuves accordé par Alexandre VI, à la fin du XVIᵉ siècle, aux Portugais et aux Espagnols. Le roi de France ne pouvait entreprendre une expédition en Amérique sans être assuré, au préalable, de ne pas encourir la condamnation de Rome. Grâce à ses relations avec le cardinal Hippolyte de Médicis, archevêque de Montréal, neveu du pape, Le Veneur obtint de Clément VII une interprétation favorable de la bulle d'Alexandre VI. Il reçut, en effet, l'assurance qu'elle s'appliquait exclusivement aux terres déjà découvertes par l'Espagne et le Portugal. Dès lors, la voie était librement ouverte aux initiatives françaises en Amérique.

Le succès de cette mission dut contribuer à faire obtenir à Le Veneur le chapeau de cardinal. Dès l'année précédente, il avait proposé au roi, venu en pèlerinage au Mont-Saint-Michel, de participer aux frais d'une expédition de découvertes et lui avait présenté Jacques Cartier dont le choix fut retenu.

On sait fort peu de choses sur le passé du capitaine malouin qui avait sans doute fait des voyages antérieurs à Terre-Neuve et au Brésil. Peut-être même fut-il un des compagnons de Verrazano, en 1524 [18]. L'expédition dont le roi lui confiait le commandement avait un caractère officiel et était financée par la Couronne. Il s'agissait de découvrir des îles nouvelles dont on

---

17. Baron de LA CHAPELLE, « Jean Le Veneur et le Canada », in *Nova Francia*, vol. VI, nᵒˢ 5-6, sept.-oct. et nov.-déc. 1931, p. 341-343.

18. C'est l'hypothèse émise par LANCTOT, « Cartier's first Voyage to Canada in 1524 », in *The Canadian Historical Review*, september 1944, p. 233-245.

vantait les richesses, notamment en or, et un détroit qui permît de gagner le Cathay par l'ouest.

Au cours de son premier voyage, en 1534, Jacques Cartier n'atteignit aucun des deux buts qu'il s'était proposés, mais il accomplit le périple entier du golfe du Saint-Laurent et prit possession, le 24 juillet, du Canada au nom du roi en élevant sur la Falaise de Gaspé une croix gigantesque portant un écriteau à fleur de lys.

Pour preuves de la découverte des terres neuves, il ramenait, suivant la coutume, deux indigènes qui, au cours de leur séjour en Bretagne, apprirent le français et purent lui servir d'interprètes. Ils vantèrent les richesses d'un royaume de l'Ouest, le Saguenay, que Jacques Cartier dut confondre avec le Cathay de Marco Polo.

C'est sans doute la perspective de découvrir de riches mines d'or qui engagea le roi à lui confier le commandement d'une deuxième expédition. Cette fois, la recherche du détroit passait au second plan. Il s'agissait, avant tout, de découvrir le Saguenay qui apparaissait aux imaginations comme un nouveau Pérou ou un nouveau Mexique.

Jacques Cartier emmenait avec lui quelques gentilshommes et les deux interprètes. Il comptait remonter le grand fleuve « de Hochelaga » puis, après avoir traversé le pays de Canada, gagner le Saguenay par la vallée d'une rivière. Le 1er septembre, il s'engagea franchement dans le couloir du fleuve et toucha au royaume du Canada où il reçut bon accueil du seigneur Donnacona, chef d'un village de cabanes basses, Stadaconé, situé à l'emplacement où devait s'élever Québec un siècle plus tard. Il se heurta à une vive opposition des indigènes, excités par les interprètes, quand il voulut pousser son voyage en amont. Sans doute redoutaient-ils que les Français missent leur puissance occulte au service d'une tribu rivale. Jacques Cartier rit des cérémonies magiques par lesquelles ils espéraient le décourager et remonta le fleuve, entre le 19 septembre et le 2 octobre, jusqu'à Hochelaga, dans l'île de Montréal, petite bourgade circulaire défendue par une triple palissade et comprenant une cinquantaine de maisons de bois compartimentées. Du haut du mont Royal, il put contempler un panorama magnifique encadré de montagnes et parcouru par l'immense fleuve. Faute d'interprète, il ne s'entretint que par gestes avec les gens du pays et crut comprendre qu'en suivant la rivière au pied des Laurentides il parviendrait au mystérieux royaume du Saguenay. Il renonça, pour le moment, à pousser plus loin mais il croyait savoir où se trouvait le but de son voyage. Il ne put retourner aussitôt en France et dut supporter un terrible hiver dont la rigueur et la durée l'étonnèrent. Le scorbut enleva en quelques semaines vingt-cinq de ses hommes et le demeurant fut sauvé par une plante miraculeuse que lui indiquèrent les Indiens. Au moment de partir, il embarqua, de force, les deux interprètes, deux notables et le roi Donnacona qui pouvaient lui servir de caution auprès du roi.

Une fois encore, il n'avait pas atteint le but qu'il poursuivait mais il avait fixé l'insularité d'Anticosti et de Terre-Neuve, déterminé le cours du Saint-Laurent jusqu'aux rapides de Lachine et révélé l'existence d'un pays inconnu partagé entre les provinces du Canada et de Hochelaga au-delà duquel s'étendait le prestigieux royaume de Saguenay. Il est probable qu'il croyait avoir pris pied sur un cap oriental d'Asie. Mais il ne rapportait pas les richesses escomptées et le résultat dut paraître un échec au roi et à l'amiral Chabot qui se souciaient d'or et non de territoires.

Ces découvertes eurent peu de retentissement car ni l'Espagne ni le Portugal, pourtant aux aguets, ne semblent en avoir eu connaissance. La correspondance qu'échangèrent avec les cours de Londres, de Lisbonne et de Valladolid les diplomates et les espions étrangers, à la veille de son troisième voyage, révèle qu'elles étaient totalement inconnues. François Ier paraît s'être désintéressé de l'entreprise dont le détournait la guerre avec l'empereur qui devait se poursuivre jusqu'à la trêve de Nice, le 18 juin 1538.

Brusquement, en septembre 1538, le Canada revint à l'ordre du jour et Jacques Cartier put présenter au roi un mémoire détaillé sur l'équipement d'une flotte qui comprendrait six bateaux, un nombreux personnel et des approvisionnements abondants. Pour la première fois, le souci de la mise en valeur du sol apparaissait sous la forme d'un projet d'établissement. Pourtant, le roi ne prétendait pas organiser une nouvelle entreprise pour coloniser un pays neuf ou pour en exploiter les richesses minières mais pour en convertir les habitants. Singulier désintéressement et qui est en contradiction absolue avec les déclarations qu'il fit à un pilote portugais espion du roi Jean III. Sans doute faut-il voir dans des affirmations aussi péremptoires un moyen d'empêcher que Charles Quint n'obtînt du pape une condamnation de la tentative au nom des prescriptions de la bulle d'Alexandre VI. En proposant, pour la nouvelle expédition, le même but religieux qui avait valu leurs privilèges aux rois d'Espagne et de Portugal, il devenait difficile au souverain pontife de condamner une œuvre de conversion qui, au surplus, ne lésait en aucune manière les intérêts matériels de l'empereur, possesseur virtuel du Canada.

Le roi attendit jusqu'en octobre 1540 pour ordonner l'expédition. Elle prenait, à ses yeux, une tout autre importance que les précédentes. Il ne s'agissait plus d'une exploration mais d'une prise de possession définitive. François Ier, au cours des discussions avec les ambassadeurs de Charles Quint et de Jean III, avait élaboré une doctrine coloniale, à la fois précise et originale. Il affirmait que ce n'était point la découverte qui crée la possession mais l'occupation permanente des lieux. Une telle conception entraînait deux conséquences : elle l'obligeait d'abord à éviter toute intervention dans les terres efficacement occupées par l'Espagne ou le Portugal, aussi donna-t-il des ordres formels pour que les marins français ne se rendissent plus en Guinée, au Brésil et dans les Iles ; elle lui imposait ensuite d'occuper en permanence le Canada, s'il voulait s'en assurer la possession régulière. C'est cette détermination politique qui explique le remplacement de Jacques Cartier par Roberval. Si l'on pouvait confier à un roturier une expédition de découvertes, il fallait s'adresser à un noble pour gouverner le pays, commander l'armée et accorder des fiefs. Le roi, qui tenait à limiter ses dépenses personnelles, avait besoin d'un lieutenant assez riche pour assumer l'essentiel des charges. C'est dans cet esprit que, le 17 janvier 1541, il révoqua ses décisions antérieures qui nommaient Jacques Cartier capitaine général et maître pilote et nommait Jehan Françoys de La Roque, seigneur de Roberval « lieutenant général, chef, directeur et capitaine » de l'entreprise [19].

---

19. Nombreux renseignements sur Roberval tirés des archives dans BIGGAR, *A Collection, op. cit.* Voir N.-E. DIONNE, *La Nouvelle-France de Cartier à Champlain, 1540-1603*, Québec, 1891, p. 19-55 ; abbé E. MOREL, « Jean-François de La Roque, seigneur de Roberval », in *Bull. de géogr. hist. et descriptive*, 1892, p. 273-300 ; R. LA ROQUE DE ROQUEBRUNE, « Un rival de Jacques Cartier, Roberval... », in *Rev. des questions hist.*, sept. 1934, p. 9-14 ; E. DE CATHELINEAU, « Jacques Cartier, Roberval et quelques-uns de leurs compagnons », *ibid.*, p. 15-25 et « Une épitaphe de Roberval », in *Nova Francia*, vol. VI, nᵒˢ 5-6, sept.-oct. et nov.-déc. 1931, p. 302-312 ; R. MARICHAL, « Les Compagnons de Roberval », in *Humanisme et Renaissance*, I, fasc. 1-4, s. d. [1934], p. 51-122.

Roberval était un gentilhomme languedocien fixé en Picardie qui s'était distingué à l'armée et avait la réputation d'être expert en fortifications. Le fait qu'il était protestant est une preuve de plus que la conversion des indigènes n'occupait pas le premier plan. Le nouveau gouverneur devait s'entourer de gentilshommes, de marchands, et de tous les sujets de bonne volonté à qui il voudrait faire appel. Si l'exploitation des richesses du Saguenay demeurait le but essentiel, le roi était amené à prévoir l'organisation d'une colonie d'exploitation dont les cadres seraient fournis par la métropole.

Jacques Cartier continua à figurer dans l'expédition, mais en sous-ordre, et tout porte à croire qu'il trouva sa nouvelle situation toute naturelle. Il fut prêt le premier, le 23 mai 1541, avec cinq navires portant plusieurs centaines d'hommes et de fournitures pour deux ans. Il remonta le fleuve dans la direction du Saguenay mais dut renoncer à poursuivre jusqu'au bout son voyage ; du moins crut-il avoir découvert de l'or et des diamants.

Cependant Roberval, après avoir réquisitionné des condamnés de droit commun pour en faire des colons et pratiqué la piraterie pour refaire ses finances compromises, finit par mettre à la voile le 16 avril 1542 avec trois navires commandés par le pilote réputé Jean Alfonse de Saintonge et montés par deux cents personnes, hommes et femmes, dont plusieurs gentilshommes. A Terre-Neuve, il rencontra Jacques Cartier qui, lassé de l'attendre, avait pris le chemin du retour. Le Malouin était persuadé qu'il rapportait des diamants et de l'or pur. Le bruit s'en répandit sur le banc. Sans doute avait-il hâte de les présenter à l'estimation car il leva l'ancre en secret, de nuit, pour regagner la Bretagne. Ce faisant, il désobéissait à l'ordre formel du chef qui avait été désigné par son roi. Même s'il avait à se plaindre de Roberval, il commettait un acte grave d'indiscipline.

Roberval eut à faire face à de sérieuses difficultés auxquelles il para avec une indomptable énergie, mais il ne réussit, pas plus que Jacques Cartier, à gagner le Saguenay. Peut-être poussa-t-il jusqu'à l'Ottawa. On a pu se demander s'il n'avait pas l'intention, en cas de succès, de fonder au Canada une colonie protestante.

En France, le retour de Cartier tourna rapidement à la banqueroute car le contrôle reconnut faux aussi bien les diamants que l'or. Le roi se désintéressa, dès lors, du Canada et se borna à rapatrier ce qui restait de l'expédition de Roberval.

Avec le Brief Récit, *qui raconte le deuxième voyage de Jacques Cartier, l'Amérique entre dans la littérature française. Le livre se propose de faire connaître « la bonté et fertilité » des nouvelles terres et la vie des habitants. Le pays ne diffère pas profondément de la France, sauf par son climat, et les terres labourables y abondent. Les indigènes vivent d'agriculture, de pêche et de chasse. Hochelaga est la première ville indienne qu'ait décrite un Français, notamment avec ses « grandes maisons » où la salle commune sert de centre à la vie collective.*

Jacques Cartier est frappé de l'indifférence des sauvages aux « biens de ce monde » qu'ils mettent « quasi en communaulté de biens ». Il note leur goût pour la bimbeloterie européenne, précieuse pour les échanges, mais aussi leurs exigences accrues, sous l'influence des interprètes qui ont appris, en France, la valeur réelle des objets. Ils mènent la vie de famille et se groupent en tribus constamment en guerre. Des « rois », assistés de notables, commandent à des groupes de villages. La religion se ramène à la croyance à « ung mauvays esprit », qui les conseille, et à un séjour heureux d'outre-tombe. Ils ne sont pas rebelles à l'exemple des chrétiens et réclament même le baptême.

Les Français reçoivent partout un excellent accueil et Jacques Cartier est accueilli comme un thaumaturge par les gens d'Hochelaga. La situation finit par devenir tendue, non sans que les visiteurs n'en soient en partie responsables par leurs exigences, mais on n'en vient pas à la rupture et aux coups. Le tableau d'ensemble fourni par le Brief Récit donne l'impression réconfortante d'un pays fertile, peut-être riche en or, habité par des peuples bons et paisibles, prêts à recevoir la foi chrétienne.

L'auteur ne cherche pas à faire œuvre d'artiste. Il varie peu les formules, narre les situations les plus tragiques sans émotion et tient fidèlement son journal de bord, plus soucieux de précisions maritimes ou de possibilités minières que de particularités ethniques. C'est la simplicité du style et l'exactitude des détails qui font les mérites du livre. Elles ne suffirent pas, en son temps, à lui assurer un réel succès, puisqu'il n'eut qu'une édition, alors que des compilations sans valeur épuisèrent plusieurs tirages.

Il semble certain que Cartier acquit peu de notoriété de son vivant et poursuivit une vie de bon bourgeois dans sa ville de Saint-Malo sans avoir reçu du roi aucun honneur spécial. Il est douteux que le récit de ses voyages ait frappé l'esprit des contemporains et exercé une grande influence. Rabelais les a sans doute connus, mais il serait imprudent de croire qu'il en ait tiré grand parti [20] ; il n'est même pas certain qu'il se soit souvenu de lui en confiant au pilote Jamet Brayer

---

20. Contrairement à ce qu'a essayé de démontrer, avec grand talent, A. LEFRANC, *Les Navigations de Pantagruel...*, Paris, 1905.

le commandement de la flotte de Pantagruel. En effet, le nom de Jamet Brayer n'apparaît pas dans la première édition du Quart Livre *où figurent cependant tous les termes nautiques que Rabelais aurait appris de Jacques Cartier, ce qui oblige à reporter les relations entre les deux hommes à une date postérieure à 1548, époque où le Malouin n'avait plus grand crédit dans l'opinion. Jacques Cartier ne figure sous son propre nom qu'une seule fois dans son œuvre, et c'est parmi les historiens et géographes crédules qui recueillent pieusement des contes fabuleux de la bouche du vieillard Ouyr-Dire. Il se peut que Roberval soit représenté par le voyageur Robert Valbrun et que Xénomanès, l'homme passionné de choses étrangères, ait pour prototype Alphonse le Saintongeais. Quelques traits de mœurs peuvent également avoir été inspirés par le* Brief Récit.

Tout cela serait-il prouvé que ce serait bien peu de chose. Rabelais ne s'est pas soucié de l'Amérique où il aurait pu conduire si profitablement Picrochole. Nulle part on ne trouve le souvenir de la croix de Gaspé, du Saint-Laurent, de l'hivernage et des traits de mœurs pittoresques des Micmacs et des Hurons-Iroquois. Si vraiment les voyages de Jacques Cartier ne lui avaient inspiré que de maigres allusions, ce serait une preuve décisive ou de son ignorance ou, pis encore, de sa méconnaissance des valeurs fondamentales de la découverte canadienne.

A vrai dire, l'Amérique ne passionna pas, contrairement à ce que l'on pourrait croire, l'imagination des Français durant la première moitié du XVIe siècle. Ils se soucièrent beaucoup plus des Turcs que des Indiens. A leur esprit se posait le problème redoutable d'un peuple ennemi de la vraie foi et qui, néanmoins, avait réussi à créer une armée et un gouvernement ; aussi lisait-on beaucoup d'écrits sur la Turquie, peu sur l'Amérique. Le Brief Récit *ne dut pas avoir un grand succès puisqu'il n'eut qu'une seule édition.*

La vraie gloire de Jacques Cartier date du XIXe *siècle. Aujourd'hui les historiens les plus avertis constatent qu'il suivit la route maritime familière aux pêcheurs et à lui-même jusqu'aux côtes canadiennes déjà connues avant lui et que son mérite propre consista à remonter le Saint-Laurent. Ses contemporains purent même considérer qu'il avait fait faillite puisqu'il n'avait atteint aucun des résultats fondamentaux qu'il s'était proposés. Nul ne se soucia alors, pas plus à la Cour que dans l'opinion, d'annexer des territoires et de les exploiter ; seules les richesses minières exaltaient les esprits. Ce n'est qu'après les tentatives de Champlain que l'on se rendit compte de la portée réelle de la découverte qu'avait faite Jacques Cartier.*

***

Il existe trois documents relatifs à la déclaration du capitaine Gonneville : 1° *Les* Mémoires [21] *présentés, en 1663, au pape Alexandre VII par l'abbé Pinot de Gonneville, descendant de l'Indien Essomericq. Cet ouvrage, publié sans l'aveu de l'auteur, ne comprend qu'une douzaine de pages tirées du rapport original et, pour le restant, un récit sommaire.* 2° *Une copie fragmentaire jointe à une lettre adressée, le 30 avril 1783, au ministre Sartine par le baron de Gonneville, découverte par Margry, aux archives de la Marine, qui ajoute à celle de Paulmier quelques extraits dont l'ori-*

---

21. GONNEVILLE (Binot Paulmier, dit le capitaine DE), *Mémoires touchant l'établissement d'une mission chrestienne dans le troisième monde, autrement appelé la Terre Australe, Méridionale, Antarctique et Inconnue.* Dédié à Nostre S. Père le Pape Alexandre VII, par un Ecclésiastique Originaire de cette mesme Terre, Paris, 1663.

gine est incertaine mais où figure la mention du Brésil. Ce texte, signalé par Avezac à la Société de géographie, en 1857, fut publié dix ans plus tard par Margry [22]. 3° Une copie intégrale, versée par les héritiers d'Essomericq au dossier d'un procès à eux intenté par les traitants qui voulaient les taxer comme aubains. Ce document, découvert à l'Arsenal par P. Lacroix, parut avec une longue introduction d'Avezac [23].

La mauvaise fortune s'est acharnée sur la documentation laissée par le capitaine florentin Giovanni da Verrazano. Lors du siège de Florence, en 1529, l'original de ses mémoires géographiques et nautiques fut détruit et l'administration française égara la procuration officielle que Harrisse et Gravier virent à Rouen. Quant à la lettre-relation que Verrazano adressa de Dieppe à François Ier, le 8 juillet 1524, elle ne subit pas de moindres mécomptes. Il fallut attendre près de quatre siècles avant qu'on en publiât une version correcte.

Il existait au préalable deux copies qui donnaient une assez piètre idée des capacités de marin et de géographe de Verrazano. La première, rédigée en italien, avait été jointe à une lettre adressée de Lyon à Florence, le 4 août 1524, par le Florentin Bernardo Coli

22. MARGRY, *Navigations françaises, op. cit.,* p. 165-169.

23. *Campagne du navire* l'Espoir *de Honfleur, 1503-1505, Relation authentique du voyage du capitaine de Gonneville ès nouvelles terres des Indes,* publiée intégalement pour la première fois avec une introduction et des éclaircissements par M. D. AVEZAC, membre de l'Institut, Challemel aîné, Paris, 1869, in-8°, 115 pages. Le texte occupe les pages 87 à 115. C'est la reproduction du manuscrit 3221 (24 *ter* H. F) de la Bibliothèque de l'Arsenal. Papier, 12 feuillets, 210 × 150 millimètres, écriture du XVIIe siècle, cartonné. (Voir H. MARTIN, *Catalogue des manuscrits de la Bibliothèque de l'Arsenal,* III, 1887, p. 294.) Il nous a été impossible de collationner ce manuscrit, évacué en province durant la guerre, aussi avons-nous reproduit le texte procuré par Avezac.

à son père. Elle fut publiée pour la première fois dans une traduction anglaise à New York, en 1841, puis parut, d'après le texte original, en 1853 [24] et 1892 [25]. C'est un texte hâtif, incomplet, plein d'erreurs grossières.

La deuxième copie, également en italien et reproduite par Ramusio [26], est moins fautive mais, aussi, moins complète et avec des transpositions ou des interpolations qui en dénaturent le sens.

Enfin Bacchiani découvrit dans les archives privées du comte Macchi di Cèllere une copie italienne en provenance de la bibliothèque de l'humaniste Paul Jove, envoyée le 8 juillet par Verrazano au Florentin Bonnacorso Rucellai, banquier à Rome et associé de son frère aîné, par l'entremise de deux marchands de Lyon, Leonardo Tedaldi et Thomaso Sartini. Ce document soigné, écrit dans un bel italien, bien composé et enrichi de notes marginales, dues vraisemblablement à Verrazano, fut édité pour la première fois en 1909 par Bacchiani, avec un savant commentaire [27].

---

24. Dans l'*Archivio storico italiano*, t. IX, app. XXVIII, avec une étude sur Verrazano par ARCANGELI.

25. Dans la *Raccolta di documenti e studi publi. dalle Commissione Columbiana*, Roma, parte III, vol. II, p. 333, par les soins de BERCHET.

26. RAMUSIO, *Terzo vol., op. cit., supra,* p. 10, ff. 420-422. Elle a été traduite en français par le lieutenant-colonel Langlois et J. Simon dans G.B. RAMUSIO, *A la découverte de l'Amérique du Nord. Navigations et voyages (XVIe s.),* Paris, 1933, p. 95-108.

27. BACCHIANI, « G. da V. e le sue scoperte », *loc. cit.* Le manuscrit Céllere, aujourd'hui dans la Bibliothèque Pierpont Morgan à New York, a été reproduit en fac-similé, avec une excellente mise au point par STOKES, *Iconography of Manhattan Island,* II, 1916. Remarquable édition anglaise de E. H. HALL, dans le *Fifteenth Annual Report, 1910, of the American Scenic and Historic Preservation Society, Appendix A,* Albany, 1910. Une traduction française a été procurée par HERVAL, *G. da V., op. cit.* Il est vraisemblable que le texte original de la lettre à François Ier était en latin ou en français. Les notes

M. R. Herval en a donné une traduction qui en rend fidèlement la forme et l'esprit.

Au contraire de Verrazano, le sort a servi Jacques Cartier en conservant trois récits de ses voyages bien qu'il n'en existe pas, en France, d'édition complète et fidèle. Le premier voyage ne fut connu, jusqu'en 1867, que par la version italienne de Ramusio [28] qui fut retraduite en français et éditée en 1598 chez Petit Val à Rouen, et reproduite, désormais, sous cette forme bâtarde [29].

Michelant, qui avait réédité la traduction de Petit Val, découvrit, deux ans après, une copie manuscrite du texte primitif qu'il édita aussitôt [30] et qui désormais fit autorité.

---

marginales ont dû être ajoutées personnellement par V... sur la copie italienne destinée à ses amis florentins.

28. RAMUSIO, *Terzo vol., op. cit., supra,* p. 10. La *Prima relazione di Jacques Cartier della Terra Nova detta la nuova Francia, trovata nell' anno M. DXXXIII* occupe les ff. 435-440.

29. *Discours du voyage fait par le capitaine Iaqves Cartier aux Terres-neuvves de Canadas, Norembergue, Hochelage, Labrador, et pays adiacens, dite nouuelle France, avec particulières mœurs, langage, et ceremonies des habitans d'icelle.* A Roven, De l'Imprimerie De Raphaël du Petit Val, Libraire et Imprimeur du Roy, à l'Ange Raphaël, 1598, in-16, 64 p. Bibliothèque nationale : Rés. LK[12] 717. Réédition par H. TERNAUX-COMPANS, *Archives des Voyages...,* Paris, 1840, I, p. 117-153. Nouvelle édition publiée d'après l'édition de 1598 et d'après Ramusio par H.H. MICHELANT avec deux cartes et des documents inédits communiqués par A. RAMÉ, Paris, Tross., 1865, 2 parties en 1 vol. in-16. Dans *Trois Voyages au Canada,* publiés par B. GUÉGAN, Paris, s. d., avec de belles reproductions, l'éditeur a repris la traduction éditée par Petit Val (p. 3-23) sans se douter que l'original avait été découvert en 1867.

30. *Relation originale du voyage de Jacques Cartier au Canada en 1534,* documents inédits sur Jacques Cartier et le Canada (nouvelle série) publiés par H. MICHELANT et A. RAMÉ..., Paris, Tross., 1867, 2 parties en 1 vol. in-16, fig. — Un facsimilé a été fourni par J.R. BAXTER, *A Memoir of Jacques Cartier, Sieur de Limoilou, his Voyages to the St. Lawrence, a Bibliography and a fac-simile of the Manuscript of 1534 with Annotations...,* New York, 1906, in-8°, p. 261-296.

Pour le deuxième voyage, il existe à la Bibliothèque nationale trois manuscrits : le 5653, considéré par Avezac comme l'original et reproduit par l'édition de Québec de 1843 ; le 5589, dont Biggar, le savant archiviste canadien, a prouvé que c'était lui l'original [31] et non le 5653 ; le 5644, défectueux. En 1863 fut découvert au British Museum un exemplaire réputé unique du Brief Récit, *publié à Paris en 1545 [32], qui a été utilisé, depuis, par les éditeurs. On croit, en général, que Cartier n'est l'auteur ni de la* Relation *ni du* Brief Récit *qui seraient dus à Jehan Poullet qui occupa, en quelque sorte, la fonction de secrétaire de l'expédition et qui en profita pour exagérer son propre rôle [33].*

Les récits du troisième voyage de Jacques Cartier et du voyage de Roberval, dont la précision laisse à désirer, ne sont parvenus que dans une version anglaise

---

31. H.P. BIGGAR, *The Early Trading Companies of New France, A Contribution to the history of Commerce and Discovery in North America,* Toronto, 1901, gr. in-8°, p. 213-218. Ce manuscrit a été utilisé par TERNAUX-COMPANS, *Archives, op. cit.,* II, 1841.

32. *Brief récit, et succincte narration de la nauigation faicte es Ysles du Canada, Hochelage et Saguenay et autres, auec particulieres meurs, langaige et cerimonies des habitans d'icelles : fort delectable à veoir.* On les vend à Paris au second pillier en la grand salle du Palais en la rue neufue nostredame à l'enseigne de lescu de Frâce, par Ponce Roffet dict Faucheur et Antoine le Clerc freres, 1545, in-16, 48 ff. Il en existe un autre exemplaire à la Mazarine : Rés. 51.757. Voir G. ATKINSON, *La Littérature géographique française de la Renaissance. Répertoire bibliographique,* Paris, 1927, in-4°, n° 54. — Une reproduction photomécanique conforme en format à l'original a été éditée chez G. P. Maisonneuve, en 1936 ; *Réimpression figurée de l'édition originale... de 1545, avec les variantes des manuscrits de la Bibliothèque impériale, précédée d'une introduction historique par* M. D'AVEZAC, Paris, Tross, 1863, in-16, XVI, 68 ff.

33. Voir JOUON DES LONGRAIS, *J. Cartier, op. cit.,* p. 127, note 1 ; BIGGAR, *Early Trading...,* op. cit., p. 215-216 et CATHELINEAU, *J. Cartier, op. cit.,* p. 14, p. 17.

établie, peut-être d'après des originaux trouvés à Paris en 1583, par le grand géographe et éditeur Richard Hakluyt [34].

L'ensemble des récits a été édité, pour la première fois, par la Société littéraire et historique de Québec, il y a plus d'un siècle, alors que l'on ignorait le manuscrit original de la Relation *et le texte du* Brief Récit. *L'édition française de Guégan donne pour le premier voyage une traduction au lieu de l'original et, pour les deux autres, des textes modernisés incomplets et fautifs. Par contre, Biggar a publié, au Canada, une édition qui est un modèle d'exactitude et de critique historique. Cela apparaît notamment dans le texte du deuxième voyage, établi sur le manuscrit 5589, complété par le* Brief Récit *et les manuscrits 5653 et 5644. C'est le texte des deux premiers voyages que nous avons le plaisir de pouvoir reproduire* [35].

En ce qui concerne le troisième voyage de Jacques Cartier et le voyage de Roberval, nous avons utilisé la traduction de l'édition de Québec, qui conserve une certaine saveur d'archaïsme mais que M. Th. Beauchesne a révisée d'après l'original anglais [36].

Les titres en italique n'appartiennent pas aux textes originaux mais ont été ajoutés pour en rendre la consultation plus aisée.

Les cartes des voyages de Verrazano et de Cartier ont été établies, la première, d'après la planche jointe

---

34. R. Hakluyt, *The Principall Navigations...*, III, Londres, 1600, p. 232-237 et 240-242, reproduit par Baxter, *A Memoir*, p. 219-231, et Biggar, *Voyages*, p. 263-270. Hakluyt résida cinq ans à Paris.

35. Ce texte a été mis en français moderne pour la présente édition. (Note de l'édition de 1981.)

36. Ce texte a été mis, comme celui des deux premiers voyages, en français moderne d'après la version de Th. Beauchesne pour la présente édition. (Note de l'édition de 1981.)

par Ganong à son étude sur les Crucial Maps *et la deuxième d'après la carte du Saint-Laurent placée par Biggar à la fin de son édition des* Voyages.

Les notes relatives aux distances parcourues par Verrazano (p. 100-101) ont pu être rédigées grâce à M. Villain, ingénieur en chef hydrographe, conservateur de la Bibliothèque du Service hydrographique qui a bien voulu vérifier les calculs du navigateur florentin.

Le présent volume n'eût pu être réalisé sans les recherches et les éditions des érudits canadiens dont il s'est largement inspiré. Nous tenons à leur en exprimer notre gratitude.

Charles-André Julien

1946

Note pour la présente édition

Ce volume reprend l'ensemble publié par Charles-André Julien en 1946 sous le titre Les Français en Amérique pendant la première moitié du xvi⁰ siècle : *cette édition continue à ce jour à faire autorité, tant pour l'établissement des textes que pour leur annotation.*

Pour des raisons évidentes de lisibilité — impérieuses dans une collection visant un large public —, nous avons pris le parti de moderniser ceux des textes qui figuraient dans leur version archaïque ; cette modernisation concerne surtout l'orthographe, certains mots tombés en désuétude, mais n'affecte jamais la syntaxe.

Le texte de Gonneville est annoté par Ch.-A. Julien. Celui de Verrazano est traduit de l'italien par René Herval, annoté par René Herval et Ch.-A. Julien. Les trois textes de Jacques Cartier et celui de Roberval sont annotés par Th. Beauchesne.

1981

Le voyage
de Paulmier de Gonneville
au Brésil
(1503-1505)

Relation authentique[1]

Les gens tenant l'Amirauté de France au siège général de la Table de marbre du Palais à Rouen[2] *faisons savoir que des registres du greffe dudit siège, année mil cinq cent cinq, a été extrait et collationné à la minute originale ce qui suit*

---

1. L'Indien Essomericq, emmené du Brésil en Normandie, se fixa à Honfleur après le naufrage de l'*Espoir* et épousa une des proches parentes de son parrain le capitaine Paulmier de Gonneville, dont il hérita le nom et une partie des biens. Ses descendants se virent réclamer, en 1658, des taxes d'aubaine en tant qu'issus d'étranger. Ils protestèrent que leur aïeul n'était pas venu demeurer en France de son plein gré, mais qu'il avait eu l'intention de regagner son pays après un court séjour, ce qu'il ne put faire, en dépit des promesses qu'il avait reçues pour des raisons de force majeure. En conséquence, ils dénièrent aux traitants le droit de leur réclamer des taxes et présentèrent, à l'appui de leurs affirmations, le rapport établi par Gonneville à son retour, dont le tribunal fit vérifier l'authenticité par le grossoyement d'une expédition régulière. Les traitants furent déboutés de leur demande.

2. L'amirauté représentait, sous l'Ancien Régime, le corps à la fois administratif et judiciaire à qui incombait de veiller à l'exécution des ordonnances et au respect des droits de l'amiral. En tant que juridiction d'exception, non souveraine, exercée par l'amiral, elle fonctionnait dans les principaux ports et connaissait de toutes les causes concernant la police et le commerce maritimes, tant au civil qu'au criminel. Comme tribunal, elle constituait, avec la connétablie et les eaux et forêts, les trois juridictions de la Table de marbre. Les juridictions tiraient leur nom de la table placée dans la grande salle du Palais, autour de laquelle elles se réunissaient. Il en existait d'analogues dans les parements de province.

Première partie

*Relation du voyage du capitaine Gonneville
et ses compagnons aux Indes, et remarques faites
sur ledit voyage fournies en justice par le capitaine
et ses dits compagnons ainsi qu'ont requis les gens
du roi notre sire et qu'enjoint leur a été*

Section première : armement du navire

Origine et but de l'entreprise

Et premièrement, disent que trafiquant à Lisbonne, Gonneville et les honorables hommes Jean l'Anglois et Pierre le Carpentier, ayant vu les belles richesses d'épicerie et autres raretés venant en cette cité par les navires portugais allant aux Indes orientales, découvertes depuis quelques années, firent ensemble complot d'y envoyer un navire, après une bonne enquête auprès de ceux qui avaient fait ce voyage, et pris à gros gages deux Portugais qui en étaient revenus [1], l'un nommé Bastiam Moura, l'autre Diègue Cohinto, pour les aider de leur savoir, sur la route des Indes.

Armateurs et navire

Et comme ces trois susdits n'avaient pas suffisamment de facultés pour mener seuls à bien une si

---

1. Le gouvernement portugais conservait jalousement le secret des routes maritimes à la fin du XVᵉ siècle, en répandant de faux renseignements, en réservant le monopole de la confection des cartes maritimes à des familles sûres et en contraignant les marins au silence. En dépit des sanctions qui frappaient l'aide donnée à des étrangers à l'égal d'un acte

haute entreprise, ils s'adjoignirent les honorables hommes Etienne et Antoine dits Thiéry frères, Andrieu de la Mare, Batiste Bourgeoz, Thomas Athinal et Jean Carrey, bourgeois de Honfleur qui à eux neuf, à frais et coût communs, équipèrent un navire de cent vingt tonneaux à peu près, dit l'*Espoir*, qui n'avait encore servi qu'à faire un voyage à Hambourg, bon de corps et de voiles, et des mieux équipés de tous agrès du havre de Honfleur ; et les bourgeois dudit navire n'épargnèrent rien pour bien l'approvisionner ; suit l'inventaire de revue, savoir :

Armes et munitions de guerre

Pour les équipements de guerre :

Deux pièces de franche fonte de cuivre et laiton ;

Deux demies en pareil de franche fonte ;

Six berches [2] et perrières [3] de fonte de fer de maintes grosseurs et charges.

Quarante mousquets, arquebuses et autres, tels bâtons à feu [4].

Seize cents pesants [5] de balles de différents calibres pour les artilleries, et ce non compris trois douzaines de balles à fiches et chaînes [6].

En plus des balles pour lesdits bâtons à feu, du

---

de trahison, des pilotes de Lisbonne, attirés par l'appât du gain, prêtaient leur concours aux interlopes qui voulaient trafiquer aux Indes.

2. D'après E. CLEIRAC, *Termes de marine,* 1634, « berches sont petites pièces de fonte verte ».

3. Corruption de *pierrier,* sorte de mortier qui permettait de lancer des pierres et des grenades.

4. Au Moyen Age, toutes les armes droites, lances, massues, épées, étaient désignées sous le nom générique de *baston.* Après l'utilisation de la poudre, on distingua les armes portatives à feu par la dénomination de *bastons à feu.*

5. Pesants de livres, c'est-à-dire livres.

6. Balles traversées d'une barre de fer appointée des deux côtés dont on se servait « pour offenser le navire ennemi ».

plomb en table et en lingot pour quatre cents pesants ;

En ferrailles et mitrailles [7] pour lesdites artilleries, cinq cents pesants ;

Deux milliers de poudre à canon, dont la quinte part grenée ;

Trois cent cinquante de mèches à bâtons à feu ;

Lesdites artilleries montées de leurs affûts, et garnies du nombre et quantité requis et ordinaire de refouloirs [8], amanchés à tire-bourre au bout, dégorgeoirs [9], écouvillons, plaques, laverets, coins de mire [10], pinces de mire et autres boutefeux [11], gargousses tant de fer que de bois, peaux de parchemin et gros papier pour celles-ci, trisses [12] garnies de poulies, dragues, et autres objets requis ;

Quarante piques, demi-piques, pertuisanes et langues de bœuf [13] ;

Item, plus, pour rechange ;

Deux affûts ;

Six roues d'affûts ;

Une douzaine et demie d'effet de fer, aussi de rechange ;

Six crocs à bassins pour tresses [14] ;

Et quatre douzaines de goupilles et esquetreaux.

---

7. D'après un manuscrit du XVIe siècle : « Mitraille est toute sorte de vieux clous et autre ferraille, dont on se sert pour charger les pierriers. »

8. Cylindre de bois dur, emmanché d'une longue hampe, qui servait à enfoncer et presser dans le fond du canon la charge qui devait chasser le projectile de la pièce.

9. Appareils servant à enlever les matières qui encombraient la lumière du canon.

10. Pièces de bois placées sur la culasse d'un canon pour le pointage.

11. Bâtons garnis d'une mèche pour mettre le feu au canon.

12. Les trisses ou drosses sont les palans de côté et les palans de recul d'un canon.

13. Dagues.

14. Sorte de cordage fait de trois à neuf, et même plus, fils de caret ou de bitord dont on confectionne des tresses à la main.

Matériel naval de rechange

Item en matériel naval, pour rechange ;

Deux ancres en plus des ordinaires, pesant l'une cinq cents, l'autre trois cents livres ;

Deux câbles, aussi de rechange, l'un de cent vingt brassées, l'autre de cent ;

Et de câbles de haussière [15], aussi de rechange ;

Et six cents aunes de coutommine tant double que simple, toile écrue et royale pour la rechange des voiles ;

Huit cuirs pour les poupes et pour les vergues de beaupré ;

Six hachettes acérées pour couper les manœuvres [16] ;

Une douzaine de hachettes, armes à main ;

Et un timon et une barre de rechange.

Et le tout est vérifié vrai par l'inventaire sus allégué, et montre la grande perte que ledit capitaine et les bourgeois ont faite du fait du pillage et saccage de leur navire, ce pour quoi ils ont porté plainte en justice ; en laquelle ils avaient omis, par inadvertance ou autrement, de faire mention de la quantité et espèce de ce matériel.

Victuailles

En outre ledit navire fut ravitaillé en biscuit, grain, farine, pour environ deux ans, eu raison du nombre des hommes d'équipage ;

De pois, fèves, lard, chèvres, et poissons salés et séchés, cidre et autres boissons, non comprise la provision d'eau, pour un an et plus ;

---

15. Les câbles de haussière ou d'aussière étaient des cordages commis avec trois torons ou masses de fil de caret tordus et dont la circonférence était moindre que celle des câbles de remorque.

16. Cordages servant à soutenir les mâts.

Il fut aussi garni de force rafraîchissements avant le départ ;

De même, le coffre du chirurgien dudit navire fourni en maint médicaments de plus grande nécessité, et en engins et outils de son art.

Marchandises de troc

Pour marchandises, le navire fut chargé :

De toiles diverses, trois cents pièces ;

De haches, bêches, serpes, coutres, faux, du tout ensemble quatre milliers ;

Deux mille de peignes, de toutes sortes ;

Cinquante douzaines de petits miroirs ;

Six quintaux de rassades [17] de verre ;

Et huit de quincaillerie de Rouen ;

Vingt grosses de couteaux et jambettes [18] ;

Une balle d'épingles et aiguilles ;

Vingt pièces de droguet [19] ;

Trente de futaine ;

Quatre de drap teint d'écarlate ;

Huit autres de différentes façons ;

Une de velours broché ;

Quelques autres dorées ;

Et argent monnayé qu'ils avaient appris être bien reçu en Indes plus que l'or ;

Et le tout, de même qu'ont accoutumé de s'en charger les Portugais, parce que de l'autre côté de la mer et en route ces choses sont de meilleur trafic.

---

17. Les rassades étaient des perles de verre ou d'émail, généralement d'origine vénitienne, fort appréciées des indigènes et qui jouaient un très grand rôle dans le troc.

18. Couteau pliant se mettant en poche.

19. Tissu, parfois tout de laine, plus souvent à chaîne et trame dissemblables, généralement de bas prix et, à cause de cela, fort utilisé pour le troc.

Constitution de l'équipage et disposition de départ

Ils disent que sur le navire s'embarquèrent en tout soixante âmes ; et que par la volonté de tous, et spécialement des bourgeois du navire, Gonneville fut établi capitaine et chef principal, pour gouverner le voyage à son mieux, avec l'avis d'Andrieu de la Mare et Anthoine Thiéry, et des bourgeois du navire qui étaient du voyage.

Et pour le métier de la mer, le pilote était Colin Vasseur, de Saint-Arnoux ledit Tougues, bon vieux routier et maître ; et Nolle Epeudry de Grestaing, sous-pilote.

Et tous, autant les principaux que les compagnons, reçurent avant de partir les sacrements, autant pour la réussite d'un si lointain voyage que dans la crainte de ne pas les recevoir de longtemps car il n'y avait pas de chapelain sur le navire, et qu'ils allaient hors Chrétienté.

Et ainsi partirent-ils du havre de Honfleur le jour même de Monseigneur saint Jean-Baptiste [20], l'an de grâce mil cinq cent trois.

Section deuxième : voyage d'aller

De Honfleur au Cap-Vert

Ils disent en outre que, partis, un vent favorable soufflant de nord-est sur la mer, ils parvinrent aux îles Canaries en dix-huit jours ou environ [21], qui sont de hautes terres, surtout celle de Ténériffe, et qu'ils passèrent sans s'y arrêter entre elle et l'île Gomera, allant de là chercher la Barbarie, et qu'ils côtoyèrent ce pays qui est terre basse et rases campagnes.

---

20. Le 24 juin.
21. Le 12 juillet.

De Barbarie, ils allèrent chercher les îles du Cap-Vert, pleines de monts et de rocs, habitées par des Portugais, qui en font leur principal marché de chèvres, dont ces îles abondent.

Et passés outre, ils parvinrent à la grande terre dudit Cap-Vert [22], pays de Maures, qui troquèrent, avec ceux du navire, du couchou, sorte de riz, des poules noires et autres victuailles, contre du fer, des rassades et autres babioles ; le navire s'y rafraîchit, fit réserve d'eau et nettoya sa coque ; et pour cela demeura dix jours.

Du Cap-Vert à l'Equateur

Ils disent aussi qu'ayant repris la mer, la veille de la Saint-Laurent [23], ils durent s'arrêter loin de la côte d'Afrique, pour éviter les dangers et pestilences de cette côte. Et ils avaient alors vent assez favorable, qui continua bien six semaines [24] ; sauf qu'il s'élevait parfois par temps serein des tourbillons, qui tourmentaient fort, mais ne duraient guère. Et ils étaient aussi incommodés par des pluies puantes, qui tachaient leurs habits ; tombées sur la peau, elles faisaient venir des bubons, et étaient fréquentes.

Passage de la Ligne

Ils disent aussi qu'ils franchirent la ligne de l'Equateur le douzième jour de septembre ; et qu'ils virent, tant dans un sens que dans l'autre, à l'aller et au retour, des poissons volants par bandes comme feraient en France des étourneaux, avec des ailes comme des sourisgaudes, et approchant la grosseur d'un hareng

---

22. Le 30 juillet.
23. Le mercredi 9 août.
24. Approximativement jusqu'au 20 septembre, après avoir franchi l'équateur le mardi 12 septembre.

blanc[25] : ils voyaient aussi des dorées[26], marsouins et autres poissons, dont les matelots faisaient prise et bouillon.

Alors commença sur le navire le mal de mer[27], dont les deux tiers au moins de l'équipage furent affligés ; et en moururent le sieur Coste d'Harfleur, qui faisait le voyage par curiosité, Pierre Estieuvre et Louis Le Carpentier d'Honfleur, Cardot Hescamps artilleur de Pont-Audemer, Marc Drugeon du Breuil, et Philippe Muris de Touques.

Et dès lors ils commençaient à faire voile vers l'autre pôle.

Rencontre de varechs flottants

Ils disent aussi que huit jours après la Toussaint[28] ils virent flottant en mer de longs et gros roseaux avec leur racines[29], que les deux Portugais disaient être le signe du cap de Bonne-Espérance, ce qui leur donna grande joie ; et comme ils voyaient les oiseaux dits manche-de-velours[30], ils estimaient que le navire faisait route pas très au-dessous dudit Cap, et aussi parce qu'ils sentaient un froid plus grand.

_____

25. Des exocets.

26. Nom vulgaire du zée forgeron (*Zeus faber*), dit aussi truie ou poisson saint-pierre, de la famille des Scombridés.

27. Le scorbut.

28. Le jeudi 9 novembre.

29. Il ne peut s'agir de varechs flottants, comme l'écrit Avezac, p. 64, parce que les varechs sont des algues qui n'ont point de racine. Par contre, il existe une espèce de la famille des Joncées, le *Prionium serratum*, qui ressemble aux fuccas et abonde dans les rivières de l'Afrique australe dont il obstrue parfois le cours. Il n'est pas impossible que les eaux douces les arrachent et emportent en haute mer.

30. Le fou dactylatre (*Sula dactylatra*) ou manche-de-velours, au plumage blanc avec lequel contrastent les remiges d'un noir velouté, est très commun dans l'Atlantique sud, notamment dans l'île de l'Ascension.

Vents contraires

Ils disent qu'ils commencèrent alors à avoir temps et vent contraires, de sorte qu'après trois semaines ils n'avancèrent guère [31]. Et Collin Vasseur, leur principal pilote, leur mourut d'apoplexie subite, ce qui fut la grande perte du voyage.

Et ce malheur fut suivi d'un autre, savoir de rudes tourmentes, si véhémentes qu'ils furent contraints de se laisser aller, pendant quelques jours, au gré de la mer, à l'abandon ; et perdirent leur route ; ce dont ils étaient fort affligés, car ils avaient besoin d'eau, et de se rafraîchir à terre.

Découverte d'une grande terre

Ils disent que la tourmente fut suivie de quelques calmes, de sorte qu'ils avançaient peu. Mais Dieu les réconforta ; car ils commencèrent à voir plusieurs oiseaux venant et repartant du côté du sud, ce qui leur fit penser qu'ils n'étaient plus éloignés de terre ; c'est pourquoi, bien que d'aller là leur fît tourner le dos à l'Inde orientale, la nécessité leur fit tourner les voiles ; et le cinq janvier ils découvrirent une grande terre, qu'ils ne purent aborder que dans la soirée du lendemain, à cause d'un vent de terre contraire ; et ils s'ancrèrent sur bon fond [32].

Et dès le jour certains de l'équipage allèrent à terre en reconnaissance ; et dès le matin suivant la barge fut envoyée longer la côte pour trouver un port, et

---

31. C'est-à-dire vers le 30 novembre.
32. L'*Espoir* dut aborder, le 6 janvier 1504, sur la côte du Brésil, au sud du tropique, entre Cananea et les lacs du Sud, vers le 26° latitude sud, aux pieds de la Serrado-Mar, où s'épanouit la forêt tropicale. Avezac a émis l'hypothèse que la rivière pourrait être l'ancien Rio Alagado, embouchure septentrionale du Rio San Francisco do Sul.

revint l'après-midi : et elle conduisit le navire dans une rivière qu'elle avait trouvée, qui est quasiment comme celle de l'Orne.

Section troisième :
séjour aux nouvelles terres des Indes

Etat du navire, et résolutions en conséquence

Ils disent avoir séjourné audit pays jusqu'en juillet suivant, car ils avaient trouvé le navire si vermoulu et gâté qu'il avait grand besoin de radoub : à quoi il ne fut pas employé peu de temps, à cause du manque d'ouvriers experts en ces choses.

Les compagnons du navire profitèrent de l'occasion pour vouloir revenir en France, refusant de naviguer à partir de ce lieu de l'Inde, disant que la mer n'avait encore jamais été parcourue par des Chrétiens, que le temps était perdu, le principal pilote aussi, en qui résidait la principale confiance du voyage ; et qui plus est, qu'ils jugeaient que le navire ne pouvait pas supporter un tel voyage. Si bien que pour ces raisons et d'autres, que tous signèrent à la décharge du capitaine, on décida le retour en Chrétienté.

Caractère et manières de vivre des indigènes

Ils disent aussi que pendant leur séjour dans ladite terre ils conversaient tranquillement avec les gens de celle-ci [33], après qu'ils furent apprivoisés avec les Chrétiens, au moyen de la fête et des petits dons

---

33. Il s'agit vraisemblablement de la tribu guarani des Carijo (*Cario, Chandul*). Les Guarani occupaient, au début du XVIe siècle, tout le littoral de l'Atlantique entre la Barra de Cananea et le Rio Grande do Sul.

qu'on leur faisait ; les Indiens étant gens simples, ne demandant qu'à mener joyeuse vie sans grand travail ; vivant de chasse et de pêche, et de ce que leur terre donne d'elle-même, et de quelques légumes et racines qu'ils plantent ; allant demi-nus, les jeunes et ordinaires particulièrement, portant des manteaux [34], les uns de nattes déliées, les autres de peau, d'autres de plumages, comme ceux des Egyptiens et Bohémiens, sauf qu'ils sont plus courts, avec des sortes de tabliers noués autour des hanches, allant jusqu'aux genoux pour les hommes, et à mi-jambe pour les femmes ; car hommes et femmes sont vêtus de la même manière, sauf que l'habillement de la femme est plus long.

Et les femmes portent des colliers et bracelets d'os et de coquilles ; l'homme non, qui porte à la place un arc et des flèches, avec pour vireton un os soigneusement aiguisé, et un épieu de bois très dur brûlé et acéré par en haut ; qui est toute leur armure.

Et les femmes et filles vont tête nue, leurs cheveux joliment tressés de petits cordons d'herbes teintes de couleurs vives et luisantes. Quant aux hommes, ils portent les cheveux ballants, avec un cercle de hautes plumes, de teintes vives et bien disposées.

Fécondité du pays

Ils disent en outre être entrés plus avant dans ledit pays pendant bien deux journées, et davantage le long des côtes, autant à droite qu'à gauche ; et avoir remarqué que le pays est fertile, pourvu de force bêtes, oiseaux, poissons, arbres, et autres choses singulières inconnues en Chrétienté, dont feu monsieur Nicolle le Febvre d'Honfleur qui était volontaire du

---

34. D'autres voyageurs (Staden, Soarez de Souza, Lozana) ont signalé le port du manteau de peau par les tribus guarani.

voyage, curieux, et personne de savoir, avait dépeint les façons ; ce qui a été perdu avec les journaux du voyage lors du pillage du navire ; perte en raison de laquelle maintes choses et bonnes remarques sont omises.

Habitations

Ils disent aussi que le pays est peuplé entre les deux.

Et les habitations des Indiens vont par hameaux de trente, quarante, cinquante ou quatre-vingts cabanes, faites comme des enclos de pieux fichés, joints l'un à l'autre, entrejoints d'herbes et de feuilles, dont les habitants sont aussi couverts ; et il y a pour cheminée un trou pour faire en aller la fumée. Les portes sont de bâtons convenablement liés ; et ils les ferment avec des clefs de bois, quasiment comme on fait en Normandie, aux champs, dans les étables.

Et leurs lits sont faits de nattes douces pleines de feuilles [35] ou de plumes, leurs couvertures de nattes, peaux ou plumes tissées ; et leurs ustensiles de ménage de bois, même leurs pots à bouillir, mais ils sont enduits d'une sorte d'argile, épaisse d'un bon doigt, ce qui empêche que le feu ne les brûle.

Gouvernement

Ils disent aussi avoir remarqué que le pays est divisé en petits cantons, dont chacun a son roi ; et que lesdits rois ne sont guère mieux logés et habillés que les autres, mais qu'ils sont très révérés par leurs sujets ; et nul n'est assez hardi pour oser refuser de leur obéir, car ceux-ci ont pouvoir de vie et de mort sur leurs sujets : ce dont certains du navire virent un exemple digne de mémoire, savoir un jeune fils de

---

35. Généralement de palmiers.

dix-huit à vingt ans qui dans un moment de violent dépit avait donné un soufflet à sa mère ; ce qu'ayant su son seigneur, bien que sa mère ne s'en fût pas plainte, il l'envoya chercher, et le fit jeter dans la rivière, une pierre au cou, fit appeler à cri public les jeunes fils du village et des autres villages voisins ; et nul ne put obtenir rémission, pas même la mère, qui à genoux vint demander pardon pour l'enfant.

Le Roi et sa famille

Ledit Roi était celui sur la terre duquel demeura le navire ; et il avait nom Arosca. Son pays faisait bien une journée, peuplé d'environ une douzaine de villages, dont chacun avait son capitaine particulier, qui tous obéissaient audit Arosca.

Arosca semblait âgé de soixante ans, et il était veuf ; et il avait six garçons, de trente à quinze ans ; et lui et ses enfants venaient souvent au navire. Homme de grave maintien, stature moyenne, replet, au regard bienveillant ; en paix avec les rois voisins, mais lui et eux guerroyant contre les peuples qui sont dans les terres : contre lesquels il alla deux fois, pendant que le navire séjourna ; menant chaque fois de cinq à six cents hommes. Et la dernière fois, son peuple mena grande joie, parce qu'il avait eu une grande victoire ; leurs guerres n'étant que des excursions de peu de jours contre l'ennemi. Et il aurait bien voulu que quelques-uns du navire l'accompagnassent avec bâtons à feu et artillerie, pour effrayer ses ennemis et les mettre en déroute ; mais on s'en excusa.

Distinctions extérieures

Ils disent qu'ils n'ont remarqué aucun signe parti-culier qui différenciât ledit Roi et autres rois dudit pays, dont il vint jusqu'à cinq voir le navire, sauf que les rois portent les plumes de leur tête d'une seule couleur ; et leurs vassaux, du moins les principaux, portent ordinairement à leur cercle de plumes quelques brins de plumes de la couleur de leur seigneur, qui était le vert pour Arosca leur hôte.

Accueil fait aux Européens

Ils disent aussi que, quand les Chrétiens eussent été des anges descendus du ciel, ils n'eussent pu être mieux chéris par ces pauvres Indiens [36], qui étaient tous ébahis par la grandeur du navire, l'artillerie, les miroirs, et autres choses qu'ils voyaient dans le navire, et surtout parce que par un mot de lettre qu'on envoyait du bord aux gens de l'équipage qui étaient dans les villages on leur faisait savoir ce qu'on voulait ; ne pouvant s'expliquer comment le papier pouvait parler. Ils redoutaient les Chrétiens pour cela, et pour l'amour de quelques petites libéralités qu'on leur faisait de peignes, couteaux, miroirs, verroterie, et autres babioles, si aimées, ils se seraient volontiers mis en quartiers, leur apportant à foison de la viande et des poissons, des fruits et des vivres, et de ce qu'ils voyaient être agréable aux Chrétiens, comme peaux, plumes, et racines à teindre ; en échange de quoi on leur donnait de la quincaillerie et autres objets de petit prix : de sorte qu'il fut bien amassé près de cent quintaux desdites denrées, qui en France auraient valu bon prix.

Plantement d'une croix

Ils disent encore que, voulant laisser dans le pays une marque que des Chrétiens avaient abordé là, il fut

---

36. Les autres voyageurs confirment que les Carijo constituaient, comme l'écrivait le chroniqueur brésilien Simâo de Vasconcelos, « la meilleure nation du monde ».

fait une grande croix de bois, haute de trente-cinq pieds et plus, bien peinte ; qui fut plantée sur un tertre face à la mer, avec belle et dévote cérémonie, sonnerie de tambours et trompettes, à date choisie exprès, savoir le jour de la grande Pâques mil cinq cent quatre [37]. Et ladite croix fut portée par le capitaine et les principaux du navire, pieds nus ; et y aidaient le seigneur Arosca, ses enfants et les autres seigneurs indiens, qu'on invita pour leur faire honneur ; et ils s'en montraient joyeux. Suivait l'équipage en arme, chantant la litanie, et un grand peuple d'Indiens de tous âges, à qui on avait annoncé l'événement depuis longtemps, silencieux et très attentifs au mystère.

Quand la croix fut plantée, on fit plusieurs décharges d'escopetterie et artillerie, festin et dons honnêtes au seigneur Arosca et aux Indiens les plus importants ; et quant au populaire, il n'y en eut pas à qui on ne fît quelque largesse de quelques menues babioles de petit coût, mais prisées par eux, tout cela pour qu'ils gardent la mémoire de la cérémonie ; leur donnant à entendre par gestes et autrement, du moins mal possible, qu'ils avaient à conserver et honorer ladite croix.

Et sur celle-ci était gravé, d'un côté, le nom de notre Saint Père le Pape de Rome, du Roi notre Sire, de Monseigneur l'Amiral de France [38] ; du capitaine, des bourgeois et compagnons, du plus grand jusqu'au plus petit. Et le charpentier du navire fit cet ouvrage, qui lui valut un présent de chaque compagnon. De l'autre côté fut gravé un distique numéral latin composé par monsieur Nicole Le Febvre déjà nommé, qui de gentille manière déclarait la date de l'an du plante-

---

37. Le 7 avril.
38. Le pape Alexandre VI, roi de France Louis XII et l'amiral français Mallet de Graville.

ment de la croix, et qui l'avait plantée ; et il y avait :

Hic sacra palmarivs posvit gonivilla binotvs ;
grex socivs pariter, nevstraque progenies [39].

Dispositions pour le retour

Ils disent en outre qu'à la fin, le navire ayant été radoubé, calfaté, et muni au mieux qu'on put pour le retour, il fut décidé de partir pour la France.

Et comme il est coutume à ceux qui parviennent aux nouvelles terres des Indes d'en ramener quelques Indiens en Chrétienté, on fit tant de belles manières que le seigneur Arosca voulut bien qu'un de ses jeunes fils qui était en bonne entente avec ceux du navire vînt en Chrétienté, parce qu'on promettait au père et au fils de le ramener dans vingt lunes au plus tard ; car c'est ainsi qu'ils faisaient comprendre les mois. Et ce qui leur donnait le plus d'envie, c'est qu'on leur faisait croire qu'à ceux qui viendraient avec nous on apprendrait l'artillerie ; ce qu'ils souhaitaient grandement, pour pouvoir maîtriser leurs ennemis : et aussi à faire des miroirs, couteaux, haches, et tout ce qu'ils voyaient et admiraient chez les Chrétiens ; ce qui était leur promettre autant que promettre à un Chrétien or, argent et pierreries, ou de lui apprendre la pierre philosophale.

Arosca croyant fermement ces affaires, il était joyeux de ce qu'on voulait emmener son jeune fils qui avait nom Essomericq ; et lui donna pour compagnie un Indien âgé de trente-cinq ou quarante ans

---

39. « Ici Paulmier de Gonneville éleva ce monument sacré, en associant intimement les peuplades et la lignée normande. » Le chronogramme en forme de distique latin contient un M (1000), trois C (300), trois L (150), un X (10), sept V (35) et neuf I (9), ce qui donne le nombre 1504, désignant le millésime.

appelé Namoa. Et lui et son peuple vinrent les accompagner au navire ; les pourvoyant de force vivres et de maintes belles plumes et autres raretés, pour en faire présent de sa part au Roi notre Sire. Et le seigneur Arosca et les siens attendirent le départ du navire, faisant jurer le capitaine de s'en revenir dans vingt lunes ; et lors du départ, tout le peuple fit un grand cri, et donna à entendre qu'ils conserveraient bien la croix ; faisant le signe de celle-ci en croisant deux doigts.

Section quatrième : voyage de retour

Gros temps et maladies

Ils disent qu'ils partirent donc des Indes méridionales le troisième jour de juillet mil cinq cent quatre, et depuis ne virent plus terre jusqu'au lendemain de la Saint-Denis [40], ayant couru diverses fortunes, et bien tourmentés de fièvre maligne, dont beaucoup du navire furent entachés, et quatre en trépassèrent, savoir : Jean Bicherel, de Pont-l'Evêque, chirurgien du navire, Jean Renoult, soldat, d'Honfleur, Stenoz Vennier, de Gonneville sur Honfleur, valet du capitaine, et l'Indien Namoa.

Et l'on pensa le baptiser, pour éviter la perdition de son âme ; mais monsieur Nicole disait que ce serait profaner en vain le baptême, puisque Namoa ne savait pas la croyance de notre sainte mère l'Eglise comme doivent savoir ceux qui reçoivent le baptême ayant l'âge de raison ; et monsieur Nicole fut cru comme étant le plus clerc du navire. Et pourtant il en eut scrupule ensuite ; si bien que l'autre jeune Indien

40. Le 10 octobre.

Essomericq étant malade à son tour, et en péril, il fut, sur son avis, baptisé ; et monsieur Nicole lui administra le sacrement, et ses parrains furent ledit de Gonneville, capitaine, et Antoine Thiéry ; et faute de marraine on prit Andrieu de la Mare pour troisième parrain ; et il fut nommé Binot, du nom de baptême de ce capitaine : ce fut fait le quatorzième jour de septembre. Et il semble que le baptême servit de médecine à l'âme et au corps, car ensuite ledit Indien alla mieux, se guérit, et est maintenant en France.

Escale à une autre terre

Ils disent là que les maladies étaient survenues parce que les eaux du navire s'étaient gâtées et empuanties, et aussi à cause de l'air de la mer, comme ils purent le remarquer, en ce que l'air de terre et les viandes et eaux fraîches guérirent tous les malades. C'est pourquoi, connaissant la cause de leur mal, ils souhaitaient tous la terre.

Or, ayant passé le Tropique du Capricorne et pris la latitude, ils se trouvaient être plus éloignés de l'Afrique que du pays des Indes occidentales où depuis quelques années déjà les Dieppois, les Malouins et autres Normands et Bretons vont chercher du bois à teindre en rouge, coton, guenons et perroquets et autres denrées [41] ; de sorte que le vent d'est, dont ils avaient remarqué qu'il régnait coutumièrement entre ledit tropique et celui du Cancer, les y poussant, il fut décidé à l'unanimité d'aller dans ce pays, afin de se charger

---

41. C'est en se fondant sur ce texte que certains historiens attribuent aux Français la découverte du Brésil, mais la chronologie de Gonneville est parfois fort peu précise et ne permet pas de contester la priorité des Portugais, au moins celle de Pedro Cabral, en 1500.

des susdites marchandises, pour récupérer les frais et le voyage.

Et ils y parvinrent le lendemain de la Saint-Denis, comme il est dit ci-dessus.

Portrait des habitants

Ils disent que là ils trouvèrent des Indiens rustres, nus comme au sortir du ventre de leur mère, hommes et femmes ; bien peu couvraient leur nature ; se peignant le corps, notamment de noir ; lèvres trouées, les trous garnis de pierres vertes soigneusement polies et agencées ; incisés en maints endroits de la peau, par balafres, pour paraître plus beaux garçons, sans barbe, mi-tondus. Au reste, cruels mangeurs d'hommes ; grands chasseurs, pêcheurs et nageurs ; ils dorment suspendus dans des lits faits comme un filet, s'arment de grands arcs et massues de bois, et n'ont entre eux ni roi ni maîtres : au moins n'en ont-ils rien remarqué [42].

Pour le reste, ils habitent un beau pays, de bon air, terre fertile en fruits, oiseaux et animaux ; et la mer poissonneuse : les espèces différentes de celles d'Europe. Et ils font leur pain et leur breuvage de certaines racines.

Malencontre chez ces Cannibales

Ils disent en outre qu'aux lieux dudit pays qu'ils abordèrent il y avait déjà eu des Chrétiens, comme il

---

42. Ce texte présente la première description, en français et par un Français, du sauvage nu, au corps noirci de suc de génipa ou balafré, portant des labrets de pierre verte, pratiquant le cannibalisme et vivant dans l'anarchie. Si l'escale eut lieu vers Porto-Seguro, il ne peut s'agir que de Tupiniquin qui occupaient la côte depuis Cananea au nord jusqu'au Rio S. Matheus au sud.

était apparent d'après les denrées de Chrétienté que les Indiens avaient : aussi n'étaient-ils pas étonnés de voir le navire ; et pour la même raison ils craignaient surtout l'artillerie et les arquebuses.

Et ayant bravement abordé terre, alors que certains des compagnons puisaient de l'eau et que d'autres étaient à terre sans armes et ne craignant rien, ils furent traîtreusement assaillis par ces méchants Indiens, qui tuèrent un page du navire nommé Henry Jesanne, prirent et emmenèrent dans les bois Jacques L'Homme dit La Fortune, soldat, et Colas Mancel, marinier, tous d'Honfleur ; et ces deux pauvres gens furent perdus, sans qu'on pût leur donner réconfort.

Il y avait encore à terre quatre hommes, qui gagnèrent la barge et se sauvèrent, tous blessés sauf un ; et l'un d'eux mourut avant de monter dans le navire ; c'était monsieur Nicole Le Febvre sus mentionné, qui, par la curiosité dont il était plein, s'était rendu à terre : et il fut regretté de tous, comme méritant meilleure aventure ; car il était vertueux, affable, et de savoir.

Nouvelle relâche à cent lieues plus loin

Ils disent encore que ce cas piteux leur fit quitter les lieux de cette malencontre, et remonter la côte sur cent bonnes lieues ; où ils trouvèrent des Indiens pareils en façon [43] : mais ceux-ci ne leur firent aucun tort ; et même s'ils l'eussent comploté, ils n'y seraient pas parvenus, car le cas précédent faisait qu'on se méfiait.

Et là, pendant que le navire y demeura, il fut chargé de vivres et de marchandises du pays ci-dessus indiquées, en quantité dont le détail est contenu dans

---

43. Sans doute des Tupinamba de la région de Bahia.

la plainte et doléance portée en justice contre ceux qui ont pillé le navire : s'y référer. Et ces marchandises auraient servi à payer les frais du voyage en laissant bon profit, si le navire était arrivé à bon port.

Départ définitif

Ils disent qu'ils partirent dudit pays entre la Saint-Thomas et Noël mil cinq cent quatre [44], ayant attrapé deux Indiens ; qu'ils voulaient emmener en France ; mais dès la première nuit ils se jetèrent à la mer, alors que le navire était à plus de trois lieues de la côte : mais ces gaillards sont si bons nageurs qu'un tel trajet ne les effraie pas.

Du Brésil aux Açores

Ils disent qu'étant restés sur le navire ils n'ont rien vu qui fût digne de remarque en plus de ce qu'ils avaient vu à l'aller, sauf que sept à huit jours après leur débouquement ils virent un îlot inhabité [45], couvert de bois verdoyants, d'où sortaient des milliers d'oiseaux, tellement que certains vinrent se jucher sur les mâts et cordages du navire ; et s'y laissaient prendre. Et ces oiseaux paraissaient gros avec leurs plumes, mais une fois plumés ils étaient de menue corpulence.

---

44. Entre le 21 et le 25 décembre. C'est là un exemple des imprécisions chronologiques des hommes du xvie siècle, qui se contentaient du temps mouvant comme l'a montré FEBVRE, *Le Problème de l'incroyance au XVIe siècle. La Religion de Rabelais*, 1942.

45. D'après Avezac, Bahia est le seul point dont la disposition hydrographique puisse donner lieu à un débouquement, c'est-à-dire à un « passage de sortie ». En pareil cas, l'île serait Fernam de Noronha, distante d'un millier de kilomètres, ce qui correspond bien à une traversée d'une huitaine de jours, et où pullulent les oiseaux, peut-être en l'occurrence les mouettes cendrées.

Et au bout de cinq semaines, après avoir beaucoup louvoyé, ils franchirent la Ligne par vent de sud-ouest, et revirent l'étoile du Nord.

Puis ils eurent des vents variables, et quelques tourmentes. Et se trouvèrent dans une mer herbue [46] jonchée de grandes herbes, grenues de graines rondelettes comme des vesces ou à peu près, reliées par de longs filaments ; et là, la mer est si profonde qu'après avoir jeté la sonde on n'en trouva pas le fond.

Et enfin, croyant n'être qu'à la hauteur des îles Canaries, ils avisèrent les Açores, et ancrèrent au Fayal [47] le neuf mars dernier ; et là ils eurent des vivres et autres choses dont ils avaient besoin. Lesdites Açores sont habitées par des Portugais.

Attaque de pirates

Et alors qu'ils étaient en mer, ils furent contraints par la tempête de relâcher en Irlande pour radouber quelques voies d'eau du navire.

Et ayant remis les voiles ils naviguèrent sans encombres jusqu'au septième jour de mai dernier, quand aux abords des îles de Jersey et Guernesey le malheur voulut qu'ils fissent rencontre d'un forban anglais, dit Edouard Blunth, de Plymouth : contre lequel il fut décidé, d'un commun accord, de se défendre ; ce qui fut fait, jusqu'à ce que derrière lesdites îles vint à paraître un autre forban épineux, français de nation, savoir le capitaine Mouris Fortin, breton, déjà condamné pour piraterie. Et alors, comme la partie n'était

---

46. La mer des Sargasses, dont les algues brunes couvrent une superficie de quatre millions de kilomètres carrés et qui a l'aspect d'un immense marécage et, par endroits, d'un pré vert jaunâtre.

47. Après avoir reconnu les Açores, l'*Espoir* fait escale au Fayal, une des îles du groupe, le dimanche 9 mars.

pas égale, il fallut aller s'échouer sur la côte, où les hommes furent en partie sauvés, et le navire fut brisé et perdu avec tout ce qui était dedans, sauf que lesdits corsaires eurent le temps de piller avant que le navire eût achevé de couler au fond.

Et douze personnes périrent ou furent tuées, et quatre moururent dans l'île par suite de leurs plaies, ainsi qu'il est contenu plus en détail dans la plainte et doléance qu'ont portée en justice le capitaine de Gonneville et ses compagnons ; s'y référer.

Et les noms des défunts sont : Nollet Espeudry, pilote, tué d'un coup d'artillerie ; Jean Davy, et Perrot, fils dudit Jean ; Robert Vallasse ; Guillaume Du Bois ; Guillaume Marie ; Antoine Pain ; Cardin Vastine ; Jacques Sueur ; le frère dudit Jacques, nommé Henri ; Robert Mahieu ; Claude Verrier ; Andrieu de Rubigny ; le bâtard de Colué ; Jean Le Boucher ; et Marc Des Champs ; tous de Honfleur et de Touques, ou des environs.

Et dans l'île ils apprirent les noms des corsaires, et les maux et pirateries qu'ils ont accoutumé d'exercer dans les environs et ailleurs.

Rentrée à Honfleur

Ils disent encore que de l'île, après que ceux qui étaient blessés furent mieux, ils passèrent au port de la Hogue, où ils laissèrent trois malades, savoir Pierre Toustain, Pierre de La Mare, et le sieur de Saint-Clerimonies.

Et le reste vint par terre gagner Honfleur, où ils arrivèrent le vingtième jour de mai passé, au nombre de vingt-huit [48], ici nommés, savoir : le capitaine de

---

48. Après deux ans de navigation, il ne survécut que vingt-sept hommes sur cinquante-huit.

62

Gonneville ; Thiéry et de La Mare, bourgeois ; les deux Portugais ; les sieurs Potier, Du Mont, De la Rivière, Du Ham, et De Bois-Le-Fort, tous jeunes aventuriers d'Honfleur ; Jean Cousin l'aîné, l'autre dit le Jeune, Claude Mignon, Thomas Bourgeoz, Alexis L'Amy, Colas Vallée, Guillaume Le Duc, Thomas Varin, Jean Poullain, Gilles Du Four, Robert Heuzé, Liénard Cudorge, Henri Richard, Jacques Richard, et Jean Bosque, tous du métier de la mer ; Liénard Cavalier, et Thomas Bloche, pages.

Plus l'Indien Essomericq, autrement dit Binot, qui à Honfleur, et dans tous les lieux traversés, était très regardé, car il n'y avait jamais eu en France personnage de si lointain pays : les gens de la ville étant aises de voir leurs compatriotes revenus d'un tel et si grand voyage, et marris des cas malencontreux advenus quasiment au seuil de chez eux.

Motifs de cette relation

Ils disent aussi qu'aux fins d'en voir un jour, Dieu aidant, réparation, ils ont, eux et les bourgeois ayant des parts dans le navire, porté leurs doléances et articles en justice.

Et que les gens du Roi notre Sire qui les ont reçus auraient requis que pour la rareté du voyage, et suivant les ordonnances de la marine stipulant que les journaux et relations de tous voyages de long cours seront remis à la justice, le capitaine et les compagnons fissent ainsi : c'est pourquoi, obéissant à la justice, le capitaine de Gonneville et Andrieu de La Mare et Antoine Thiéry, qui ont été chefs présents à tout le voyage, ne pouvant, à leur regret, donner aucun de leurs journaux, parce que ceux-ci avaient été perdus avec le navire, ont fait la présente relation ; affirmant le tout vrai en justice, et comme tel déclaré, ce jour dix-neuvième de juin mil cinq cent cinq ; et l'ont signé.

Ce que dessus extrait des registres susmentionnés, et collationné à sa minute, valide et entière, dûment signée : lesquels registres représentés par le garde de ceux-ci obéissant aux lettres royales en forme de compulsoire [49] obtenues par demoiselle Marie Collet et joints, dont la teneur suit.

---

49. Le compulsoire est la voie par laquelle un tiers est autorisé à prendre communication d'une pièce chez un dépositaire public et à s'en faire délivrer copie.

Deuxième partie

Lettres royales en forme de compulsoire portant mandement pour la délivrance d'extrait ou vidimus de la relation du voyage du capitaine de Gonneville

Louis, par la Grâce de Dieu Roi de France et de Navarre.

A nos amis et féaux les Gens tenant notre siège général de l'Amirauté de France, à la Table de Marbre de Notre Palais à Rouen, Salut.

Démontré nous a été de la part de demoiselle Marie Colleth des Boves, veuve de feu sieur Paulmier, sieur de Courthoyne et du Pommeret, tutrice de leurs enfants mineurs ; comme aussi de la part des enfants majeurs dudit feu sieur du Pommeret ; et de demoiselle Simone Paulmier, veuve du sieur Le Doux, sieur de la Rozière, alliés à ladite Colleth [1] ;

Qu'ayant été depuis quelque temps par nous ordonné que les étrangers et descendants de ceux-ci seraient priés de subvenir aux nécessités de notre Etat ; les préposés au recouvrement desdits deniers auraient voulu comprendre en leurs poursuites la veuve Collet,

---

1. Un des fils d'Essomericq, Binot Paulmier, sieur de Courthoyne ou Courtonne eut plusieurs enfants parmi lesquels une fille, Simonne Paulmier, mariée au sieur Le Doux, seigneur de La Rozière, et un fils puîné, Olivier Paulmier, sieur de Courtonne et du Pommeret, marié à Marie des Boves. C'est de ce dernier mariage que naquit Jean Paulmier de Courtonne, chanoine de la cathédrale de Saint-Pierre-de-Lisieux qui, en souvenir de son ancêtre, voulut établir une mission en pays sauvage.

bien qu'elle soit d'une famille si constamment originaire des pays de notre obéissance, qu'elle peut justifier comment il y a trois cents ans ou environ un de ses aïeux servait avec emploi de capitaine sous le connétable Bertrand Du Guesclin ; que la terre et seigneurie de Boves en notre vicomté d'Auge, entrée par mariage en la famille de Collet, est possédée par ceux de ladite famille à déjà huit degrés de génération, et qu'en l'année mil quatre cent soixante-six, dans la recherche faite des nobles de notre province de Normandie par monsieur Remond de Montsault commissaire député à cette fin, Guillaume Collet sieur des Boves, quatrième aïeul de l'exposante aurait été trouvé issu de famille jouissant dès alors, en ladite vicomté, du privilège de noblesse depuis des temps immémoriaux, ce qui fait assez marquer qu'on ne peut accuser sa famille d'aubaine, ni ladite Collet pareillement, puisque étant née dans nos royaumes, de gentilshommes originaires français ayant toujours vécu en France, elle n'a pu contracter aucune qualité étrangère ;

Qu'aussi les traitants desdites taxes disent particulièrement la considérer comme veuve et tutrice des enfants mineurs dudit feu sieur de Pommeret et d'elle ; ce qui aurait obligé les autres enfants majeurs, ensemble avec la demoiselle veuve dudit sieur de la Rozière, sœur dudit feu sieur du Pommeret, de se joindre à l'exposante pour soutenir : qu'encor qu'ils ne pussent méconnaître que Binot Paulmier auteur de leur famille en notre royaume ne fût d'origine étrangère et n'ait été naturalisé, néanmoins ils doivent demeurer exempts des recherches, pour avoir été ledit Binot amené des Indes par un navire français, comme ambassadeur et sous promesse de le ramener au pays de sa naissance dans un certain temps, promesse à laquelle il n'aurait pas été satisfait, et d'ailleurs impossible audit Binot de retourner dans un pays si éloigné ; et qu'ainsi il ne serait pas juste que celui qui est venu et demeuré en France en cette manière, et sa postérité, fussent traités de même sorte que les autres étrangers qui y sont venus volontairement habiter, n'étant pas raisonnable que lesdits descendants de ce Binot soient maintenant inquiétés parce qu'autrefois on ne leur a pas tenu les promesses faites ;

Et d'autant que la principale pièce justificative de leur défense est une relation d'un voyage fait auxdites Indes par un autre Binot Paulmier dit vulgairement le capitaine de Gonneville, présentée en juin mil cinq cent cinq par devers les officiers de notre Amirauté à Rouen, ainsi qu'anciennement par louable justification s'y conformaient tous les capitaines et gens de mer revenant de voyages au long cours ; et que d'autre part lesdits exposants n'ont pas l'original de cette pièce, qu'ils prétendent décisive au procès, mais seulement une copie, que les traitants soutiennent ne pouvoir faire foi, demandant la représentation de l'original ; chose impossible aux exposants, parce que, par la disposition de la coutume de notre province de Normandie, les aînés doivent être saisis de tous et chacun des titres concernant l'état des familles, et les puînés en avoir seulement copie ; suivant quoi feu l'aimé et féal conseiller monsieur Jean-Baptiste Paulmier, de son vivant premier président des trésoriers de France en Provence, aîné de ladite famille, aurait été autrefois saisi dudit original, ainsi qu'il serait mentionné au pied et dans la collation de ladite copie ; lequel feu président s'étant établi audit pas de Provence, éloigné de plus de deux cents lieues du domicile des exposants, et n'ayant d'ailleurs pas laissé de mâles qui eussent intérêt à la conservation de tels titres, mais seulement une fille mariée audit pays au sieur de Fourbin marquis de la Barben [2] ; il est évident que c'est chose comme impossible, du moins très difficile à ladite veuve et alliés de recouvrer ledit original, vu d'abondance la longueur du laps de temps, la grande distance des lieux, et autres circonstances ci-dessus évoquées ;

C'est pourquoi ils désireraient en avoir un extrait ou vidimus authentique, tiré des registres de votre greffe ; mais ils craignent que vous n'en fassiez difficulté, car la relation dudit voyage est contenue, ainsi qu'ils l'ont appris, dans les registres du secret dudit Siège, s'ils n'étaient pourvus par Nous de lettres de compulsoire, que nous leur avons accordées par notre grâce spéciale.

A ces causes,

Nous vous mandons que si la Relation du voyage dudit capitaine de Gonneville est dans lesdits Registres, même en ceux du secret et extraordinaire, vous ayez à en délivrer ou faire délivrer aux exposants un extrait ou vidimus, dont vous serez requis. Et en cas de refus ou de délai, mandons à notre premier huissier ou sergent requis à cet effet de faire tous exploits et commandements qu'il appartiendra pour l'exécution de ces présentes, résultantes de cas civil.

Car tel est notre plaisir.

Fait à Rouen le dix-septième jour d'août, l'an de grâce mil six cent cinquante-huit, seizième de notre règne.

Signé : par le conseil, Coquart, avec paraphe ; et scellé d'un sceau de cire jaune sur simple queue.

Dont du tout avons fait la présente expédition, à laquelle nous avons fait apposer le sceau, et fait

---

2. La fille unique de Jean-Baptiste Paulmier et de Marquise d'Andrea épousa, le 4 mai 1625, Jacques de Forbin, seigneur de La Barbent.

délivrer celle-ci pour valoir l'original et pour servir ce qu'il appartiendra à ladite demoiselle Collet veuve dudit feu sieur de Pommeret, tutrice desdits enfants, ladite veuve dudit de la Rozière, et autres alliés et [3] consorts.

Fait audit Siège général, le trentième jour d'août mil six cent cinquante-huit.

MARTEL   CARMILLE

---

3. Attestation par les juges royaux qu'ils ont lu ou examiné un acte dont la teneur est manuscrite à la suite de cette déclaration.

Le voyage
de Giovanni Da Verrazano
à la « Francesca »
(1524)

Relation du voyage de la Dauphine
à François Ier, Roi de France

Depuis la tempête essuyée dans les régions septentrionales [1], Roi Sérénissime, je n'ai pas écrit à Votre
Majesté ce qui était advenu des quatre navires qu'Elle
envoya sur l'Océan pour découvrir des terres nouvelles [2]. J'ai pensé en effet qu'Elle avait été mise au
courant de la violence des vents qui nous contrai-
gnirent à nous réfugier en Bretagne avec les seules
nefs la *Normande* et la *Dauphine* avariées. Votre
Sérénissime Majesté aura su aussi comment nous
passâmes avec ces bâtiments réparés et armés en
guerre le long des côtes d'Espagne. Nous résolûmes
ensuite de poursuivre avec la *Dauphine* seule la navigation précédemment entreprise. Etant de retour, je
vais faire connaître à Votre Majesté ce que nous
avons découvert.

---

1. Il s'agit de la route septentrionale de l'Atlantique vers
l'Amérique, bien connue des marins normands et bretons de
Terre-Neuve, et non une route du nord vers la Moscovie, à
la recherche du passage du nord-est, comme l'affirme encore
La Roncière, *Histoire de la marine française,* III, p. 200.
2. Il est impossible de savoir si le voyage fut entrepris sur
l'initiative du roi ou seulement avec son concours et sa protection. En 1523, l'idée d'un continent américain indépendant
était loin d'avoir triomphé. Beaucoup d'esprits, parmi les plus
distingués, considéraient les terres nouvellement découvertes
comme une avancée de la Chine du Nord, le mystérieux
Cathay de Marco Polo. On se demandait si la barrière ter-
restre était continue ou coupée de passages qui permettraient
de gagner en droiture les pays des épices et de l'or. Les souverains comme François Ier, soucieux de l'accroissement de puissance que leur vaudrait l'exploitation des richesses du Cathay,

Nous partîmes le 17 janvier passé * avec ladite *Dauphine* du rocher désert qui est proche de l'île de Madère [3] appartenant au Sérénissime Roi de Portugal. L'équipage, fort de cinquante hommes, était fourni pour huit mois de vivres, d'armes et d'autres engins de guerre et de marine. Nous naviguâmes d'abord par vent de Zéphyr, le vent Subsolain soufflant avec une agréable douceur [4]. En vingt-cinq jours, nous parcourûmes huit cents lieues [5]. Le 24 février **, nous essuyâmes une tempête telle que jamais marin n'en subit de pareille. Nous lui échappâmes avec l'aide de Dieu et grâce à la solidité du navire, porteur d'un nom glorieux et d'un heureux destin, construit pour pouvoir supporter les assauts de la mer. Nous poursuivîmes notre navigation vers l'occident, en appuyant un peu vers le nord. En vingt-cinq jours nous franchîmes encore plus de quatre cents lieues. Alors

---

les financiers et les marchands à l'affût d'affaires productives s'intéressèrent passionnément à la découverte d'un passage vers l'ouest. La tentative de Verrazano fut financée par une sorte de syndicat qui comprenait le richissime banquier Tommassino Guadagni et ses confrères Nasi, Roberto Albizzi, Giuliano Buonaccorsi et Antonio Gondi, à qui se joignirent quatre nouveaux associés, Jehan Le Buatier, receveur des droits de l'entrée des soies à Lyon, et son frère François, tous deux beaux-frères de Guadagni, Antoine de Martigny et Cipriano Relia, principal du collège des Lombards à Paris. Verrazano était personnellement apparenté aux banquiers Rucellaï. Les Florentins de Rouen contribuèrent aussi à l'entreprise, en servant sans doute d'intermédiaires entre le syndicat des financiers italiens et le puissant armateur de Dieppe, Ango.

*. Au début de 1524. [Les notes précédées d'une astérisque sont dues vraisemblablement à Verrazano — N.d.E.]

**. Vers la seizième heure.

3. L'île Porto-Santo, d'après Bacchiani.

4. En bon humaniste, Verrazano donne aux vents leurs noms classiques. Le zéphir est le vent d'ouest, le subsolain le vent d'est-sud-est.

5. La lieue usitée par Verrazano équivaut à 4 milles romains, soit 5 924 mètres, et il compte 75 milles au degré.

apparut une terre nouvelle que nul, ni autrefois ni de nos jours, n'avait jamais vue [6].

La première terre aperçue à 34° de latitude nord

Cette terre, à première vue, semblait assez basse. Nous en étant approchés à un quart de lieue, nous fûmes avertis par de grands feux allumés sur le rivage qu'elle était habitée. Nous remarquâmes qu'elle s'étendait vers le midi. En explorant la côte dans le but de découvrir quelque havre où il fût possible de pénétrer avec le navire afin de faire une reconnaissance de ce pays, nous ne trouvâmes, sur une distance de cinquante lieues, ni port ni endroit où nous pussions jeter l'ancre. Ayant remarqué que la terre continuait

---

6. BACCHIANI, *op. cit.*, et GANONG, *Crucial Maps,* p. 178-179, sont d'accord pour placer le premier point de la côte américaine entrevu par Verrazano et qui devait être son lieu d'atterrissage près du cap Fear (Caroline du Nord). Bacchiani pense que la Forêt-des-Lauriers et le Champ-des-Cèdres devaient se situer au sud-ouest du cap, peut-être à Myrthe Beach, tandis que Ganong les placerait au nord, peut-être non loin de Wilmington. La *P. de diluvio* de la carte de Maggiolo, qu'on retrouve dans celle de Girolamo da Verrazamo sous le nom de *Punta deluluio*, pourrait être le cap Fear et la *R. de la Foresta* la Cape Fear River. Ganong signale qu'on trouve, sur les deux cartes, le nom de *Diepa* ou *Dieppa*, qui conviendrait à un lieu de débarquement baptisé par des Normands mais dont l'emplacement semblerait mieux se rapporter au point extrême atteint par la *Dauphine* lors de sa randonnée vers le sud. Le savant canadien se demande s'il ne faudrait pas plutôt envisager le débarquement à *Anaflor* ou *Unaflor* (*P. Daraflor* de G. da Verrazano) si ce nom pouvait s'appliquer à Honfleur. Cette hypothèse paraît vraisemblable. La forme *Honnefleur* employée par Gonneville est très proche de celle de Maggiolo. Ganong pense qu'en ce cas il faudrait admettre que l'expédition, organisée à Dieppe, serait effectivement partie du port de l'embouchure de la Seine, ce qui paraît peu vraisemblable.

à s'étendre vers le midi [7], nous décidâmes de faire demi-tour et de la côtoyer dans la direction du nord [*] où nous retrouvâmes le point précédemment aperçu. Nous relâchâmes et envoyâmes la chaloupe à terre. Nous vîmes alors beaucoup d'indigènes qui accouraient vers le rivage puis s'enfuyaient à notre approche. Parfois, ils s'arrêtaient et se retournaient, nous considérant avec un grand étonnement. Lorsque nous les eûmes rassurés en leur faisant des signes, quelques-uns vinrent à nous, témoignant leur grande joie de nous voir. Ils s'émerveillaient de nos habits, de nos visages et de notre blancheur, nous indiquaient par gestes les endroits où la chaloupe pouvait aborder le plus facilement et nous offraient des victuailles.

Le premier débarquement et les premiers indigènes

Nous prîmes terre. Je dirai brièvement à Votre Majesté ce que nous pûmes apprendre du genre de vie et des mœurs de ces populations.

Ces gens vont entièrement nus, sauf aux parties honteuses où ils portent des peaux de petits animaux du genre des martres et une étroite ceinture végétale tissée de queues d'autres bêtes. Ces queues, en pendant, entourent le corps jusqu'aux genoux. Le reste, ainsi que la tête, est découvert. Quelques-uns portent des guirlandes de plumes d'oiseaux. Ils sont noirs de peau et assez semblables aux Ethiopiens. Leurs cheveux sont noirs aussi et épais, mais de médiocre longueur. Ils les rassemblent derrière la tête à la

---

7. Verrazano, après avoir reconnu les côtes de la Caroline du Sud, rebroussa chemin aux approches de la zone espagnole de Floride et du Mexique où la *Dauphine* risquait d'être capturée. GANONG (*op. cit.,* p. 176) juge improbable qu'il ait dépassé ou même atteint le cap Romain.

*. Pour ne pas nous fourvoyer parmi les Espagnols.

manière d'une petite tresse. Quant aux qualités physiques, ils sont bien proportionnés et de stature moyenne. Certains cependant sont plus grands que nous. Leurs poitrines sont larges, leurs bras robustes et les autres parties du corps avantageuses. Ils n'ont rien d'autre de remarquable que leurs visages qui ont tendance à être plutôt larges : ce n'est pas, d'ailleurs, une règle générale, car nous en vîmes beaucoup dont la figure était allongée. Leurs yeux sont noirs et grands, leurs regards droits et vifs. Leur vigueur est médiocre, mais ils ont l'esprit délié, sont agiles et font d'excellents coureurs. D'après l'expérience que nous avons pu en faire, les deux premières de ces qualités les font ressembler aux Orientaux et surtout aux habitants des régions les plus reculées de la Chine. Nous ne pûmes rien apprendre de particulier concernant la vie et les mœurs de ces populations en raison du peu de séjour que nous fîmes à terre, n'ayant que peu de monde et le navire étant ancré en haute mer.

« Forêt-de-Lauriers » et « Champ-de-Cèdres »

Sur cette même côte, dans une région voisine, nous rencontrâmes d'autres peuples qui ont, croyons-nous, un genre de vie analogue. J'en ferai plus loin la Relation à Votre Majesté, devant lui dépeindre auparavant la situation et la nature de cette terre. Le rivage de la mer est tout couvert de sable très fin jusqu'à la hauteur de quinze pieds et se présente sous la forme de petites collines sur une largeur d'environ cinquante pas. En remontant plus loin, on trouve des ruisseaux et des bras de mer qui, pénétrant par certains passages, sillonnent le rivage en suivant les déclivités de celui-ci. Au-delà se montre une terre étendue et sensiblement plus élevée que les dunes du rivage. On y admire de belles campagnes et des plaines couvertes d'immenses forêts, dont certaines sont peu denses et d'autres très touffues. Les arbres sont de nuances si diverses et ces forêts sont si belles et si plaisantes à voir qu'il est malaisé de l'exprimer. Et que Votre Majesté n'aille pas croire qu'elles ressemblent à la Forêt Hercynienne ou aux âpres solitudes de la Scythie et des côtes septentrionales où abondent des arbres grossiers : elles sont formées et ornées de palmiers, de lauriers, de cyprès et aussi d'autres essences inconnues des Européens *. Ces arbres exhalent à grande distance des odeurs très suaves ** dont nous ne pûmes connaître les propriétés pour les raisons ci-dessus indiquées. De plus, il nous aurait été difficile de nous engager dans ces forêts, car leur épaisseur est si grande qu'on ne saurait guère y pénétrer. Nous pensons que, se trouvant dans la région orientale, ce pays produit aussi des drogues, des liqueurs aromatiques et d'autres richesses : l'or, notamment, car la terre en a la couleur. Les animaux de toutes sortes y abondent : cerfs, daims et lièvres. Il offre des lacs et des étangs d'eau vive, peuplés d'un grand nombre d'oiseaux, ce qui permettrait de s'y livrer commodément au plaisir de la chasse.

Salubrité et douceur de climat

Cette terre se trouve sous le trente-quatrième degré ***. L'air y est salubre, pur et tempéré de chaud et de froid. Dans cette région, les vents sont doux. Ceux

---

*. Nous baptisâmes cette terre *Forêt-de-Lauriers* et, un peu plus bas, en raison de la présence de beaux cèdres, nous lui imposâmes le nom de *Champ-de-Cèdres*.
**. Nous en sentîmes l'odeur sur l'espace de cent lieues, et surtout lorsqu'on brûlait des cèdres et que les vents venaient de la terre.
***. Comme Carthage et Damas [8].
8. En réalité, Carthage est située sous 36° 51' latitude nord

qui, pendant l'été, soufflent le plus souvent sont le Corus et le Zéphyr : c'est au début de cette saison que nous nous trouvions en cet endroit *. Le ciel est pur et clair ; il pleut rarement et si parfois, sous l'influence des vents du sud, l'atmosphère se charge de bruine ou de brouillard, un instant suffit à l'éclaircir et à lui rendre de nouveau sa transparence. La mer est tranquille et sans agitation, ses eaux sont paisibles. Bien que le rivage soit très bas et dépourvu de ports, il n'est cependant pas inhospitalier pour les navigateurs, étant tout à fait plat et sans aucun écueil. La profondeur des eaux est telle qu'à quatre ou cinq pas de la terre, tant au flux qu'au reflux, elle atteint vingt pieds pour s'accroître ensuite à mesure qu'on gagne le large. Le fond en est si sûr qu'aucun navire assailli par la tempête ne saurait périr dans ces parages à moins de rompre ses amarres. Nous en avons fait nous-mêmes l'expérience, car étant ancrés en haute mer au début de mars, époque à laquelle les vents sont partout d'une grande violence, il nous arriva plusieurs fois, au cours de tempêtes, de trouver notre ancre brisée. Mais jamais elle ne dérapa ni ne se déplaça le moins du monde.

Un matelot chez les indigènes.
La terre de l'Annunziata et l'isthme Verrazano

Nous quittâmes ce lieu et suivîmes la côte qui se dirigeait vers l'orient. Voyant partout de très grands feux, indice d'une population nombreuse, nous fîmes relâche. Comme il n'y avait aucun abri [9], nous en-

---

et Damas sous 33° 30', GANONG (*op. cit.,* p. 176) a montré les divergences de latitudes fournies par la lettre et les cartes.

*. Dans ces régions.

9. D'après GANONG (*op. cit.,* p. 179), cette absence de port correspond à la côte menant au cap Lookout.

voyâmes la chaloupe à terre avec vingt-cinq hommes pour faire de l'eau. Mais des vagues énormes balayaient la rive qui était plate et nue. Il était donc impossible d'aborder sans risquer la perte de l'embarcation. Sur le rivage nous vîmes quantité de gens qui nous faisaient des signes d'amitié, nous avertissant quand nous étions près de toucher la terre. Je fus témoin à cet endroit d'un acte de générosité que je vais dire à Votre Majesté.

Nous avions envoyé à la nage un de nos jeunes matelots porteur de quelque pacotille : grelots, miroirs et autres cadeaux. Lorsqu'il fut parvenu à quatre brasses de ces gens, il leur lança ces objets. Mais, voulant s'en retourner, il fut rejeté par les flots avec une telle violence qu'il roula à demi mort sur le rivage. Ayant vu cela, les indigènes accoururent aussitôt. Ils prirent le matelot par la tête, les jambes et les bras et le transportèrent à quelque distance. Le jeune homme, se voyant ainsi emporté, fut pris de terreur et poussa de grands cris. Les autres, pendant ce temps, criaient également en leur langage, pour le persuader de ne rien craindre. Puis, l'ayant étendu à terre, au soleil, au pied d'un monticule, ils prodiguaient les marques de leur admiration, considérant la blancheur de sa peau et détaillant tout son corps. Ils le dépouillèrent de sa chemise et de ses chausses et le laissèrent nu, l'approchant de la chaleur d'un grand feu qu'ils avaient allumé. A cette vue, les matelots restés dans la chaloupe demeurèrent épouvantés, ainsi qu'il advient chaque fois qu'ils se trouvent en présence d'une nouveauté, et crurent que ces gens-là voulaient faire rôtir leur compagnon pour le dévorer. Mais celui-ci, ayant repris quelques forces, fit signe, après être demeuré quelque temps avec les indigènes, qu'il voulait rejoindre le vaisseau. Ils l'accompagnèrent alors jusqu'à la mer avec de grandes démonstrations d'amitié et le tenant étroitement embrassé. Pour le rassurer complètement, ils s'éloignèrent jusqu'à un monticule assez élevé et, de là, continuèrent à le regarder jusqu'au moment où il fut embarqué dans la chaloupe.

Ce jeune homme constata chez ce peuple les particularités suivantes. Il avait le teint noir comme les précédents et la peau fort brillante. De stature médiocre, il avait le visage plus allongé, le corps et les membres beaucoup plus fins. Moins fort, il était aussi d'esprit plus vif. Le matelot ne remarqua rien d'autre *.

---

*. Nous appelâmes cette terre l'*Annunziata* [10] en souvenir du jour de notre arrivée. Il s'y trouve un isthme large d'un mille et long de deux cents milles ! Du navire on apercevait la mer orientale vers le nord-ouest. Cette mer est sans doute celle qui baigne l'extrémité de l'Inde, de la Chine et du Cathay [11]. Nous naviguâmes le long de cette île avec l'espérance tenace de trouver quelque détroit ou mieux un promontoire qui achevât cette terre vers le nord, afin que nous puissions pénétrer jusqu'aux bienheureux rivages du Cathay. A cet isthme fut donné par le découvreur le nom d'*isthme Verrazano*. De même toute la terre rencontrée fut appelée *Francesca* [12], en honneur de notre roi François.

10. En raison de la date de l'arrivée de la *Dauphine*, le 25 mars, où se célébrait à Florence la fête qui marquait le début de l'année. La note du manuscrit débute en latin : « Appellavimus Annunciatam a die adventus. » Comme c'est à l'*Annunziata* que se trouve l'isthme décrit en note, GANONG (*op. cit.*, p. 179) estime que son emplacement doit figurer non loin de l'*Annunziata*, à l'ouest, peut-être entre les Neiv et White Oak Rivers.

On trouve, chez Maggiolo, *Lanuntiala* un peu plus à l'est, et, chez Gir. da Verrazano l'indication, par deux fois, de *Lanutiata* et de *Lanuntiata*, le premier au-delà de l'isthme, le second beaucoup plus loin encore.

11. Il s'agit de l'étroit isthme sableux qui s'allonge de l'ouest du cap Lookout aux environs du cap Henry en passant par le cap Hatteras. La mer orientale n'est autre que le Pamlico Sound (et subsidiairement l'Albermale Sound), large d'environ vingt milles, au-delà duquel on peut ne pas apercevoir le rivage du continent. Ainsi s'explique l'erreur, considérable de conséquences, de Verrazano qui prit la lagune

Ayant quité cet endroit et suivant toujours le rivage qui tendait légèrement vers le nord, nous parvînmes, après cinquante lieues, à une autre terre qui semblait beaucoup plus belle et couverte d'immenses forêts. Nous y relâchâmes et, ayant envoyé vingt hommes en reconnaissance à deux lieues environ à l'intérieur, nous découvrîmes les indigènes qui, effrayés, s'étaient enfuis dans les bois. Au cours de cette exploration, nous trouvâmes une femme fort vieille et une autre de dix-huit à vingt ans qui s'étaient, de frayeur, cachées dans les herbes. La vieille avait deux petites filles qu'elle portait sur les épaules et, contre son cou, un garçonnet : ces enfants étaient tous âgés d'environ huit ans. La jeune était accompagnée du même nombre d'enfants, mais tous du sexe féminin. Lorsque nous fûmes parvenus auprès d'elles, ces femmes se mirent à crier. La vieille nous expliqua par signes que les hommes s'étaient réfugiés dans la forêt. Nous leur donnâmes à manger de nos vivres. La vieille les accepta très volontiers, mais la jeune les refusa et les jeta à terre avec colère. Nous saisîmes le petit garçon de la vieille pour l'emmener en France. Nous voulûmes aussi nous emparer de la jeune femme qui était très

---

pour l'océan Pacifique. Maggiolo a représenté l'isthme qui séparait les voyageurs du *Mare Indicum*, ainsi que le cap Hatteras (*Dorius pormtorius*). La représentation par Girolamo est moins satisfaisante mais il la complète par une note explicative : « De cette mer occidentale, on voit la mer orientale. Il y a six milles de terre entre les deux. »

12. GANONG (*op. cit.*, p. 175) déplore que le nom de *Francesca,* appliqué par la lettre de Verrazano et par Maggiolo à la terre nouvellement découverte, « n'ait pas survécu ou n'ait pas été ressuscité en l'honneur de quelque accident géographique approprié ». Girolamo nomme le pays *Nova Gallia* ou *Jucanatet,* ce dernier terme peut-être par analogie avec le Yucatan, bien qu'on n'en voie pas les raisons.

belle et de haute stature, mais nous ne pûmes réussir, tant elle criait, à l'entraîner vers la mer. Comme nous devions traverser une certaine étendue de bois à cause de l'éloignement du navire, nous décidâmes de l'abandonner et de n'emmener que l'enfant.

Les plantes textiles et la vigne. L'offrande du feu

Les indigènes de cette région étaient plus pâles de peau que ceux auxquels nous avions eu précédemment affaire. Ils étaient vêtus de certaines fibres qui pendent aux branches des arbres et qu'ils tissent avec des brins de chanvre sauvage. Ils allaient tête nue, comme les peuplades précédentes. En général, ils vivent de légumes. Ceux-ci sont très abondants dans ces parages et très différents des nôtres en ce qui concerne la couleur et la grosseur ; leur goût est excellent. Ils se nourrissent aussi du produit de leurs chasses, de poissons et d'oiseaux qu'ils prennent avec des arcs et des lacets. Leurs arcs sont de bois dur et leurs traits de roseau : à l'extrémité de ces derniers, ils mettent des os de poissons ou d'autres animaux. Le gibier, dans ce pays, est beaucoup plus sauvage qu'en Europe en raison de la continuelle poursuite des chasseurs.

Nous vîmes de nombreuses barques formées d'un seul tronc d'arbre, longues de vingt pieds, larges de quatre et qui sont construites sans le secours de la pierre, du fer ou d'autres métaux. Durant l'espace de deux cents lieues que nous parcourûmes, nous n'aperçûmes d'ailleurs dans ce pays aucune pierre ni d'aucune espèce. Les indigènes se servent du quatrième élément et brûlent ce qu'il faut du bois pour former le creux de la barque. Ils agissent de même pour parer la poupe et la proue qui permettent à l'embarcation de fendre les flots de la mer.

En cette région, la terre est aussi belle et aussi

bonne qu'aux lieux précédemment touchés. Les forêts y sont rares, mais les arbres de tous genres y abondent sans être toutefois aussi odoriférants, le pays étant plus septentrional et plus froid. Nous aperçûmes beaucoup de vignes sauvages qui, en grandissant, s'enroulent autour des arbres, suivant la coutume de la Gaule Cisalpine. Si elles étaient soignées par des cultivateurs avertis, elles produiraient sans doute d'excellents vins. A plusieurs reprises, en effet, nous constatâmes que leur fruit, séché, était comme celui de notre pays, agréable et doux [13]. Ces vignes sont appréciées des indigènes, car partout où elles naissent ils arrachent les arbustes voisins afin de permettre aux grappes de mûrir.

Nous trouvâmes aussi des roses des bois, des violettes, des lis et de nombreuses espèces d'herbes et de fleurs odoriférantes très semblables des nôtres. Nous ne pûmes noter le mode de construction des habitations qui sont à l'intérieur des terres. D'après de nombreux indices, nous pensons qu'elles sont formées de bois et de matières végétales. Nous croyons aussi, d'après certaines apparences, que beaucoup des habitants dorment en plein air et n'ont d'autre toit que le ciel. Nous n'apprîmes rien d'autre au sujet de ce peuple et nous pensons que tous les indigènes des terres visitées par nous ont des mœurs et des usages identiques.

Après être demeurés trois jours en cet endroit, nous regagnâmes la côte et décidâmes, en raison de la

---

13. Cette constatation corrobore les indications fournies par les *sagas* normandes d'Erik le Rouge et de Thorfin Karsefni sur le pays du vin (*Vinland*). En 1609, Hudson reçut des indigènes, dans ces mêmes parages, des raisins secs auxquels il trouva un goût agréable.

rareté des havres, de suivre toujours le rivage *, en direction du nord-est. Nous naviguions le jour seulement et, la nuit, nous jetions l'ancre **.

---

*. Que nous nommâmes *Arcadie* [14] en raison de la beauté de ses arbres. En Arcadie, nous trouvâmes un homme qui s'approchait du rivage pour voir qui nous étions. Il était méfiant et prêt à fuir. Il nous observait mais ne se laissait pas approcher. Il était beau et nu. Ses cheveux étaient rassemblés en nœud, son teint olivâtre.

Nous étions une vingtaine d'hommes à terre. Sur nos avances, il s'approcha à deux coudées de nous et nous présenta un morceau de bois allumé comme pour nous offrir du feu. Nous enflammâmes de la poudre avec un briquet [?], ce qui le fit trembler de peur. Nous déchargeâmes ensuite une escopette : il resta comme abasourdi et se mit à prier et à prêcher comme un religieux, montrant du doigt le ciel et désignant la mer et le navire comme s'il nous donnait sa bénédiction.

**. Nous suivîmes une côte toute verte de forêts, mais dépourvue de ports. Il s'y trouvait quelques beaux caps et de petits fleuves. Nous la baptisâmes *Côte-de-Lorraine* [15], à cause du Cardinal [16]. Le premier promontoire reçut le nom d'*Alençon* [17] et le second celui de *Bonnivet* [18] le plus grand fleuve celui de *Vendôme* [19] et une colline qui touche la mer [20] celui de *Saint-Pol*, à cause du Comte [21].

14. Ce nom, dont le choix fut peut-être inspiré par la popularité de l'*Arcadia* du poète italien Sannazaro, publiée à Naples en 1504, s'appliquerait, d'après GANONG (*op. cit.*, p. 181), à une portion du littoral de la Virginie, non loin de l'entrée de la baie de Chesapeake, « soit au plaisant plateau du cap Charles, soit à la péninsule d'Accomac un peu au nord du cap Charles ». Sans doute faut-il lire sur la carte de Girolamo *Larcadia* au lieu de *Lamacra*. En ce cas, le golfe arrondi dessiné entre *Lanutiati* et *Lamacra* représenterait la baie de Chesapeake et l'Arcadie correspondrait bien à la péninsule d'Accomac. GANONG (in *Transactions,* IX, 1915, II, p. 439-448 ; XI, 1917, II, p. 107-111 et XXV, 1931, II, p. 203) a montré que l'Acadie canadienne tire son nom de l'Arcadie de Girolamo et des cartographes postérieurs. Champlain employa d'abord le terme Arcadie ou L'Arcadie dans *Des Sauvages,* puis désigna, ultérieurement, les Provinces maritimes du Canada sous le nom d'Acadie.

15. GANONG (*op. cit.*, p. 182) signale que si l'Acadie est la péninsule d'Accomac on peut admettre que la côte de Lorraine représente le littoral du New Jersey au-delà de la rivière Delaware.

Au bout de cent lieues, nous découvrîmes un endroit fort agréable situé entre deux petites collines [22]. Il y coulait une très grande rivière qui venait se jeter dans la mer. Cette rivière, à son embouchure, était profonde. De la pleine mer au fond de l'estuaire, nous trouvâmes huit pieds d'eau à marée haute, ce qui aurait permis l'entrée de n'importe quel navire de charge. Ayant mouillé près de la côte en un lieu bien abrité, nous ne voulûmes cependant pas nous risquer dans cette embouchure sans l'avoir au préalable reconnue. Nous partîmes donc avec la chaloupe et pénétrâmes dans la rivière jusqu'à la terre, que

---

16. Jean de Lorraine, cardinal de Guise, connu sous le nom de cardinal de Lorraine (1498-1550).

17. Charles IX, duc d'Alençon, qui avait épousé en 1509 Marguerite d'Orléans, sœur de François Ier, mourut à Lyon l'année suivante, suspect de lâcheté à la bataille de Pavie. Ce premier promontoire pourrait être, d'après GANONG (*op. cit.*, p. 182), le cap May.

18. Guillaume Gouffier, seigneur de Bonnivet, amiral de France, né vers 1488, mort à Pavie (1525). Ce second promontoire serait Atlantic City, d'après GANONG (*op. cit.*, p. 182).

19. Charles de Bourbon, duc de Vendôme (1489-1537), en faveur de qui François Ier éleva le comté de Vendôme en duché en 1515. GANONG (*op. cit.*, p. 182-183) signale que certains auteurs comme BACCHIANI (*op. cit.*, p. 1287) ont pensé à tort que le fleuve Vendôme était le Hudson alors que la *Lettre* le place d'une façon incontestable dans la côte de Lorraine. Ce ne peut être que le Delaware.

20. La phrase est rédigée mi en italien, mi en latin : « Un monticello quale manet mari. » La description répond bien aux Navesing Highlands, les premières hauteurs importantes au nord de la Virginie.

21. François II de Bourbon-Vendôme, comte de Saint-Pol (1491-1545), frère de Charles de Bourbon.

22. On admet unanimement que ce site est celui de New York dont c'est la première description connue.

nous trouvâmes fort peuplée. Les indigènes y étaient presque semblables à ceux que nous avions précédemment rencontrés. Leur costume consistait en plumes d'oiseaux de diverses couleurs. Ils venaient gaiement vers nous en poussant de grands cris d'admiration et en nous montrant l'endroit où nous pourrions le plus commodément faire aborder la chaloupe. Nous remontâmes ladite rivière jusqu'à une demi-lieue à l'intérieur des terres et vîmes qu'elle formait un très beau lac d'environ trois lieues de tour. Sur ce lac, une trentaine de barques passait sans cesse d'une rive à l'autre, transportant une foule de gens qui désiraient nous voir.

Tout à coup, ainsi qu'il est fréquent dans les navigations, un vent contraire qui se leva de la mer nous força de regagner notre navire. Nous quittâmes à regret cette terre en raison de ses avantages et de son agrément. Nous pensions qu'elle devait offrir d'appréciables ressources, car toutes ses hauteurs paraissaient pourvues de richesses minérales *.

Nous levâmes l'ancre et, naviguant vers l'est, suivant la direction même de la terre, nous parcourûmes quatre-vingts lieues [25] sans perdre de vue les côtes. Nous découvrîmes alors une île de forme rectangulaire, éloignée de dix lieues du continent et d'une étendue égale à celle de l'île de Rhodes. Elle était montagneuse

---

* . Cette terre fut appelée *Angoulême,* du nom de l'apanage que possédait Votre Majesté lorsqu'elle était en moindre fortune [23]. Le golfe qu'elle forme reçut le nom de *Sainte-Marguerite,* du nom de votre sœur qui l'emporte sur toutes dames par l'esprit et par la vertu [24].

23. Avant d'accéder au trône, François Ier avait porté le titre de comte d'Angoulême.

24. Marguerite, alors duchesse d'Alençon et future reine de Navarre.

25. Une autre copie donne cinquante lieues. Il doit s'agir de Long Island, dont il était difficile de constater l'insularité.

et boisée. La population devait être nombreuse, à en juger par les feux que nous vîmes s'allumer sans cesse sur tout son littoral. Nous donnâmes à cette île le nom de votre Illustre Mère *, mais n'y débarquâmes point en raison du mauvais temps.

« Refuge », le très beau havre, et ses deux rois

Nous parvînmes ensuite à une autre terre, éloignée de quinze lieues de la susdite île, et y trouvâmes un très beau port [27]. Nous n'y avions pas encore pénétré que nous vîmes des indigènes, montés sur une vingtaine de barques, venir vers le navire avec des exclamations de surprise. A une distance d'une cinquantaine de pas, ils s'arrêtaient, considérant le bâtiment, nos visages et nos habits. Puis, en signe d'allégresse, tous ensemble poussaient un grand cri. Lorsque nous les eûmes rassurés quelque peu en imitant leurs gestes, ils s'approchèrent assez pour que nous puissions leur jeter des grelots, des miroirs et autres objets de pacotille. Ils prirent ces objets, les regardèrent en souriant et montèrent sans crainte à bord.

Parmi ces indigènes se trouvaient deux rois de la plus belle taille et de la corpulence la plus avantageuse. L'un d'eux était âgé d'une quarantaine d'années, l'autre avait vingt-quatre ans. Ils étaient vêtus de la manière suivante. Le plus âgé avait sur le corps une

---

*. Louise [26].
26. Louise de Savoie (1476-1531), mère du roi. Ce serait l'île Blok, d'après BACCHIANI (*op. cit.*), mais GANONG (*op. cit.*, p. 183), reprenant une constatation faite par KOHL en 1869 (*Discovery of Maine*, p. 259), la juge trop petite pour être comparée à Rhodes et se rallie à son hypothèse de Martha's Vineyard.
27. Newport. La description de Verrazano s'applique à l'ensemble de la baie de Narragansett.

peau de cerf, habilement damassée de broderies. Sa tête était nue et ses cheveux noués sur la nuque. Une large chaîne ornée de nombreuses pierres de couleur entourait son cou. Le jeune roi était accoutré d'une manière analogue.

Cette race est la plus belle et la mieux policée que nous ayons rencontrée au cours de l'expédition. Plus grands que nous, les hommes ont le teint bronzé. Certains sont un peu plus pâles, les autres un peu plus colorés. Leur visage est allongé, leurs cheveux, dont ils ont le plus grand soin, sont longs et noirs. Leurs yeux sont noirs et vifs et leur physionomie douce et noble comme celles des sculptures antiques. Je ne parlerai pas à Votre Majesté des autres parties de leurs corps : elles sont dignes des hommes les mieux proportionnés.

Les femmes sont également bien faites et belles. Elles sont fort gracieuses, ont l'air agréable et l'aspect plaisant. Leurs mœurs et leur conduite sont, comme chez toutes les femmes, celles qu'inspire la nature humaine. Elles vont nues, comme les hommes, avec une simple peau de cerf brodée. Quelques-unes portent aux bras de superbes peaux de loups-cerviers. Leurs têtes sont découvertes et ne sont ornées que de tresses formées par leurs cheveux qui pendent de part et d'autre de la poitrine. Quelques-unes cependant coiffées à la façon des femmes de l'Egypte et de la Syrie : ce sont celles qui ont atteint un certain âge et sont mariées.

Hommes et femmes portent des pendants d'oreilles à la manière des Orientaux, notamment des lamelles de cuivre ciselé, métal que ce peuple met à plus haut prix que l'or. Ce dernier métal, en effet, n'est pas apprécié ; il est même tenu pour le plus méprisable à cause de sa couleur, le bleu et le rouge étant surtout goûtés. Parmi les présents que nous faisions à ces

indigènes, les grelots, la verroterie bleue et les colifichets à mettre aux oreilles et autour du cou étaient
les plus prisés. Ils n'avaient aucune estime pour les
draps de soie, d'or ou d'autre sorte et ne se souciaient
pas d'en recevoir. Il en était de même des métaux tels
que le fer et l'acier. A plusieurs reprises, ils témoi-
gnèrent qu'ils n'avaient pas d'admiration pour les
armes que nous leur montrions. Ils ne nous en deman-
daient pas et ne s'intéressaient qu'à leur mécanisme.
Ils ne se souciaient pas davantage de recevoir des
miroirs : lorsqu'ils s'y étaient regardés ils nous les
rendaient en riant.

Ces indigènes sont fort généreux et donnent tout ce
qu'ils possèdent. Nous nous liâmes avec eux d'une
grande amitié. La veille de notre entrée dans le port,
comme le temps contraire nous faisait demeurer à
l'ancre à une lieue en mer, ils vinrent au vaisseau
avec un grand nombre de leurs barques. Ils avaient
le visage peint de diverses couleurs et témoignaient
que c'était là une marque d'allégresse. Ils nous apportaient aussi des vivres et leurs gestes nous indiquaient
l'endroit par lequel nous devions pénétrer dans le
havre sans danger pour le navire. Ils nous accompagnèrent jusqu'au moment où nous jetâmes l'ancre.

Quinze jours parmi les indigènes du « Refuge »

Nous séjournâmes en ce lieu quinze jours durant,
nous y ravitaillant de beaucoup de choses nécessaires.
Chaque jour, il venait du monde pour voir notre
vaisseau. Les hommes étaient accompagnés de leurs
femmes. Ils en sont fort jaloux, car, tandis qu'ils
montaient à bord et y demeuraient longuement, ils
obligeaient leurs épouses à les attendre dans les
barques. Quelles que fussent nos prières et nos pro-

messes, nous ne pûmes obtenir qu'ils leur permissent de pénétrer dans le navire.

Il arrivait souvent qu'un des deux rois venait avec la reine et beaucoup de ses gentilshommes pour visiter suivant son plaisir. Il faisait halte à un endroit éloigné de nous de deux cents pas et nous envoyait une barque pour nous aviser de sa venue et nous informer de son désir de voir le navire, le tout par mesure de sécurité. Dès que notre réponse lui était parvenue, il venait à nous. Après être resté quelque temps à regarder, jugeant importuns les cris de l'équipage, il envoyait dans une barque fort légère la reine et ses suivantes se reposer dans une petite île éloignée d'un quart de lieue. Quant à lui, il demeurait longuement avec nous, nous entretenant par signes et par gestes des sujets les plus divers. Il examinait tous les engins du navire, nous demandant à quoi ils servaient, imitait nos habitudes et goûtait de nos vivres. Puis il prenait aimablement congé de nous.

Parfois, nos hommes séjournaient deux ou trois jours dans un îlot proche du rivage, afin de s'y livrer à divers travaux de matelots : le roi y venait alors avec sept ou huit de ses gens, examinant ce que nous faisions. Il nous demanda à diverses reprises si nous comptions rester longuement en cet endroit et nous offrit tout ce dont il disposait. Afin de nous distraire, il se livrait à divers exercices avec sa suite, faisant des courses et tirant de l'arc.

A diverses reprises, nous fîmes des reconnaissances de cinq à six lieues à l'intérieur des terres. Nous y trouvâmes le pays le plus agréable et le plus favorable qui soit pour toute espèce de culture : blé, vin, huile. Il y existe des étendues de vingt-cinq et trente lieues accessibles de partout et complètement dépourvues d'arbres : elles sont si fertiles que toute graine doit y fructifier aisément. Nous entrâmes ensuite dans les forêts : les traverser serait aisé aux plus importantes armées. Les essences d'arbres y sont le chêne, le cyprès et d'autres inconnues en Europe. Nous y trouvâmes des baies de Lucullus *, des prunes, des noisettes et quantités d'autres fruits différents de ceux de nos contrées.

Les animaux pullulent dans ces forêts. Ce sont des cerfs, des daims, des loups-cerviers, d'autres espèces encore. Les indigènes les prennent au moyen des lacs et des arcs qui sont leurs principales armes. Leurs flèches sont parfaitement travaillées ; à leur extrémité ils mettent, en guise de dards, des silex, des jaspes, des fragments de marbre et autres pierres coupantes. Ils se servent également de ces pierres, au lieu de fer, pour abattre les arbres et fabriquer leurs barques au moyen d'un simple tronc creusé avec une admirable habileté. Quatorze ou quinze hommes prennent aisément place dans ces barques. Des rames courtes, larges aux extrémités et mues par la seule force des bras, leur permettent d'aller en mer sans danger et aussi vite qu'il leur plaît.

Le pays du « Refuge ». — *La plainte sicilienne*

Allant plus loin, nous vîmes les habitations de ce peuple. De forme circulaire, elles ont de quatorze à quinze pas de tour. Formées de demi-rondins de bois, elles sont séparées les unes des autres sans aucun souci d'ordre architectural. Les paillassons habilement tressés qui les couvrent les abritent de la pluie et du vent. Il est certain que, s'ils possédaient notre technique, ils construiraient de grands édifices, car toute cette côte regorge de pierres bleues ou transparentes

---

*. Ou Cerises.

et d'albâtre. Nombreux y sont en outre les ports et les abris pour les navires.

Les indigènes transfèrent leurs habitations d'un lieu à l'autre, suivant les avantages du site et le temps qu'ils y ont déjà passé. Ils emportent seulement les paillassons, ayant ailleurs d'autres demeures toutes construites.

Dans chacune de ces habitations vit le père et sa très nombreuse famille : nous vîmes en effet rassemblés dans l'une d'elles jusqu'à vingt-cinq ou trente personnes. Leur nourriture est semblable à celle des autres peuples de cette contrée. Ils mangent des légumes qu'ils cultivent avec beaucoup plus de soin que les autres peuplades, en tenant compte, lors des semailles, de l'influence de la lune, de la naissance de la Pléiade et de beaucoup d'autres règles indiquées par les anciens. Ils vivent vieux et sont rarement malades. S'ils sont blessés, ils se soignent eux-mêmes au moyen du feu, sans exhaler une plainte. Ils meurent généralement de vieillesse. Nous les croyons fort affectionnés et serviables envers leurs proches, car ils se lamentent fort durant les adversités dont souffrent ceux-ci et leur rappellent leurs félicités lorsqu'ils sont misérables. Dans les familles, quand l'un d'eux est sur le point de mourir, ses proches font entendre longuement la plainte sicilienne accompagnée de chants [28]. Voilà ce que nous pûmes apprendre au sujet de ces peuples.

---

28. Cette plainte sicilienne est le *ripitiù* ou *règpito* encore usité dans les campagnes de l'intérieur de l'île, lors du décès d'un proche.

Cette terre est située par quarante degrés deux tiers sous le parallèle de Rome [29], mais elle est un peu plus froide, non de sa nature mais pour des motifs particuliers que j'exposerai plus loin à Votre Majesté. Pour l'instant, je vais décrire la situation de ce port. Cette côte s'étend d'ouest en est. L'entrée du port * regarde vers le midi [30], elle est large d'une demi-lieue. Lorsqu'on y pénètre en direction du nord-est, on la voit, après douze lieues, s'élargir et former une baie d'environ vingt lieues de tour. Dans cette baie se trouvent cinq îlots très fertiles et très agréables, couverts de hauts et larges arbres. N'importe quelle grande flotte pourrait y demeurer en sûreté sans avoir à redouter tempête ni bourrasque. Vers le midi, de chaque côté de l'entrée du port, se trouvent de gracieuses collines et de nombreux ruisseaux dont les eaux claires tombent des hauteurs dans la mer.

Au milieu du goulet se trouve un rocher de pierre vive [31], d'origine naturelle. Il serait aisé d'y installer des batteries ou un fortin pour la protection du port **.

---

29. Deux autres copies donnent 41° 2/3, ce qui cadrerait mieux avec l'altitude réelle de Rome qui est de 41° 53'.

*. Nous l'appelâmes le *Refuge,* en raison des avantages qu'il présentait.

**. Nous appelâmes ce rocher la *Pierre Vive* [32] tant en raison de sa nature qu'en souvenir de la famille d'une noble dame. Du côté droit de cette entrée du port se trouve un promontoire que nous nommâmes Promontoire Jove [33].

30. C'est l'actuelle entrée occidentale de la baie de Narragansett.

31. L'actuel Whale Rock, d'après GANONG (*op. cit.,* p. 184).

32. BACCHIANI (*op. cit.,* p. 1315-1317) a ingénieusement reconnu l'allusion à Marie Catherine de Pierrevive, femme du Florentin Antonio Gondi, un des banquiers lyonnais qui

Aux bas-fonds d'Armellino
et au promontoire Pallavicino

Après nous être bien ravitaillés, nous quittâmes ce port le 6 mai et continuâmes de suivre le rivage sans jamais perdre la terre de vue. Au cours d'une navigation de cent cinquante lieues *, nous constatâmes que celle-ci conservait un aspect identique, sauf que parfois elle paraissait plus élevée, offrant des montagnes ** qui, toutes, paraissaient riches en matières minérales. Nous ne fîmes point d'escale en raison du beau temps qui favorisait notre navigation le long du

---

avaient commandité l'expédition. Les Pierrevive étaient originaires de Chieri, en Piémont. Marie-Catherine obtint de Catherine de Médicis la charge de « la nourriture des enfants de France au maillot ».

*. Le long de ces cent cinquante lieues, nous trouvâmes des bas-fonds qui s'étendaient du rivage vers la pleine mer sur une largeur de cinquante lieues. Il n'y avait guère en ces endroits que trois pieds d'eau, ce qui rendait la navigation fort périlleuse. Nous passâmes avec difficulté et désignâmes ces bas-fonds du nom d'Armellino [34].

**. Avec un promontoire élevé que nous appelâmes Pallavicino [35].

33. En l'honneur de Paul Jove.

Si l'on se fonde sur la carte de Maggiolo, il faudrait, d'après GANONG (*op. cit.*, p. 184), identifier le *Jovium pormtorius* à Sakonnet Point, le *C. de S. Fransco* à Point Judith et la *Corte Maiore* sans doute à Buzzards Bay.

34. Il s'agit certainement des bas-fonds qui s'étendent à l'est de l'île Nantucket et du cap Cod que Verrazano aurait gagnés par le sud des îles Martha's Vineyard et Nantucket. BACCHIANI (*op. cit.*, p. 1301) voit dans le choix du nom d'Armellini une mordante allusion au cardinal de Pérouse, Francesco Armellino, impitoyable directeur du fisc pontifical et, à ce titre, odieux aux banquiers romains. Buonaccorso Rucellai et son associé Bernardo da Verrazano, frère aîné du navigateur, avaient dû souffrir de ses procédés.

35. Gian Ludovico Pallavicini, marquis de Corte Maggiore, alors au service de la France et qui devait périr à Pavie. D'après GANONG (*op. cit.*, p. 186), le promontoire pourrait se

littoral : nous pensons que la population* était semblable à celle que nous avions vue ailleurs. Le rivage se dirigeait vers l'ouest.

La terre de la « race mauvaise » [36]

Sur un espace de cinquante lieues, vers le nord, nous trouvâmes une terre élevée et couverte de forêts fort épaisses formées de sapins, de prussiers [37] et autres essences des pays froids. Les indigènes ne ressemblaient en rien à ceux que nous avions vus précédemment. Autant ces derniers étaient courtois, autant ceux-ci étaient cruels et vicieux. Leur barbarie était telle que, malgré nos signaux, nous ne pûmes jamais entrer en relations avec eux. Ils sont vêtus de peaux d'ours, de loups-cerviers, de loups marins et d'autres animaux. Leur nourriture — autant que nous pûmes en juger en allant à diverses reprises dans leurs habitations — doit consister en venaison, en poissons et en une sorte de fruit, assez semblable à des racines, que la terre produit naturellement. Ils n'ont pas de légumes et nous n'aperçûmes aucune trace de culture. Le sol, en raison de sa stérilité, ne pourrait d'ailleurs produire ni fruit ni graine. Si nous désirions troquer quelque chose avec ces gens, ils venaient au rivage et se tenaient sur quelques pierres où la mer se brisait

---

situer à Chatham, où une haute terre domine la mer bien qu'on puisse le placer au nord du cap Cod, peut-être au cap Ann.

*. La race.

36. Contrairement à ce que pourrait faire croire BACCHIANI (*op. cit.*), la mention de la *Terra onde he mala gente* ne figure pas dans la *Lettre* mais sur la carte de Girolamo.
37. Bacchiani, qui lisait *cipressi* (cyprès) au lieu du mot italien *prussi* qui se trouve effectivement dans le texte, a été convaincu par R. Herval qu'il devait s'agir de prussiers ou pins maritimes.

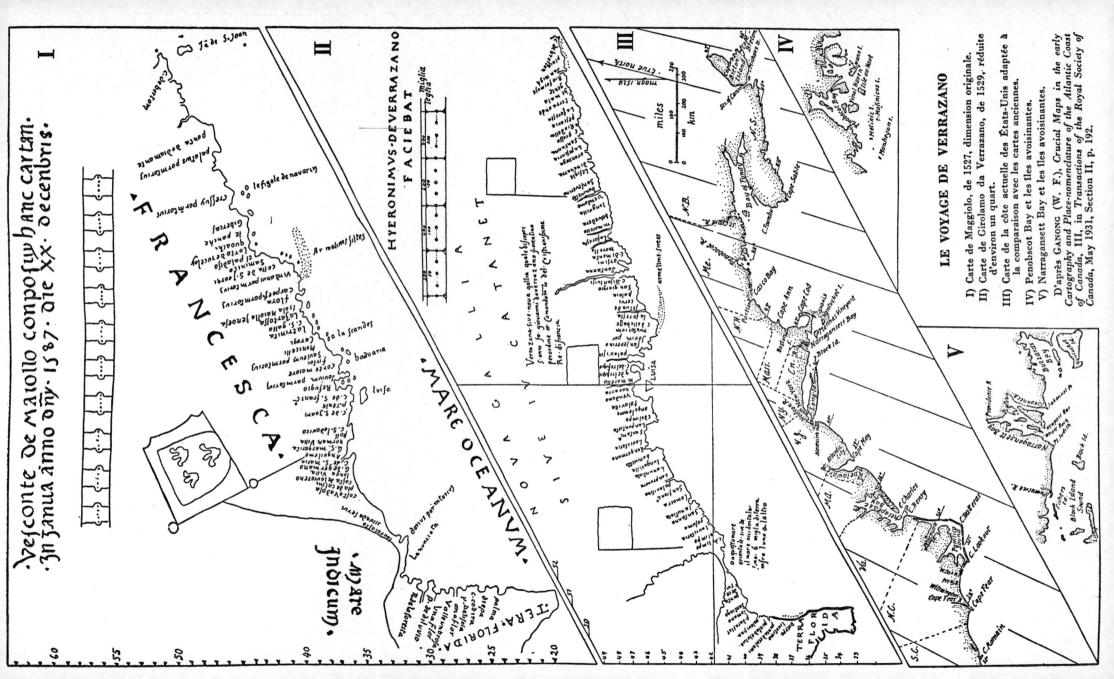

LE VOYAGE DE VERRAZANO

I) Carte de Maggiolo, de 1527, dimension originale.
II) Carte de Girolamo da Verrazano, de 1529, réduite
d'environ un quart.
III) Carte de la côte actuelle des États-Unis adaptée à
la comparaison avec les cartes anciennes.
IV) Penobscot Bay et les îles avoisinantes.
V) Narragansett Bay et les îles avoisinantes.

D'après GANONG (W. F.), *Crucial Maps in the early
Cartography and Place-nomenclature of the Atlantic Coast
of Canada*, III, in *Transactions of the Royal Society of
Canada*, May 1931, Section II, p. 192.

avec le plus de violence. Nous demeurions dans la chaloupe : ils nous envoyaient, au moyen d'une corde, ce qu'ils acceptaient de nous donner, tout en criant sans cesse que nous ne nous approchions pas de la terre. Nous leur donnions aussitôt des objets en échange, mais ils n'acceptaient que des couteaux, des hameçons et des lames de métal.

Nos prévenances n'avaient aucun effet sur eux et quand ils n'avaient plus rien à échanger, les hommes se livraient, tandis que nous nous éloignions, à toutes les démonstrations de mépris et d'impudeur que peuvent concevoir les plus viles créatures *. Nous pénétrâmes dans ce pays jusqu'à deux ou trois lieues à l'intérieur **, au nombre de vingt-cinq hommes armés et malgré l'opposition des habitants. Quand nous prenions terre, ils décochaient des flèches en poussant de grands cris puis s'enfuyaient dans les bois. Nous ne reconnûmes dans cette contrée aucune ressource d'importance, à l'exception d'immenses forêts et de quelques collines qui peuvent recéler des métaux, car nous vîmes des « patenostres » de cuivre aux oreilles de nombreux indigènes.

La Dalmatie du Nouveau Monde. — Le retour

Nous partîmes en suivant le littoral entre l'est et le nord. Toute cette côte était plus belle, plus accessible et dépourvue de forêts [39]. A l'intérieur, il y avait de

---

*. Ils montraient, par exemple, le c... en se moquant.
**. Sous 43° 2/3 [38].
38. D'après GANONG (op. cit., p. 187), le lieu du débarquement devait se trouver près de Casco Bay, probablement aux alentours de Portland, qui correspondrait à la courbe du littoral où Maggiolo a inscrit le nom El Paladiso. Sur la carte de Girolamo, la Costa de S. Jeorgi-Sam Giorgio serait la côte des Massachusetts et la grande rivière marquerait la rade de Boston telle qu'elle peut apparaître de la mer.
39. La côte du Maine entre Casco Bay et les parages de Sainte-Croix.

hautes montagnes qui allaient en décroissant vers le rivage. Sur une distance de cinquante lieues, nous découvrîmes trente-deux îles *, toutes voisines de la terre ferme. Elles étaient petites, élevées, d'aspect agréable et suivaient la direction du continent. Il s'y trouvait des ports et des passes excellents comme dans le golfe Adriatique, en Illyrie et en Dalmatie. Nous n'eûmes aucun rapport avec les indigènes et nous supposons qu'ils sont, comme les précédents, de mœurs brutales et de méchante nature.

Après avoir navigué entre le Subsolain et l'Aquilon pendant cent cinquante lieues, nous approchâmes de cette terre que découvrirent jadis les Bretons [41] et qui

---

*. Nous appelâmes les trois plus grandes les *Trois Filles de Navarre* [40].

40. D'après GANONG (*op. cit.*, p. 187), les « trois plus grandes » îles feraient penser à Vinal Haven, Isle au Haut et Swans Island, au-delà de la baie de Penobscot, mais on peut se demander si du vaisseau on pouvait reconnaître leur insularité étant donné leur situation par rapport aux autres îles et au littoral du continent. Il n'en serait pas de même pour Monhegan, Metinic et Matinicus, formant un triangle ouvert nettement indépendant, disposition qui apparaît dans la carte de Maggiolo. Le *Cressuy Pormtorius* de Girolamo serait, très vraisemblablement, le très remarquable Mount Desert dont l'insularité ne peut être découverte d'un navire passant au large. Juste à l'est des Trois Filles de Navarre figure, sur la carte de Girolamo, l'indication *Oranbega* fortement déplacée vers l'est, comme beaucoup d'autres noms de la même carte. Ce serait, d'après GANONG (*op. cit.*, p. 200-202), la première apparition d'un nom qui, sous la forme de Norumbega (ou Norombègue), devait connaître une grande fortune. Il devait s'appliquer primitivement, en relation avec le voyage de Verrazano, à la région entre la baie de Narragansett et New York, ainsi nommée par les Indiens. Plus tard, le nom fut transféré au pays de Penobscot, mais il est probable que les merveilles légendaires de la terre ou de la cité de Norumbega tirèrent leur origine de la description enthousiaste du Refuge par Verrazano. Voir aussi ANTHIAUME, *Cartes marines*, I, p. 54, II, p. 81-85.

41. D'après GANONG (*op. cit.*, p. 188-189), l'indication « est sud-est et nord nord-est » au lieu de la forme courante « est

se trouve par 50°. Ayant épuisé toutes les ressources du bord ainsi que nos vivres et découvert plus de sept cents lieues de terres nouvelles, nous nous ravitaillâmes en eau et en bois et délibérâmes de retourner en France.

Les indigènes sans religion

Nous ne pûmes rien apprendre ni par signes ni autrement de la religion des peuples que nous avons rencontrés et dont nous ignorions la langue. Il nous parut qu'ils n'avaient aucune loi ni aucune croyance, qu'ils ne connaissaient ni cause première ni premier moteur ; qu'ils n'adoraient ni le ciel, ni les étoiles, ni le soleil, ni la lune, ni les autres planètes ; qu'ils ne se livraient même à aucune espèce d'idolâtrie. Nous ne vîmes point qu'ils fissent des sacrifices ou des prières ni qu'ils possédassent des temples ou des lieux réservés au culte.

Nous croyons qu'ils n'ont aucune religion et qu'ils vivent en toute liberté par suite de leur totale ignorance. Ils sont en effet fort aisés à persuader et ils imitaient le zèle et la ferveur avec lesquels ils nous voyaient remplir les pratiques chrétiennes.

---

nord-est » pourrait ne pas être arbitraire, si elle indiquait que Verrazano adopta d'abord la direction est sud-est puis la direction nord nord-est. La première route ainsi suivie expliquerait comment Verrazano ne reconnut pas la large baie de Fundy, soit qu'un vent d'ouest l'ait poussé aux abords de la Nouvelle-Ecosse, soit qu'un ancien compagnon de Fagundes lui ait fait adopter la route la plus courte. La carte de Maggiolo confirmerait cette hypothèse, si l'on admet que la large anse au nord de *Cressuy Pormontorius* représente l'ouverture de la baie de Fundy, ce qui permettrait d'identifier le *Palatius Pormtorius* avec le cap Fourchu et la *Ponta de Diamante* avec le cap Sable. Arrivé dans les parages du cap Breton, Verrazano ne mit pas aussitôt le cap sur la France puisqu'il affirme, à la fin de sa lettre, avoir atteint 54° latitude nord. L'île ne se trouve ni à 50° ni à 52°, comme le croient Maggiolo et Girolamo, mais à 46°.

Je dois enfin relater à Votre Majesté l'ordre de notre navigation sous le rapport cosmographique. Comme je l'ai dit précédemment, au départ des écueils plus haut désignés et qui se trouvent à l'extrémité de l'occident connu des anciens, sur le méridien attribué aux îles Fortunées, par 32° de latitude dans notre hémisphère, nous mîmes le cap à l'ouest. La distance que nous avions parcourue lorsque nous découvrîmes la terre pour la première fois était de 1 200 lieues, soit 4 800 milles en comptant quatre milles par lieue selon l'usage des marins.

Géométriquement, ce parcours correspond, en considérant le rapport triple entre le diamètre et la circonférence à $92 \dfrac{54\,164}{472\,733}$ degrés [42]. En effet, puisque la corde de l'arc de ce grand cercle [43] embrasse $114 \dfrac{6}{11}$ degrés [44], il en résulte que la corde [45] du parallèle de 34°, latitude à laquelle se trouve la première terre que nous avons découverte, embrasse par le même rapport $95 \dfrac{233}{450}$ degrés [46] et que la circonférence du

---

42. D'équateur.
43. Diamètre de l'équateur.
44. Verrazano a pris, en réalité, au lieu du rapport triple entre le diamètre et la circonférence, le rapport $\dfrac{22}{7}$, valeur du nombre π donnée par Archimède ; on a, en effet :
$$360° \times \frac{7}{22} = 114° \times \frac{12}{22} = 114° \frac{6}{11}.$$
45. Ou diamètre.
46. D'équateur.

petit cercle entier [47] correspond à $300\dfrac{713}{1\,575}$ degrés du grand cercle [48]. Etant donné que chaque degré équivaut à 62 milles et demi ainsi que l'attestent la plupart de ceux qui ont vérifié par l'expérience que les rapports sur terre correspondent aux rapports dans le ciel, on obtient ainsi la valeur de $18\,759\dfrac{31}{126}$ milles [49] qui, partagés en 360 parties, donnent pour chaque degré [50] la valeur de $52\dfrac{989}{9\,072}$ milles. Et telle est la valeur d'un degré de longitude, à la latitude du parallèle de 34°, par rapport auquel nous avons calculé le parcours en ligne droite, effectué à partir du méridien des susdits écueils qui se trouvent à la latitude de 32 °. Car les 1 200 lieues plus haut indiquées ont été mesurées en naviguant en ligne droite d'occident vers le levant, sur le parallèle de 34° [51]. On obtient un trajet correspondant à $92\dfrac{54\,164}{472\,773}$ degrés

───────

47. Parallèle de 34°.
48. L'équateur.
49. Le quotient de $18\,759\dfrac{31}{126}$ par 62,5, est égal à $300\dfrac{233}{1\,575}$ dont le produit par $\dfrac{7}{22}$ est égal à $95\dfrac{2\,483}{11 \times 450}$; les nombres correspondants du Ms Cellere sont affectés d'erreurs dues vraisemblablement aux copistes.
50. Du parallèle de 34°.
51. Si l'on admet que Verrazano est parti de Porto-Santo, la distance de 1 200 lieues de 5 934 mètres, soit 7 108 kilomètres, donnerait une position voisine de la côte occidentale des Etats-Unis. Si la *Dauphine* a parcouru réellement 1 200 lieues, ce ne peut être en ligne droite.

que nous avons effectivement parcourus. Or les anciens n'ont rien connu à l'ouest de ce méridien sur le parallèle de 34°.

La détermination de cette distance a été faite par nous en calculant la longitude au moyen de différents instruments, sans recourir aux éclipses de lune ni à d'autres phénomènes dérivant du mouvement du soleil mais en prenant constamment la hauteur, à toute heure, et en calculant la différence de longitude d'un horizon à l'autre à mesure qu'allait le navire. Nous avons ainsi déterminé géométriquement l'intervalle d'un méridien à l'autre ainsi que je l'ai amplement exposé dans un petit livre en y ajoutant des observations sur la hauteur des marées dans chaque climat, en tout temps et à toute heure, ce qui pourra sans doute être utile aux navigateurs.

J'espère pouvoir exposer plus complètement de vive voix ces données théoriques à Votre Majesté.

Le but du voyage

Mon intention était de parvenir, au cours de cette navigation, au Cathay et à l'extrémité orientale de l'Asie ; je ne pensais pas rencontrer un tel obstacle du côté de la terre nouvelle que j'ai découverte. Si j'estimais, en effet, pour certains motifs, devoir trouver cette terre, je pensais qu'elle offrait un détroit permettant de passer dans l'Océan oriental. C'était l'opinion universellement admise par les anciens que notre Océan occidental ne faisait qu'un avec l'Océan oriental des Indes, sans aucun continent interposé. Aristote, notamment, se range à cet avis, en s'appuyant sur diverses analogies, mais son opinion est rejetée par les modernes et apparaît fausse à l'expérience. Une terre ignorée des anciens a été découverte de nos jours. Un autre monde, distinct de celui qu'ils ont connu, apparaît avec évidence : il est plus grand que notre Europe, que l'Afrique et presque que l'Asie si nous considérons attentivement son étendue. J'entretiendrai sous peu de cette question Votre Majesté.

Les terres nouvelles forment un grand continent

Au-delà de l'Equateur, à partir du méridien qui se trouve à 20 $\frac{32\,062}{14\,781}$ degrés à l'ouest de celui des îles Fortunées, les Espagnols * ont parcouru cinquante-quatre degrés vers le sud. Ils y ont rencontré une terre illimitée. En revenant ensuite vers le nord, à partir de la susdite ligne méridionale et en suivant le littoral jusqu'au parallèle de 8°, ils ont parcouru 89 $\frac{2\,970}{46\,781}$ degrés qui, ajoutés aux 20 $\frac{32\,060}{44\,830}$ degrés, donnent un total de 110 $\frac{44\,830}{46\,783}$ degrés. Tel est le parcours qu'ils ont fait à l'ouest du méridien des îles Fortunées, sur le parallèle de 21° de latitude.

Nous n'avons pas fait, quant à nous, l'expérience de cette distance, n'ayant pas accompli cette navigation. Elle peut donc avoir été évaluée avec quelque inexactitude. Nous l'avons calculée géométriquement d'après les rapports de nombreux et habiles capitaines à qui ce voyage est familier. Ceux-ci affirment qu'elle est de 1 600 lieues en estimant le chemin parcouru d'après le vent qu'ils ont eu pendant la route.

J'espère que nous ** ne tarderons pas à être exactement renseignés sur ce point ***.

---

*. C'est-à-dire Magellan.
**. Nous autres.
***. Et que nous tirerons aussi profit des terres découvertes.

En ce qui nous concerne, au cours de cette expédition faite par ordre de Votre Majesté, nous parcourûmes, au-delà de 92° à l'ouest du méridien précité, et à partir de la première terre trouvée par 34° ****, 300 lieues entre l'est et le nord et 400 lieues presque à l'est, en longeant continuellement le rivage [52]. Nous parvînmes ainsi à la latitude de 54°, négligeant la terre que les Portugais ***** découvrirent il y a un certain temps [54] et qu'ils suivirent, plus au nord jusqu'au cercle polaire arctique, mais sans en apercevoir l'extrémité. En ajoutant la latitude septentrionale à la latitude méridionale, soit 54° à 66°, on obtient 120°, c'est-à-dire une différence de latitude supérieure à celle de l'Afrique et de l'Europe réunies. Si on réunit en effet l'extrémité de l'Europe, c'est-à-dire les limites de la Norvège situées par 71°, avec celle de l'Afrique, le cap de Bonne-Espérance, qui se trouve par 35° [55], on ne trouve que 106°. Si le continent nouveau s'étend en profondeur à proportion du développement de son littoral, il n'est pas douteux que sa grandeur n'excède celle de l'Asie.

Proportion de la terre et des eaux dans le globe

Nous trouvons donc que le globe de la terre est beaucoup plus grand que ne l'ont cru les anciens. Nous voyons aussi infirmée l'opinion des mathématiciens qui ont prétendu que la terre était d'une étendue minime

---

****. Terre voisine de Temistitan.

52. D'après GANONG (*op. cit.*, p. 189), les 700 lieues comprendraient le chemin parcouru jusqu'à Terre-Neuve.

*****. C'est-à-dire Bacalaia, ainsi appelée du nom d'un poisson [53].

53. La morue.

54. Terre-Neuve, découverte par les Corte-Real. La latitude indiquée est trop élevée.

55. Exactement 34° 40'.

par rapport à celle des eaux : l'expérience nous démontre tout le contraire.

Quant à la superficie occupée, nous pensons que la terre en possède autant que les eaux. Lorsque je serai en présence de Votre Majesté, j'espère le démontrer plus aisément grâce aux constatations et aux expériences que j'ai pu faire.

Le Nouveau Monde est isolé

Cette terre ou Nouveau Monde dont nous avons parlé ci-dessus forme un tout. Elle n'est rattachée ni à l'Asie ni à l'Afrique (de ceci nous avons la certitude). Peut-être touche-t-elle à l'Europe par la Norvège et la Russie. Cette hypothèse ne tient pas, si nous en croyons les anciens qui prétendent que depuis le promontoire des Cimbres [56] presque tout le nord a été parcouru par mer vers l'orient et affirment même que le circuit a été achevé par la mer Caspienne. Ce continent serait donc enfermé entre la mer orientale et la mer occidentale et les limiterait toutes deux. Au-delà de 54° au sud de l'Equateur, il se prolonge vers l'orient sur une longue étendue et, vers le nord, au-delà de 66° il continue vers l'est pour atteindre 70°.

J'espère que nous obtiendrons confirmation de tout ceci avec l'assistance de Votre Majesté [57] que Dieu

---

56. La Scandinavie, en langage classique.

57. Le retour de Verrazano s'effectua à une époque où François Ier avait d'autres soucis que les entreprises maritimes. Le connétable de Bourbon venait d'envahir la Provence et le roi descendait le Rhône pour organiser la résistance à Avignon. Il ne devait plus remonter à Lyon, trop occupé à conquérir le Milanais. Le 26 février 1525, ce fut le désastre de Pavie puis les treize mois de captivité, durant lesquels la reine mère fut accaparée par les difficultés intérieures. Verrazano dut se tourner vers de moins hauts mais plus sûrs protecteurs, l'amiral Chabot, toujours en quête d'affaires fruc-

tout-puissant rende prospère et fasse jouir d'une longue renommée afin que nous conduisions heureusement à leur fin ces travaux cosmographiques et que soit accomplie la Sainte Parole de l'Evangile : « *In omnem terram exivit sonus eorum*, etc. ».

A bord de la *Dauphine*, le 8 de juillet 1524.

Votre humble serviteur.
Giovanni DA VERRAZANO.

A Leonardo Tedaldi ou à Thomas Sartini, marchands à Lyon. Pour faire suivre à Bonacorso Ruscellay.

---

tueuses, et le grand armateur et homme d'affaires de Dieppe Ango, qui constituèrent, en avril 1526, une société en commandite pour équiper trois vaisseaux destinés à un « voyage des épiceries aux Indes ». Les Rucellai de Rouen fournirent aussi leur appui à leur compatriote. L'expédition partit au printemps de 1528. On ignore si elle se proposait de chercher le passage, plus au sud, en Amérique centrale ou de gagner le Brésil, comme le redoutait l'ambassadeur du Portugal. D'après le poète Paul Jove, qui tenait le récit du propre frère de Verrazano, le capitaine aurait péri dans une île de la mer des Antilles, avec ses marins « étendus à terre et dépecés jusqu'au dernier os puis dévorés » sous les yeux de leurs compagnons de bord.

Les trois voyages
de Jacques Cartier
(1534-1541)

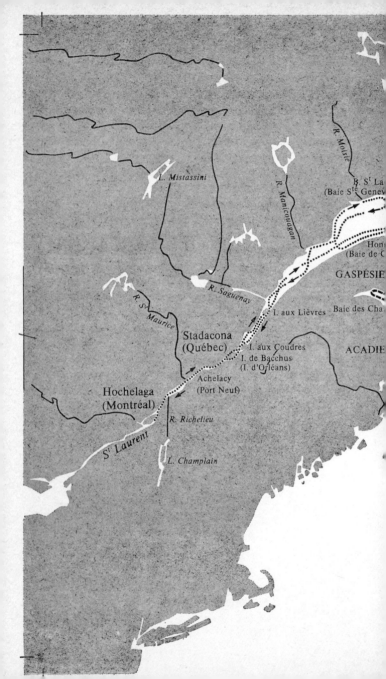

LABRADOR

Belle-Isle

B. des Châteaux

Brest (B. Bonne Espérance)

G. Degrat (C. Bauld)

R. St Jacques

C. Rouge

Belle-Isle (Sud)

I. des Oiseaux (I. Funk)

Havre Jacques Cartier (Cumberland)

Cap Double (Pte Riche)

Havre St Nicolas (Baie Mascanin)

TERRE-NEUVE

Ste Catherine

Cap de Bonne-Viste

nticosti) l'Assomption

B. de Port à Port

GOLFE DU St LAURENT

Havre du St Esprit (Port aux Basques)

I. Brion

d'Espérance e Miscou)

I. de la Madeleine

I. Miquelon

I. St Pierre

C. de Raze (C. Race)

du Sauvage nte Nord)

Cap St Paul

I. du Cap-Breton

du Prince Edouard

OCÉAN ATLANTIQUE

Les voyages de Jacques Cartier

→ ▪--- 1er voyage

→ .... 2e voyage

0   100   200   300 km

Premier voyage de Jacques Cartier (1534)

Première relation de Jacques Cartier de la Terre-Neuve, dite la Nouvelle-France, trouvée en l'an 1534

Comment le capitaine Jacques Cartier, étant parti avec deux navires de Saint-Malo, arriva à la Terre-Neuve[1], dite la Franciscane, et entra dans le havre de Sainte-Catherine

Après que messire Charles de Mouy, chevalier, seigneur de La Milleraye, et vice-amiral de France[2], eut pris les serments, et fait jurer les capitaines, maîtres et compagnons desdits navires de bien et loyalement se comporter au service du Roi sous la charge dudit Cartier, nous partîmes[3] du havre et port de Saint-

---

1. Cf. LESCARBOT, *Histoire de la Nouvelle-France,* Paris, 1609, p. 248 : « Et quoy que tout pays de nouveau découvert se puisse appeler Terre-Neuve, toutefois ce mot est particulier aux terres... lesquelles sont par les quarante sept, quarante neuf et cinquante degréz en tirant au nort. Et par un mot plus général, on peut appeler Terre-Neuve tout ce qui environne le Golfe de sainct-Laurent où les Terre-neuviers indifféremment vont tous les ans faire leur pecherie. »
2. Charles de Mouy, sieur de La Meilleraye, fut commissionné comme vice-amiral de France le 26 février 1533. Il mourut en 1562. Voir LA RONCIÈRE, *Histoire de la marine française,* Paris, 1900, II, p. 447, note 1.
3. Les armateurs de Saint-Malo, hostiles au voyage de Jacques Cartier, l'empêchèrent tout d'abord de recruter ses équipages, mais un arrêt du 28 mars 1533 (1534) fermant le port jusqu'à ce qu'il eût réussi à équiper ses navires mit fin à cette opposition. Voir H. P. BIGGAR, *A Collection of documents relating to Jacques Cartier and the sieur de Roberval,*

Malo, avec lesdits deux navires, du port d'environ soixante tonneaux chacun, équipés, les deux, de soixante et un hommes, le vingtième jour d'avril dudit an mil cinq cent trente quatre. Et naviguant avec bon temps, vînmes à Terre-Neuve [4], le dixième jour de mai, et atterrâmes au cap de Bonne-Viste [5], étant à quarante-huit degrés et demi de latitude [6], et à... [7] degrés de longitude. Et du fait du grand nombre de glaces qui étaient le long de cette terre [8], il nous convint d'entrer en un havre, nommé Sainte-Catherine [9],

Ottawa, 1930, p. 43-44. L'année commençant à Pâques, la fin de mars faisait partie du dernier mois de 1534.

4. Cartier avait dû aller déjà plusieurs fois à Terre-Neuve ; il aurait même été un des compagnons de Verrazano en 1524, d'après G. LANCTOT, « Cartier's first voyage to Canada in 1524 », in *The Canadian Historical Review,* Toronto, sept. 1944, p. 233-245. Voir aussi du même auteur une très intéressante étude sur les portraits de Cartier in *Can. Geogr. Journal,* mars 1935.

5. Ce nom était encore employé au XVIIIe siècle, mais celui de Bonavista a prévalu.

6. Cf. G. CLOUÉ, *Pilote de Terre-Neuve,* 2e éd., Paris, 1882, II, p. 213 : « Le cap Bonavista est situé par... 55° 25' 34" de longitude ouest [de Paris] ; c'est une presqu'île de roches arides de moyenne hauteur, bordée de falaises escarpées et très accores », et W. F. GANONG, in *Transactions of the Royal Society of Canada,* vol. XXVIII, sect. II, 1934, p. 172 : « Cette latitude donnée pour la première fois est d'une exactitude remarquable. » Elle est en réalité de 48° 25' 34".

7. Laissé en blanc dans le manuscrit. Les moyens dont on disposait à cette époque ne permettaient pas de mesurer la longitude d'une façon précise.

8. D'après Staff Commander W. F. R. N. MAXWELL, *The New-foundland and Labrador Pilot,* 3e éd., London, 1897, p. 350, cité par BIGGAR, *The Voyages of Jacques Cartier,* Ottawa, 1924, p. 5-6 : « Le champ de glace se forme vers le 15 février et disparaît avec le mois de mai », et p. 377 : « L'apparition de la glace dans le Nord est irrégulière, mais ne se produit guère avant le 15 janvier... elle s'en va généralement entre le 10 et le 20 avril ; on l'a vue, cependant, demeurer quelquefois jusqu'au 10 juin. »

9. Le nom espagnol de *Catalina* lui est resté. Il est situé à 16 kilomètres de Bonavista. Rien dans la narration n'indique que Cartier lui ait donné le nom de Sainte-Catherine qui,

à environ cinq lieues au sud sud-ouest de ce cap, où nous fûmes l'espace de dix jours, en attendant notre temps, et réparant nos barques.

Comment ils arrivèrent à l'île des Oiseaux, et du grand nombre d'oiseaux qui s'y trouvent

Et le vingt et unième jour dudit mois de mai nous partîmes dudit havre avec un vent d'ouest, et fûmes portés au nord, un quart nord-est du cap de Bonne-Viste, jusqu'à l'île des Oiseaux [10], laquelle île était tout environnée et encerclée d'un banc de glaces, rompues et divisées par pièces. Nonobstant ledit banc nos deux barques furent à l'île, pour avoir des oiseaux, desquels il y a si grand nombre que c'est une chose incroyable pour qui ne le voit, car nonobstant que ladite île contienne environ une lieue de circonférence, elle en est si pleine qu'il semble qu'on les ait entassés. Il y en a cent fois plus autour de celle-ci et en l'air que dans l'île ; une partie de ces oiseaux sont grands comme des oies, noirs et blancs, et ont le bec comme un corbeau. Et ils sont toujours dans la mer, sans jamais pouvoir voler en l'air, parce qu'ils ont de petites ailes, comme la moitié d'une main ; avec lesquelles ils volent aussi fort dans la mer que les autres oiseaux dans l'air. Et ces oiseaux sont si gras que c'est une chose surprenante. Nous nommons ces oiseaux *apponatz* [11], desquels nos deux barques furent char-

---

sans doute, lui appartenait déjà, ainsi qu'il en est de Bonavista et d'autres qui existent encore. Voir GANONG, *op. cit.*, p. 174.

10. L'île Funk ou plus exactement *Funk Island*. Sa longueur de l'est à l'ouest est de 800 *yards* (730 m environ) et sa largeur de 400 *yards* (365 m environ). Cf. MAXWELL, *op. cit.*, 1re éd., Londres, 1878, p. 198.

11. Le grand pingouin (*Plautus impennis*) : « Cette espèce se trouvait autrefois en grande abondance autour de Terre-Neuve, mais aujourd'hui elle ne s'y voit plus » (J. et J.-M. MACOUN, *Catalogue des Oiseaux du Canada,* Ottawa, 1915, p. 33).

gées, en moins d'une demi-heure, comme de pierres, et dont chacun de nos navires sala quatre ou cinq pipes, sans compter ce que nous en pûmes manger de frais [12].

De deux sortes d'oiseaux, l'une appelée godez, l'autre margot ; et comment ils arrivèrent à Karpont

En outre, il y a une autre sorte d'oiseaux, qui vont dans l'air et dans la mer, qui sont plus petits, que l'on nomme godez [13], qui s'entassent et se mettent dans ladite île sous les plus grands. Il y en avait d'autres plus grands qui sont blancs, qui se mettent à part des autres, dans une partie de l'île, qui sont fort mauvais à assaillir ; car ils mordent comme des chiens, et sont nommés margots [14]. Et néanmoins que ladite île soit à quatorze lieux de la terre, les ours y passent à la nage de la grand terre, pour manger desdits oiseaux ; desquels nos gens en trouvèrent un, grand comme une vache, aussi blanc qu'un cygne, qui sauta dans la mer devant eux. Et le lendemain, qui est le jour de la Pentecôte [15], en faisant notre route vers la terre, nous trouvâmes ledit ours, environ à mi-chemin, qui allait à terre aussi fort que nous le faisions à la voile ; et

---

12. Les pêcheurs français se nourrissaient de ces oiseaux pendant la saison de la pêche, ce qui les dispensait de faire de grandes provisions de viande au départ de France.

13. Le pingouin commun (*Alca torda*). « On le remarque en nombre pendant tout l'été et l'automne le long des côtes de Terre-Neuve [...], mais il abonde et couve le long des côtes est et sud du Labrador » (MACOUN, *op. cit.*, p. 32).

14. Le fou de Bassan (*Sula bassana*) : « Cette espèce est commune depuis le Groenland en allant au sud jusqu'au Nouveau-Brunswick, ainsi que d'une extrémité à l'autre du golfe Saint-Laurent. Elle couve en abondance sur la côte du sud du Labrador, sur la côte de la Nouvelle-Ecosse et au Rocher-aux-Oiseaux dans le golfe » (MACOUN, *op. cit.*, p. 78).

15. Dimanche 24 mai 1534.

nous, l'ayant aperçu, nous lui donnâmes la chasse avec nos barques et le prîmes de force ; sa chair était aussi bonne à manger que celle d'une génisse de deux ans.

Le mercredi vingt-septième jour dudit mois, nous arrivâmes à l'entrée de la baie des Châteaux [16], et pour la contrariété du temps et du grand nombre de glaces que nous trouvâmes, ils nous convint d'entrer dans un havre nommé le Karpont [17], aux environs de cette entrée, où nous fûmes sans en pouvoir sortir jusqu'au neuvième jour de juin ; nous en partîmes alors pour passer outre, avec l'aide de Dieu. Ledit Karpont est à cinquante et un degrés et demi de latitude [18].

Description de la Terre-Neuve depuis le cap Rouge jusqu'à celui de Dégrat

La terre, depuis le cap Rouge jusqu'au Dégrat [19], qui est la pointe de l'entrée de la baie [20], s'étend, de cap en cap, nord nord-est et sud sud-ouest ; et toute

---

16. Le détroit de Belle-Isle qu'il prit pour une baie. Ce détroit est généralement ouvert à la navigation vers le 15 juin, mais il arrive qu'il soit encore complètement obstrué par la glace à la fin du mois. Cf. BAYFIELD, *The Saint-Laurence Pilot*, vol. I, 6ᵉ éd.. London, 1894, p. 8.

17. Le havre de Kirpon ou Quirbon, situé entre les îles Jacques Cartier et Kirpon, offre un excellent ancrage. Cf. MAXWELL, *op. cit.* (3ᵉ éd.), p. 538.

18. Il est à 50° 36' de latitude. On l'appelle aussi la baie Jacques Cartier.

19. Ces deux caps ont conservé leurs noms : le cap Rouge sur la côte nord-est de Terre-Neuve, vis-à-vis de l'île de Groix à 50° 36' de latitude, et le cap Dégrast sur l'île de Kirpon à quelques kilomètres au sud du cap Bauld, à l'entrée du détroit de Belle-Isle. Le cap Dégrast est beaucoup plus haut que le cap Bauld et constitue un meilleur point de reconnaissance pour les navires venant du sud. Cf. BIGGAR, *The Voyages*, p. 11, note 1.

20. Des châteaux, c'est-à-dire du détroit de Belle-Isle.

cette partie de terre a des îles adjacentes et près les unes des autres ; il n'y a que de petites rivières par où les bateaux peuvent aller et passer [21]. Et pour cette raison il y a plusieurs bons havres dont celui de Karpont et celui du Dégrat [22] qui sont dans l'une de ces îles, celle qui est la plus haute de toutes [23], du dessus de laquelle on voit clairement les deux Belles-Isles, qui sont près du cap Rouge [24] où l'on compte vingt-cinq lieues [25] pour le havre de Karpont. Il y a deux entrées, l'une vers l'est et l'autre vers le sud de l'île ; mais il faut prendre garde de la bande et de la pointe de l'est [26], car ce sont bancs et hauts-fonds ; et il faut longer l'île [27] de l'ouest, à une distance d'un demi-câble, ou plus près si l'on veut, et puis s'en aller vers le sud, vers le Karpont [28]. Et il faut aussi prendre garde aux récifs qui sont sous l'eau du chenal vers l'île de l'est. Il y a dans le chenal trois ou quatre brasses de profondeur, et beau fond ; l'autre entrée se trouve

---

21. Biggar fait remarquer que cette description est loin d'être exacte.

22. L'anse du Dégrat, sur la côte nord du cap du même nom.

23. L'île Kirpon : elle est haute et escarpée, son sommet au-dessus du cap Dégrast atteint 505 pieds. Cf. MAXWELL, *op. cit.,* p. 537-538.

24. Les îles de Groix et Belle-Isle du sud (ou du Petit-Nord) qui se trouvent au large du cap Rouge, entre les 50° 45' et 50° 56'. Le cap Rouge est à 50° 56'.

25. Jean ALPHONSE, dans sa *Cosmographie,* indique une distance de 12 lieues. Il a sans doute compté jusqu'au Petit-Kirpon, tandis que J. Cartier va jusqu'au Grand-Kirpon. Cf. BIGGAR, *op. cit.,* p. 12 et 281.

26. La pointe Dumenil sur la côte ouest de l'île de Kirpon. Les variations du compas, qui à cette époque atteignaient 14° ouest, peuvent avoir induit Cartier en erreur et le porter à croire que l'île Kirpon allait du nord-est au sud-ouest. Cf. BIGGAR, *op. cit.,* p. 12, note 9.

27. L'île Jacques Cartier à l'entrée du Grand-Kirpon ou baie Jacques-Cartier.

28. Voir CLOUÉ, *op. cit.,* II, p. 30. Il reproduit presque mot pour mot les observations de Cartier.

est nord-est et sud, vers l'ouest, si étroite que l'on peut sauter à terre [29].

De l'île Sainte-Catherine, à présent ainsi nommée

Partant de la pointe du Dégrat, et entrant en ladite baie [30], faisant route vers l'ouest, un quart nord-ouest, on double deux îles, qui se trouvent à bâbord, dont l'une est à trois lieues de ladite pointe et l'autre à environ sept lieues de la première [31], qui est plate et basse terre, paraissant être la terre ferme [32]. Je nommai

---

29. Cf. CLOUÉ, *op. cit.,* II, p. 41-42 : « Entre la pointe de la Baleine et la pointe aux Perdrix, située à 400 mètres dans le sud-est, se trouve l'entrée est du Petit-Kirpon. Cette entrée va en se rétrécissant jusqu'à près de 1/2 mille de là, vis-à-vis de la pointe Herbert. [...] Le Petit-Kirpon s'élargit en dedans de la pointe Herbert jusqu'à avoir 250 mètres environ de large par le travers de la pointe sud de l'île Kirpon. [...] Les navires de moins de 4 mètres de tirant d'eau, qui vont de la côte de l'est au mouillage de Jacques-Cartier, ont avantage, si le vent est portant, à passer par le Petit-Kirpon, puis par le chenal du sud de l'île Kirpon. » Et aussi Martin DE HOYAR-SABALL, *Les Voyages aventureux,* Bordeaux, 1633, p. 108 : « Il y a deux entrées, l'une gist nord nord-est et sud sud-est, et l'autre nord-est suroest ; car il y a une bache au milieu de l'entrée, garde toy d'elle et range toy devers ce bort ou à babour [...] à l'autre entrée du cap de Grat [...] il y a une bache plate depuis que tu es entrée dedans devers surtout, à l'entrant va tout droit à la grande Isle dedans le port mesme, et range toy à la petite Isle qui est devers stibour. » Cf. BIGGAR, *op. cit.,* p. 13, note 13.
30. La baie des Châteaux, c'est-à-dire le détroit de Belle-Isle.
31. Les îles du Sacre ou la Grande et la Petite Iles situées à 5 milles du cap Bauld et à une distance d'un mille l'une de l'autre. Cf. BIGGAR, *op. cit.,* p. 13, note 2. Les relations de Cartier ont dû être rédigées d'après les journaux de bord, ce qui explique certaines omissions et erreurs. Par exemple, il n'est question, ici, que de deux îles, bien qu'en réalité il y en ait trois : les deux qui précèdent et, 7 lieues plus loin, l'île de la Goélette, nommée par Cartier Sainte-Catherine.
32. Terre-Neuve, qu'il prenait pour une presqu'île. L'île de la Goélette n'en est séparée que par Cook's Harbour.

celle-ci *île Sainte-Catherine* [33] ; au nord-est de laquelle il y a des fonds-hauts et mauvais [34], sur environ un quart de lieue, c'est pourquoi il faut s'en écarter. Ladite île et le havre des Châteaux [35] se trouvent nord nord-est et sud sud-ouest, et il y a entre eux quinze lieues. Et dudit havre des Châteaux au havre des Buttes [36], qui est la terre au nord de ladite baie [37], s'étendant est nord-est et ouest sud-ouest, il y a douze lieues et demie. Et à deux lieues dudit havre des Buttes est le havre de la Baleine [38] ; au travers duquel havre, savoir au tiers de la traversée de ladite baie, il y a trente-huit brasses et fond de varech. Du havre de la Baleine jusqu'à Blanc-Sablon [39], il y a vingt-cinq lieues, à l'ouest sud-ouest ; et il faut prendre garde à un écueil, qui est sur l'eau, comme un bateau au sud-est dudit Blanc-Sablon, distant de trois lieues.

Du lieu appelé Blanc-Sablon ; de l'île des Bois et de l'île des Oiseaux ; la sorte et quantité d'oiseaux qui s'y trouvent ; et du port appelé les Islettes

Blanc-Sablon est une anse, où il n'y a point d'abri au sud ni au sud-est [40]. Et il y a au sud sud-ouest de

---

33. L'île de la Goélette.
34. L'île Verte (ou Green Island) et les hauts-fonds qui l'avoisinent. Cf. BIGGAR, *op. cit.*, p. 14, note 6.
35. La baie des Châteaux actuelle.
36. Black Bay, à 21,5 milles de la baie des Châteaux, d'après BIGGAR, mais *Red Bay* (ou baie Rouge) d'après GANONG, *op. cit.*, p. 176.
37. De la baie des Châteaux.
38. La baie Rouge d'après BIGGAR, mais la baie Forteau d'après GANONG, *ibid.*
39. Les bancs de sable qui l'entourent (Blanc-Sablon), formés du granit des montagnes, lui ont valu son nom. Ce sable, lavé par la mer, vu de loin en plein soleil, paraît tout à fait blanc. Voir BAYFIELD, *op. cit.*, I, p. 130.
40. H. F. LEWIS, qui a fréquenté ces parages pendant plusieurs années, constate que Cartier en donne une bonne

cette anse deux îles, dont l'une a nom l'île des Bois [41], et l'autre l'île des Oiseaux [42], où il y a grand nombre de godez et de richars [43], qui ont le bec et les pieds rouges, et gîtent dans des trous sous terre, comme des lapins. Ayant doublé un cap de terre, qui est à une lieue de Blanc-Sablon [44], il y a un havre et passage, nommé les Islettes [45], qui est meilleur que Blanc-Sablon ; et là se fait grande pêche. Dudit lieu des Islettes jusqu'à un havre nommé Brest [46], dans la même direction du vent, il y a dix lieues. Ce havre est à cinquante et un degrés (quarante), cinquante-cinq minutes de latitude, et à... [47] de longitude. Depuis les Islettes jusqu'audit lieu il y a des îles ; et ledit Brest est parmi les îles. En outre, longeant la côte à une distance de plus de trois lieues, ce ne sont qu'îles, à plus de douze lieues loin dudit Brest ; ces îles sont basses, et on voit les hautes terres par-dessus [48].

description. Voir *Transactions...*, 3ᵉ série, vol. XXVIII, 1934, p. 118.

41. L'île au Bois (ou Woody Island).

42. L'île Verte (ou Greenly Island).

43. Le grand puffin (*Puffinus gravis*). « Le grand puffin est commun par grandes volées au large de la côte nord-est du Labrador. [...] Il est assez commun sur la côte ouest de Terre-Neuve » (MACOUN, *op. cit.*, p. 74). Voir aussi LEWIS, *op. cit.*, p. 119 : « L'île Verte est encore l'endroit où des milliers de pingouins et de puffins font leurs nids. »

44. Longue-Pointe, à 2 milles et trois quarts à l'ouest de Blanc-Sablon.

45. La baie de Brador. Les deux principaux points de mouillage dans cette baie sont le havre à la Frégate et le petit port, au sud, appelé « Le Bassin ». Cf. LEWIS, *op. cit.*, p. 120.

46. Bien que Brest ait été identifié avec la baie du Vieux-Château par DAWSON, GANONG et autres, BIGGAR prétend qu'il s'agit de la baie de Bonne-Espérance. « Il est probable que Brest fût l'un de ces deux endroits, mais la description de Cartier n'est pas assez détaillée pour permettre de trancher la question », dit LEWIS, *op. cit.*, p. 120.

47. Laissé en blanc dans le texte.

48. Cf. BAYFIELD, *op. cit.*, I, p. 152 : « Le continent a jusqu'ici formé la ligne de la côte, mais à la baie du Saumon

Comment ils entrèrent au port de Brest avec les na-
vires, et allant outre vers l'ouest passèrent parmi les
îles, lesquelles ils trouvèrent en si grand nombre qu'il
n'était pas possible de les dénombrer ; et les nom-
mèrent Toutes-Iles

Le dixième jour du mois de juin, nous entrâmes dans
le havre de Brest avec nos navires, pour avoir de l'eau
et du bois, et nous préparer, et passer outre ladite
baie. Et le jour de la Saint-Barnabé, après avoir
entendu la messe, nous allâmes avec nos barques au-
delà dudit havre, vers l'ouest, découvrir et voir quels
havres il y avait. Nous passâmes parmi les îles qui
sont en si grand nombre qu'il n'est pas possible de
savoir les dénombrer, et qui s'étendent sur environ dix
lieues au-delà dudit havre. Nous couchâmes dans l'une
de ces îles pour passer la nuit, et nous y trouvâmes
en grande quantité des œufs de canes et d'autres oiseaux qui gîtent dans ces îles. Lesdites îles furent
nommées *Toutes-Iles* [49].

Du port appelé Saint-Antoine, port Saint-Servan, port
Jacques-Cartier, de la rivière nommée Saint-Jacques ;
des coutumes et vêtements des habitants de l'île de
Blanc-Sablon

Le lendemain, le douze, nous poursuivîmes parmi ces
îles, et à la fin de la partie où elles sont le plus nombreuses nous trouvâmes un bon havre, qui fut nommé

[à l'intérieur du havre de Bonne-Espérance] les îles commencent et se continuent sur une distance de 14 milles. Elles sont
de toutes formes, de toutes dimensions et de toutes hauteurs
au-dessous de 200 mètres ; elles vont vers l'ouest sous les
noms de Eskimo, Vieux-Fort, Ile-au-Chien... au large de ces
îles se trouvent plusieurs rochers et récifs dont les plus éloignés sont à 4 bons milles du continent. »
    49. *Ibid.*

Saint-Antoine [50]. Et plus loin, à environ une lieue ou deux, nous trouvâmes une petite rivière, fort profonde, qui a la terre au sud-ouest et est entre deux hautes terres. C'est un bon havre ; et une croix fut plantée dans ledit havre, qui fut nommé Saint-Servan. Au sud-ouest dudit havre et rivière, à environ une lieue, il y a un îlot, rond comme un four [51], entouré de plusieurs autres îlots plus petits, qui signale lesdits havres. Plus loin, à dix lieues [52], il y a une autre bonne rivière plus grande, où il y a plusieurs saumons. Nous la nommâmes *la rivière Saint-Jacques* [53]. Etant dans celle-ci nous aperçûmes un grand navire, qui était de

---

50. D'après Lewis (*op. cit.,* p. 122), le havre Saint-Antoine serait aujourd'hui Rocky Bay et Saint-Servan Lobster Bay ou baie des Homards. Ganong (*op. cit.,* p. 179) trouve tout à fait convaincantes les raisons données par Lewis en ce qui concerne Saint-Servan seulement. Lewis confirme ainsi l'opinion de Biggar. H. B. Stephens (*Jacques Cartier and his four voyages to Canada,* Montréal, 1890, p. 135) indique Lobster Bay pour le havre Saint-Antoine.

51. Appelé maintenant le Boulet. Lewis (*op. cit.,* p. 124) serait d'avis que ce fut près de cet îlot que Cartier planta sa croix — plus d'un mois avant d'atteindre Gaspé. Il a observé sur la pointe de l'est à l'entrée de la baie un tas de pierres accumulées pour servir d'amer ; l'endroit est surtout indiqué pour cet usage par sa position et, aujourd'hui encore, on ne saurait faire un meilleur choix.

52. La baie Shecatica ou la baie de Napetipi. Dans la version italienne de Ramusio traduite en anglais par John Florio en 1580, on lit à « deux lieues » au lieu de dix. « Dans ce cas, fait remarquer Biggar (*op. cit.,* p. 21), la rivière Saint-Jacques semble devoir être la baie Napetipi, tandis que le havre Jacques Cartier serait la baie actuelle de Mistanoqué. »

53. Si la version de Florio est exacte (à 2 et non à 10 lieues) — Biggar, Ganong et Lewis en admettent la vraisemblance —, il s'agirait de la baie de Napetipi. Ganong note, en plus, que la baie Shecatica qui a 5 milles de large, ne peut guère être confondue avec une rivière. Biggar, cependant, choisit la baie Shecatica et il cite la description de Bayfield (*op. cit.,* I, p. 164) : « Cette baie renferme de nombreuses îles, possède plusieurs branches et passages étroits et sinueux interdits à ceux qui ne sont pas familiers avec la côte. »

La Rochelle, qui avait passé de nuit le havre de Brest, où il pensait aller faire sa pêche ; et il ne savait pas où il était. Nous allâmes à bord, avec nos barques, et le mîmes dans un autre havre, à une lieue plus à l'ouest que la rivière Saint-Jacques, lequel je pense l'un des bons havres du monde ; et celui-ci fut nommé le havre Jacques-Cartier [54]. Si la terre était aussi bonne qu'il y a de bons havres, ce serait un bien ; elle ne se doit pas nommer Terre-Neuve, mais pierres et rochers effroyables et mal rabotés ; car en toute ladite côte du nord je n'y vis une charretée de terre, et j'y descendis en plusieurs lieux. Sauf à Blanc-Sablon, il n'y a que de la mousse et de petits bois avortés [55]. Enfin, j'estime plutôt que c'est la terre que Dieu donna à Caïn. Il y a des gens sur ladite terre, qui sont d'assez belle corpulence, mais ils sont effarouchés et sauvages. Ils ont les cheveux liés sur la tête, à la façon d'une poignée de foin tressé, et un clou passé dedans, ou autre chose ; et ils y lient quelques plumes d'oiseaux. Ils se vêtent de peaux de bêtes, tant hommes que femmes ; mais les femmes sont plus closes et serrées en leurs dites peaux, et le corps ceint. Ils se peignent de certaines couleurs tannées. Ils ont des barques dans lesquelles ils vont par la mer, qui sont faites d'écorce de bois de bouleau, avec lesquelles ils pêchent force loups

---

54. La baie Comberland, d'après BIGGAR, mais plutôt la baie Mistanoque d'après GANONG qui conclut que, si nous acceptons Napetipi pour la rivière Saint-Jacques, nous devons admettre que le havre Jacques-Cartier est la baie Mistanoque ; celle-ci, possédant deux entrées, est d'un accès facile par tous les vents et les navires y sont en toute sécurité. « L'ancien nom se trouve sur les cartes Desliens et Mercator, la mappemonde et les planisphères Desceliers. » Cf. BIGGAR, *op. cit.*, p. 21, n. 6, et GANONG, *Transactions*, 1935, p. 104.

55. Si Cartier avait pénétré plus avant dans les terres, il aurait pu constater que le sol est meilleur et recouvert de gros arbres.

marins. Depuis que je les ai vus, j'ai vu que là n'est pas leur demeure, et qu'ils viennent des terres plus chaudes, pour prendre desdits loups marins et autres choses, pour leur subsistance.

De quelques caps, à savoir : cap Double, cap Pointu, cap Royal et cap de Latte ; des monts des Granges, des îles Colombiers, et d'une grande pêche de morues

Le treizième jour, nous retournâmes avec nos barques à bord, pour faire voile, car le temps était bon. Et le dimanche, quatorzième jour, nous fîmes chanter la messe. Et le lundi, quinzième, nous appareillâmes dudit Brest, et fîmes route vers le sud, pour avoir la connaissance de la terre que nous y voyions, ressemblant à deux îles ; mais quand nous fûmes au milieu de la baie [56], ou à peu près, nous comprîmes que c'était la terre ferme, où il y avait un gros cap, doublé l'un par-dessus l'autre ; et pour ce, nous le nommâmes cap Double [57]. Au milieu de la baie, nous sondâmes à cent brasses et trouvâmes un fond curé [58]. De Brest audit cap Double il y a environ vingt lieues de traversée ; et à cinq ou six lieues nous sondâmes à quarante brasses. Nous trouvâmes que ladite terre s'étendait au nord-est et sud-ouest, un quart du nord et du sud.

Le lendemain, seizième dudit mois, nous longeâmes la côte au sud-ouest, un quart du sud, environ trente-cinq lieues depuis le cap Double, où nous trouvâmes

---

56. Le détroit de Belle-Isle.
57. Pointe Riche.
58. Cela signifie que la sonde ne ramena ni sable, ni vase, ni coquillages, ni corail. Les cartes marines modernes indiquent un fond de vase et seulement 60 à 70 brasses de profondeur. Voir « Howley's Paper », in *Transactions*, 1re série, XII, II, p. 157, note 1 et Biggar, *op. cit.*, p. 24, note 5.

des terres à montagnes très hautes et sauvages ; parmi lesquelles il y en a une paraissant être une grange, et pour ce nous nommâmes ce lieu les monts des Granges [59]. Ces hautes terres et montagnes sont hachées et creuses ; et il y a entre elles et la mer des basses terres. La journée auparavant, nous n'avions eu connaissance d'autre terre, à cause des brumes et de l'obscurité du temps qu'il faisait. Et au soir nous apparut une faute de terre [60], comme une entrée de rivière, entre lesdits monts des Granges et un cap, que nous avions au sud sud-ouest, à environ trois lieues de nous. Ce cap est, par le haut, tout rogné, et par le bas, vers la mer, appointé ; et pour ce nous le nommâmes *cap Pointu* [61]. Au nord de lui, à une lieue, il y a une île plate [62].

Et comme nous voulûmes avoir connaissance de cette entrée, pour voir s'il y avait quelque bon mouillage et havre, nous mîmes la voile bas, pour passer la nuit.

Le lendemain, dix-septième dudit mois [63], nous eûmes tourmente de vent de nord-est, nous carguâmes les voiles et fîmes le chemin à la cape, vers le sud-ouest, trente-sept lieues, jusqu'au jeudi matin, où nous fûmes au milieu d'une baie, pleine d'îles rondes comme des colombiers ; et pour ce nous leur donnâmes pour nom *les Colombiers* et, à la baie, *Saint-Jullian* [64] ; de

---

59. Les hauteurs de Saint-Jean de Terre-Neuve.
60. Sandy Bay.
61. Tête-de-Vache (ou Cow Head) à 49° 55', presqu'île de 1,6 km de long, de 805 mètres de large et de 63 mètres de haut, fortement boisée sur les côtes ouest et sud.
62. Stearing Island.
63. Mercredi 17 juin.
64. Maintenant la Baie-des-Iles. Cf. CLOUÉ, *op. cit.*, 1, p. 288 : « Un groupe d'îles est situé dans l'entrée de la baie [des Iles]... Ces îles font reconnaître de très loin l'entrée de la

laquelle, jusqu'à un cap qui se trouve au sud, un quart sud-ouest, et qui fut nommé *cap Royal* [65], il y a sept lieues. Et à l'ouest sud-ouest dudit cap, il y a un autre cap [66], qui est bien rogné par le bas et rond par le haut ; au nord duquel, à environ une demi-lieue, il y a une île basse [67]. Ce cap fut nommé *cap de Latte* [68]. Entre ces deux caps, il y a des terres basses, par-dessus lesquelles il y en a de très hautes, où il semble y avoir des rivières. A deux lieues du cap Royal, il y a vingt brasses de fond, et le plus grand lieu de pêche de grosses morues qui soit possible ; nous en prîmes plus de cent en moins d'une heure, en attendant notre compagnon.

De quelques îles entre le cap Royal et le cap de Latte

Le lendemain, dix-huitième jour dudit mois [69], le vent nous fut contraire, et il y eut grand vent ; et nous retournâmes vers le cap Royal, pensant trouver un

---

baie, car elles sont très élevées, particulièrement Guernesey, Tweed et La Perle qui sont presque aussi hautes que les montagnes du continent [c.-à-d. de Terre-Neuve]. » La mappemonde Desceliers la donne et ajoute le mot *Coullonbier*. Cf. Biggar, *op. cit.*, p. 26, note 15.

65. Pointe de l'Ours (ou Bear Head) à 49°. C'est évidemment le *C. Real* de la mappemonde Desceliers, quoique placé beaucoup plus au sud. La carte Mercator le place sur le continent en face des îles de la Madeleine. Cf. Maxwell, *op. cit.*, p. 473-474 : Bear Head vu du sud-ouest se détache très nettement à l'horizon et il a l'apparence d'un animal rampant.

66. « Le cap Cormorant [...] s'élève en une falaise perpendiculaire à 200 mètres et atteint par une pente rapide un sommet conique à 300 mètres au-dessus du niveau de la mer » (*ibid.*, p. 454). Cf. Biggar, *op. cit.*, p. 27, note 17.

67. L'île Rouge (ou Red Island).

68. Cartier avait sans doute pensé à la pointe de la Latte sur les côtes de France, un peu à l'ouest de Saint-Malo.

69. D'après ce qui précède, ce devrait être le 19 juin. Cf. Biggar, *op. cit.*, p. 28, note 1.

havre. Avec nos barques nous allâmes découvrir entre ledit cap Royal et le cap de Latte, et nous vîmes qu'au-delà des basses terres il y a une grande baie [70], fort profonde, avec des îles dedans, laquelle est close vers le sud par lesdites basses terres, qui font un côté de l'entrée, et le cap Royal, l'autre. Lesdites basses terres s'avancent en la mer plus d'une demi-lieue, de pays plat et de mauvais fond [71], et au milieu de l'entrée il y a une île [72]. Ladite baie est à quarante-huit degrés et demi de latitude, et ... degrés de longitude. Ce jour-là nous ne trouvâmes pas de havre où mouiller, et tînmes pour la nuit en mer le cap à l'ouest.

De l'île nommée Saint-Jean

Depuis ledit jour jusqu'au vingt-troisième jour dudit mois, qui est le jour de la Saint-Jean, nous eûmes tourmente et vent contraire et obscurité, tellement que nous ne pûmes avoir connaissance de terre jusqu'au jour de la Saint-Jean, où nous eûmes connaissance d'un cap de terre, qui était au sud-est et qui, à notre estimation, était au sud-ouest du cap Royal, à environ trente-cinq lieues. Et ce jour-là il fit brumes et mauvais temps, et nous ne pûmes approcher de ladite terre ; et comme c'était le jour de monseigneur Saint Jean, nous le nommâmes le *cap Saint-Jean* [73].

---

70. La baie de Port-à-Port, allant de 48° 34' à 48° 47'.
71. Longue Pointe.
72. L'île du Renard (ou Fox Island).
73. Probablement cap à l'Anguille, à l'extrémité sud-ouest de la baie Saint-Georges. Toutefois, il existe un cap Saint-Jean ou Cape John à 4,5 milles du cap à l'Anguille.

De quelques îles, nommées les îles de Margots ; et des sortes d'oiseaux et bêtes qui s'y trouvent ; de l'île de Brion, et du cap du Dauphin

Le lendemain, vingt-cinquième jour, il fit aussi mauvais temps, obscur et venteux ; et nous nous dirigeâmes vers l'ouest nord-ouest une partie du jour, et le soir nous mîmes en travers, jusqu'au second quart où nous appareillâmes ; et alors, selon notre estimation, nous étions au nord-ouest quart ouest dudit cap Saint-Jean, à dix-sept lieues et demie. Et lorsque nous appareillâmes, le vent était nord-ouest et nous nous dirigeâmes au sud sud-ouest quinze lieues, et vînmes trouver trois îles [74], dont deux petites, escarpées comme des murailles, tellement qu'il n'est pas possible de monter dessus ; entre lesquelles il y a un passage étroit. Ces îles étaient aussi pleines d'oiseaux, qui y nichent, qu'un pré d'herbe ; la plus grande était pleine de margots, qui sont blancs, et plus grands que des oies. Et dans l'autre il y en avait pareillement, dans une partie quantité de margots, et dans l'autre, plein de godez. Et au bas il y avait pareillement des godez, et des grands apponatz, qui sont pareils à ceux de l'île dont il est ci-devant fait mention. Nous descendîmes au bas de la plus petite, et tuâmes plus de mille godez et apponatz, et en prîmes, dans nos barques, ce que nous en voulûmes. On en eût chargé, en une heure, trente de ces barques. Nous nommâmes ces îles, îles de Margots. A cinq lieues de ces îles se trouvait l'autre île [75], à l'ouest, qui a environ deux lieues de long et

---

74. Iles-aux-Oiseaux ou Rochers-aux-Oiseaux. Les plus petites de ces îles ne sont que de simples rochers et sont rarement mentionnées par les écrivains. On ne parle habituellement que de l'île aux Oiseaux.

75. L'île Brion à 19,3 km à l'est trois quarts sud de l'île aux Oiseaux.

autant de large. Nous nous y arrêtâmes pour la nuit, pour avoir de l'eau et du bois à feu. Cette île est bordée de sable et de beaux fonds, et de mouillages à l'entour à six et sept brasses. Cette île est la meilleure terre que nous ayons vue, car un arpent de cette terre vaut mieux que toute la Terre-Neuve. Nous la trouvâmes pleine de beaux arbres, prairies, champs de blé sauvage et de pois en fleurs, aussi gros et aussi beaux que j'en vis jamais en Bretagne, et qui semblaient y avoir été semés par des laboureurs. Il y a force groseillers, fraisiers et rosiers de Provins [76], persil, et autres bonnes herbes, de grande odeur. Il y a autour de cette île plusieurs grandes bêtes, comme de grands bœufs [77], qui ont deux dents dans la gueule, comme chez l'éléphant, et qui vont dans la mer. Desquelles il y en avait une, qui dormait à terre à la rive de l'eau, et nous allâmes avec nos barques pour tenter de la prendre ; mais dès que nous fûmes auprès d'elle elle se jeta à la mer. Nous y vîmes pareillement des ours et des renards. Cette île fut nommée l'*île de Brion* [78]. Aux environs de ces îles il y a de grandes

----

76. La rose de Provins est une petite rose rouge qui fut importée de France en Angleterre par E. Crouchback et devint l'insigne de la maison de Lancastre. Cf. BIGGAR, *op. cit.*, p. 33, note 13.

77. Des morses.

78. Cf. BELLEFOREST, *Cosmographie universelle de tout le monde*, Paris, 1575, II, col. 2181. « & fut nommée cette Isle Brion en l'honneur, & mémoire de feu tresillustre Seigneur Messire Philippes Chabot Comte de Burensais, & de Charny, Seigneur de Brion, & Admiral de France, lequel fut auteur, & sollciteur de ce voiage, comme lieutenant général pour le Roy sur la marine : & pour recognoistre cette faveur, Cartier donna de son temps, a fin qu'à jamais on voit combien ce Seigneur a esté soigneux de la gloire, & avancement du nom Francoys, & du service de son Prince. » Il avait succédé à Bonnivet comme amiral de France en 1525 et avait été nommé amiral de Bretagne le 23 mars 1527. Il n'est pas certain qu'il ait été « l'auteur et le solliciteur de ce voiage ». Cf. BIGGAR, *op. cit.*, p. 34, note 17.

marées qui portent vers le sud et le nord-ouest. Je présume fort, à ce que j'ai vu, qu'il y ait un passage entre la Terre-Neuve et la terre des Bretons [79]. S'il en était ainsi, ce serait un grand abrègement, tant pour le temps que pour le chemin, si ce voyage trouve sa perfection [80]. A quatre lieues de ladite île, il y a la terre ferme à l'ouest sud-ouest, laquelle apparaît comme une île, entourée d'îles de sable [81]. Il y a un beau cap, que nous nommâmes *cap du Dauphin* [82], parce que c'est le commencement des bonnes terres.

Le vingt-septième dudit mois de juin, nous longeâmes ladite terre qui s'étend est nord-est et ouest sud-ouest, et il semble de loin que ce soient des buttes de sable, car ce sont des terres basses et sablonneuses. Nous ne pûmes y aller ni y descendre, parce que le vent en venait [83], et nous les longeâmes ce jour-là sur environ quinze lieues.

79. Cf. LESCARBOT, *op. cit.*, 1690, p. 204. Ce passage est maintenant ordinaire, « & y a 20 lieues de mer entre l'une et l'autre terre ». « La distance de l'île du cap Breton à Terre-Neuve est de cinquante-cinq milles. Cela fait voir clairement que, bien que l'île du cap Breton fût connue, aucune tentative n'avait été faite par les Français pour aller dans le golfe en passant par le détroit de Cabot, ainsi que s'appelle maintenant le passage entre Terre-Neuve et l'île du cap Breton. » Cf. BIGGAR, *op. cit.*, p. 35, note 18.

80. Cf. LESCARBOT, *op. cit.*, 1617, p. 243. « La perfection que cherche Jacques Cartier est de trouver un passage pour aller par là en Orient. »

81. C'est seulement en 1536, au retour de son deuxième voyage, que Cartier découvrit l'insularité des îles de la Madeleine.

82. Le cap Nord sur la Grosse-Ile, du groupe des îles de la Madeleine, à 8 milles 3/4 de la pointe nord-ouest de l'île Brion.

83. Il est probable, par conséquent, que le vent soufflait vers le sud. La distance de l'île aux Oiseaux au Corps-Mort est de 50 milles. Cf. BIGGAR, *op. cit.*, p. 36, note 24.

De l'île nommée Allezay, et du cap Saint-Pierre

Le lendemain [84], nous longeâmes cette terre [85], sur environ dix lieues, jusqu'à un cap de terre rouge [86], qui est un cap rogné, au-dedans duquel il y a une anse [87], qui est orientée vers le nord, avec des hauts-fonds. Il y a un sillon de galets, qui est entre la mer

---

84. Dimanche 28 juin.

85. L'île Wolf, l'une des îles de la Madeleine. La distance du cap Nord au cap de l'Hôpital est de 32,6 km.

86. Cap de l'Hôpital sur l'île Grindstone (île de la Meule) dont la côte nord est une suite de falaises de grès rouge, d'après BAYFIELD, *op. cit.*, I, p. 52. J. RICHARDSON, dans son rapport sur les îles de la Madeleine (*Geographical Survey of Canada for 1880-1881*, Montréal, 1881, p. 5-83), dit que le grès rouge forme la substance de toutes les falaises — qui ont de 20 à 100 pieds de haut — depuis Etang-du-Nord au cap de l'Hôpital. Voir également les *Transactions of the Literary and Historical Society of Quebec*, Québec, 1829, p. 44 : « Les îles de la Madeleine produisent une terre rouge qui est transportée à Québec. [...] Elle est d'un rouge foncé, aussi foncé que peut l'exiger son emploi pour la fabrication de la peinture. » Cf. BIGGAR, *op. cit.*, p. 37, note 4. GANONG et LEWIS sont d'avis que Cartier quitta les îles de la Madeleine au cap des Etangs et non au cap de l'Hôpital.

Cf. GANONG, *op. cit.*, 1935, p. 104-105 : « Ce que nous avons écrit, M. Lewis et moi, s'accorde tout à fait quand il s'agit de la route suivie par Cartier dans les parages des îles, sauf en ce qui concerne ses évolutions dans cet endroit. Une nouvelle étude de ces écrits, faite particulièrement à la lumière d'une lettre très complète de M. Lewis, me convainc qu'il a entièrement raison en ce qui touche l'identité du cap même — à Etang-du-Nord. Je crois qu'il voit juste quand il émet l'avis que le sommet de ce cap d'où on a la vue bouchée à l'est par l'île Grindstone, mais dégagée au sud, est l'endroit d'où Cartier observa le Port-au-Basque et l'île Amherst. Cette hypothèse concilie mieux les faits secondaires, y compris la direction anormale de l'île Allezay, que la mienne (un voyage en bateau à l'île Amherst). En outre, M. Lewis est allé sur place ayant les problèmes présents à l'esprit et il a pu voir les lieux à peu de chose près comme Cartier, ce qui est infiniment plus révélateur que ne le sont les meilleures cartes auxquelles j'ai dû me fier. »

87. Etang-du-Nord dans l'île Grindstone.

et un étang [88]. De ce cap de terre et étang à un autre cap de terre [89], il y a environ quatre lieues. La terre fait un demi-cercle, tout bordé de bancs de sable, comme un fossé ; par-dessus et au-delà duquel il y a comme des marais et des étangs, aussi loin que l'on peut voir [90]. Et avant d'arriver au premier cap [91], il y a deux petites îles, assez près de la terre [92]. Et à cinq lieues du second cap [93], il y a une île au sud-ouest, qui est très haute et pointue, qui par nous fut nommée *Allezay* [94]. Le premier cap fut nommé le *cap Saint-Pierre* [95], parce que nous y arrivâmes le jour dudit saint.

88. Probablement House Harbour entre les îles Wolf, Grindstone et Alright. Cf. BIGGAR, *op. cit.*, p. 37, note 6.

89. Cap du Sud-Ouest sur l'île Amherst qui atteint une hauteur de 100 mètres environ. Il est à 48,3 km du cap Nord.

90. L'île Amherst, la plus grande des îles de la Madeleine, située à l'extrémité sud-ouest. Elle est reliée à l'île Grindstone par deux barres de sable qui renferment une lagune de 12 kilomètres de long et de 1,6 km à 4,8 km de large, qui sèche à marée basse. La partie sud porte le nom de Port-au-Basque. Cf. BIGGAR, *op. cit.*, p. 38, note 8.

91. Cap de l'Hôpital.

92. Cf. BIGGAR, *op. cit.*, p. 38, note 10 : « Hospital Rock et Gull Island (l'île au Goéland) ou peut-être le cap Pierre-de-Gros et les récifs de White Horse (du Cheval-Blanc), tous deux près de l'île Grindstone et qui, alors, sans doute, contenaient des terres hautes. Ces îles suffiraient à elles seules à indiquer que le cap faisait partie de l'île Grindstone. »

93. Cap du Sud-Ouest sur l'île Amherst.

94. Le Corps-Mort, d'une hauteur d'environ 52 mètres en forme de pyramide, à 12 kilomètres N.-O. 1/2 O. de cap Ouest. La variation de la boussole est ici de 25° 55' O., dit BAYFIELD, *op. cit.*, I, p. 51.

95. Cap de l'Hôpital ou cap des Etangs.

Du cap appelé cap d'Orléans, de la rivière des Barques,
du cap du Sauvage ; et de la qualité et température de
ce pays

Depuis l'île de Brion jusqu'audit lieu, il y a un
beau fond de sable, et d'une profondeur égale, qui
diminue régulièrement comme l'on approche de terre [96].
A cinq lieues de terre, il y a vingt-cinq brasses, et à
une lieue douze brasses ; au bord du rivage, environ
six brasses, plutôt plus que moins ; et partout beau
fond. Et comme nous voulions avoir plus ample connaissance dudit parage, nous mîmes les voiles bas et
en travers.

Et le lendemain, avant-dernier jour dudit mois [97], le
vent vint au sud, quart sud-ouest, et nous nous dirigeâmes vers l'ouest, jusqu'au mardi, dernier jour dudit
mois, soleil à l'est, sans avoir connaissance d'aucune
terre, sauf que le soir, au soleil couchant, nous vîmes
une terre qui apparaissait comme deux îles [98], à l'ouest
sud-ouest, à environ neuf ou dix lieues. Et ce jour-là
nous nous dirigeâmes vers l'ouest jusqu'au lende-

---

96. La plus grande profondeur entre l'île Brion et les îles
de la Madeleine n'est que de 25,6 m.

97. Lundi 29 juin. La phrase : « Le premier cap fut
nommé le cap Saint-Pierre, pour ce que le jour dudit sainct
y arivames » ne signifierait pas que Cartier y était déjà ; le
premier alinéa du chapitre qui suit se rapporterait encore au
28 juin. Ainsi, le début de l'alinéa suivant : « Et le lendemain,
penultième jour du dit moys », devient plus clair.

98. Probablement les hauteurs de l'île du Prince-Edouard
près de Grenville, entre Charlottetown et Prince Town, ou
encore les caps Turner, 120 pieds (36,57 m) et Tryon,
110 pieds (33,52 m). Cf. GANONG, *Transactions,* 1ʳᵉ série, V,
II, p. 129 (1888). Le même auteur écrit quelques années plus
tard, in *Transactions,* 3ᵉ série, II, 1934, p. 149 : « Toutes ces
données indiquent que ce qu'il prenait pour des îles étaient
des sommets de la région élevée à l'entour et au sud-ouest de
notre New London Bay. [...] Ce ne seraient pas ces deux caps
mêmes, mais les éminences que doivent apercevoir à l'horizon
les navires venant des îles de la Madeleine. »

main [99], soleil à l'est, environ quarante lieues. Et chemin faisant, nous eûmes connaissance de ladite terre, qui nous avait apparu comme deux îles, qui était la terre ferme [100] et se trouvait sud sud-est et nord nord-ouest jusqu'à un cap de terre, très beau, nommé *cap d'Orléans* [101].

Toute cette terre est basse et unie, la plus belle qu'il soit possible de voir, et pleine de beaux arbres et prairies ; mais dans celle-ci nous ne pûmes trouver de havre, parce que c'est une basse terre, avec des hauts-fonds, et toute bordée de sable. Nous y fûmes en plusieurs lieux avec nos barques ; et entre autres dans une belle rivière, de peu de fond, où nous vîmes des barques de sauvages, qui traversaient ladite rivière qui, pour cette raison, fut nommée *rivière des Barques* [102]. Et nous n'eûmes pas d'autre connaissance d'eux car le vent vint de la mer, soufflant vers la côte, et il nous fallut nous retirer avec nos barques vers nos navires [103]. Et nous fîmes route au nord-est,

---

99. Mardi 30 juin.

100. L'île du Prince-Edouard. On ignora jusqu'au XVIᵉ siècle que c'était une île. Cf. BIGGAR, *op. cit.*, p. 40, note 5. « Quarante lieues magnétiques ouest devaient le conduire à l'île du Prince-Edouard. » Cf. GANONG, *op. cit.*, 1888, p. 20. Elle a 225 kilomètres de long et sa largeur est de 3 à 55 kilomètres.

101. Cap Kildare. Cf. BELLEFOREST, *op. cit.*, II, col. 2181-2182 : « & donnèrent nom à ce Promontoire cap d'Orléans en mémoire de ce trespuissant, tresillustre, & vaillant Prince Charles Duc d'Orléans, & puisné des enfants, du grand Roy Françoys premier de ce nom, ne voulant Cartier que le pays par lui découvert fut sans avoir le nom de ses Princes. » Il était le troisième fils de François Iᵉʳ ; il mourut le 8 septembre 1545. Cf. BIGGAR, *ibid.*, note 6.

102. La baie Cascumpeque d'après BIGGAR et la baie Malpèque d'après GANONG.

103. La côte nord de l'île du Prince-Edouard forme une grande baie, large de 91 milles et profonde de 22 milles où les courants et la grosse mer mettent en péril le navire pris dans une tempête de nord-est. Voir BAYFIELD, *op. cit.*, II, p. 132.

soleil à l'est, jusqu'au lendemain, premier jour de
juillet ; alors vinrent brumes et ciel couvert, et nous
mîmes les voiles bas, jusqu'à environ dix heures, où le
ciel s'éclaircit, et où nous eûmes connaissance dudit
cap d'Orléans, et d'un autre, situé à environ sept
lieues au nord quart nord-est de celui-ci, qui fut nommé le *cap du Sauvage* [104]. Au nord-est duquel, environ
à une demi-lieue, il y a un haut-fond et banc de
pierres fort dangereux [105]. Sur ce cap un homme vint
à nous, qui courait après nos barques, le long de la
côte, et nous faisait plusieurs signes pour que nous
retournions vers ledit cap. Et nous, voyant de tels
signes, commençâmes à voguer vers lui ; et lui, voyant
que nous retournions, commença à fuir et à se sauver
devant nous. Nous descendîmes à terre devant lui,
et lui mîmes un couteau et une ceinture de laine sur
un bâton ; et puis nous nous en allâmes à nos navires.
Ce jour-là [106], nous longeâmes ladite terre [107] sur neuf
ou dix lieues pour tenter de trouver un havre ; ce que
ne pûmes [108] ; car, comme j'ai ci-devant dit, c'est
terre basse et hauts-fonds [109]. Nous y descendîmes

---

104. La pointe Nord (ou North Point), à l'extrémité nord-
ouest de l'île du Prince-Edouard, à 17,7 km au nord du cap
Kildare.
105. Ce banc de pierre s'étend sur une longueur de 5 kilomètres ; sa profondeur varie de 5 à 9 mètres.
106. Mercredi 1er juillet.
107. La côte ouest de l'île du Prince-Edouard, que de
toute évidence ils longeaient. Cf. BIGGAR, *op. cit.,* p. 43,
note 15.
108. Il n'y a pas de havre sur la côte de l'île depuis la
rivière Tignish au nord du cap Kildare jusqu'à la baie Egmont
dans le détroit de Northumberland. Cf. BIGGAR, *op. cit.,*
p. 43, note 16.
109. Les eaux basses s'étendent à une distance considérable sur plusieurs points de cette côte. Cf. BAYFIELD, *op. cit.,*
II, p. 133.

ce jour-là en quatre lieux [110], pour voir les arbres, qui sont merveilleusement beaux, et de grande odeur, et nous vîmes que c'étaient cèdres, ifs, pins, ormes blancs, frênes, saules et autres, plusieurs inconnus de nous, tous arbres sans fruits. Les terres où il n'y a pas de bois sont fort belles et toutes pleines de pois, groseillers blancs et rouges, fraises, framboises, et blé sauvage, comme du seigle, qui semble y avoir été semé et labouré. C'est une terre de la meilleure température qu'il soit possible de voir, et de grande chaleur; et il y a plusieurs tourterelles et ramiers et autres oiseaux. Il n'y manque que des havres.

De la baie nommée Saint-Lunaire, et autres notables baies et caps de terre ; et de la qualité et bonté de ces terres

Le lendemain, second jour de juillet, nous aperçûmes la terre au nord de nous [111], qui tenait à celle déjà toute longée, et nous vîmes que c'était une baie, qui a environ vingt lieues de profondeur et autant de large [112]. Nous la nommâmes la *baie Saint-Lunaire* [113]. Nous mîmes le cap vers le nord avec nos barques, et

---

110. La côte ouest de l'île du Prince-Edouard, de la pointe Nord à la pointe Ouest (distantes de 33 milles S.-O. par O.), est formée de falaises d'argile rouge et de grès avec quelques grèves de sable qui permettent par beau temps d'atterrir en chaloupe. Cf. BAYFIELD, *loc. cit.*

111. C'est-à-dire, en regardant la pointe d'Escuminac, l'extrémité nord de la baie Kouchibouguac, sur la côte de Nouveau-Brunswick. Ils avaient pris pour une baie cette entrée de l'ouest du détroit de Northumberland. Cf. BIGGAR, *op. cit.*, p. 45, note 7.

112. Quel que fût l'endroit où se trouvait Cartier, à l'entrée du détroit, il pouvait se croire bouclé au sud, la baie paraissant simplement s'étendre un peu plus dans cette direction. Cf. GANONG, *Transactions,* 1re série, V, II, 1888, p. 131, cité par BIGGAR, *op. cit.*, p. 44 note 2.

113. L'entrée nord du détroit de Northumberland.

trouvâmes si peu de fond que, à plus d'une lieue de terre, il n'y avait qu'une brasse d'eau [114]. Au nord-est dudit cap, à environ sept ou huit lieues, se trouvait un autre cap de terre [115], et entre les deux il y a une baie [116], en manière de triangle, qui était très profonde, et s'étendait au nord-est [117] aussi loin que nous puissions voir ; et elle était toute bordée de bancs de sable et de hauts-fonds [118]. A dix lieues de la terre, il y a vingt brasses de fond. Depuis le dernier cap jusqu'audit bout et cap de terre, il y a quinze lieues [119]. Et en passant ledit cap [120], nous aperçûmes autres

---

114. La pointe d'Escuminac, à l'extrémité nord-ouest du détroit de Northumberland. Elle constitue aussi l'extrémité sud-est de la baie de Miramichi. Les récifs d'Escuminac s'étendent sur 2 milles à une profondeur de 3 brasses et sur 2 milles 3/4, à une profondeur de 5 brasses. Cf. BAYFIELD, op. cit., II, p. 62.

115. La pointe de Blackland, à l'extrémité nord-est de la baie de Miramichi.

116. La baie de Miramichi. Son nom semble venir d'un mot de la langue montagnaise qui servait à désigner le pays des Micmacs. Quoique Cartier ne la nomme pas, il semble que ce soit lui qui l'ait baptisée ainsi ; il a sans doute entendu ce mot chez les Montagnais qu'il rencontra dans la suite. Cf. GANONG, op. cit., 1934, p. 191.

117. En se tournant vers la baie de Miramichi, entre l'île du Portage et l'île au Renard, et en tenant compte des variations de la boussole, cette direction serait exacte (BIGGAR, p. 45, note 7).

118. « La baie de Miramichi est peu profonde et pleine de bancs de sable. » Cf. BAYFIELD, op. cit., II, p. 58 : « La baie de Miramichi a près de 23 kilomètres de large entre les bancs de sable de la pointe de Blackland et celle d'Escuminac et de 11 kilomètres de profondeur en partant d'une ligne tracée d'une pointe à l'autre et allant jusqu'à l'embouchure de la rivière Miramichi, entre les îles du Portage et du Renard. Vid. carte de l'amirauté n° 2187. » Cf. BIGGAR, op. cit., p. 45, note 9.

119. La pointe à Maquereau, à 25 kilomètres de la pointe Miscou, est vis-à-vis de celle-ci, mais Biggar croit qu'il s'agit plutôt du cap d'Espoir près de Percé, sur la rive nord également.

120. L'île de Miscou, assez basse, est une île de sable.

terres et caps [121], qui se trouvaient au nord, quart nord-est, tout à la vue. La nuit, il fit mauvais temps et grand vent ; et il nous fallut mettre à la cape jusqu'au matin, troisième jour de juillet, où le vent se mit à l'ouest ; et nous fîmes route vers le nord, pour avoir la connaissance de ladite terre, qui était une haute terre, qui se trouvait au nord nord-est, par-dessus les basses terres [122]. Entre les basses terres et les hautes, il y avait une grande baie et ouverture [123], où il y avait par endroits cinquante-cinq brasses de profondeur, et large d'environ quinze lieues. Et en raison de ladite profondeur et largeur et du changement de terres nous eûmes l'espoir d'y trouver un passage, comme il y en a au passage des Châteaux [124]. Cette baie s'étend est nord-est et ouest sud-ouest. Et la terre vers le sud de ladite baie est aussi belle et bonne terre, labourable et pleine d'aussi belles campagnes et prairies que nous ayons vues, et unie comme un étang [125]. Et celle vers le nord est une terre haute à montagnes, toute pleine d'arbres de haute futaie, de plusieurs sortes ; et entre autres, il y a plusieurs cèdres et sapins, aussi beaux qu'il soit possible de voir, pour faire des mâts, suffisants pour mâter des navires de trois cents tonneaux et plus ; en laquelle nous ne vîmes pas un seul lieu vide de bois, sauf en deux lieux de basses terres, où il y avait des prairies et des étangs très beaux. Le milieu de ladite baie est à quarante-

---

121. La baie des Chaleurs. Entre la pointe à Maquereau et la pointe Miscou, il y a 26 kilomètres environ.

122. C'est-à-dire qu'on espérait trouver ici un passage semblable au détroit de Belle-Isle.

123. La côte du Nouveau-Brunswick, qui borde au sud la baie des Chaleurs, est plus basse sur presque toute sa longueur que la rive opposée.

124. De la pointe de Blackland à la pointe de Miscou [pointe Nord], la distance est de 71 kilomètres.

125. La pointe de Miscou.

sept degrés et demi de latitude, et soixante-treize degrés de longitude [126].

Du cap d'Espérance et de l'anse Saint-Martin ; et comment sept barques d'hommes sauvages s'approchèrent de notre barque, et ne voulant pas se retirer furent étonnés par deux passe-volants et lances à feu ; et comment ils s'enfuirent en toute hâte

Le cap de ladite terre du sud fut nommé *cap d'Espérance* [127] à cause de l'espoir que nous avions d'y trouver un passage. Et le quatrième jour dudit mois, jour de la Saint-Martin, nous longeâmes ladite terre du nord pour trouver un havre, et entrâmes dans une petite baie et anse de terre, tout ouverte vers le sud, où il n'y a aucun abri du vent ; et nous la nommâmes *l'anse Saint-Martin* [128]. Et nous fûmes dans ladite anse depuis le quatrième jusqu'au douzième jour de juillet. Et pendant que nous étions dans ladite anse, nous partîmes le lundi seizième, après avoir entendu la messe, avec une de nos barques, pour découvrir un cap et pointe de terre qui était à sept ou huit lieues à l'ouest de nous [129], pour voir comment ladite

---

126. « La longitude va de 67° à 68° 45' ouest de Paris. Il va sans dire qu'elle serait moindre calculée de Saint-Malo ou encore de l'île de Ferro dans les Canaries, qui était la longitude le plus généralement employée. La latitude de la baie des Chaleurs est d'environ 48° 10'. » Cf. BIGGAR, *op. cit.*, p. 47, note 7.

127. La pointe Miscou. Sur la carte de Mercator, on lit cap d'Espérance, sur les mappemondes harléienne et Desceliers, cap d'Espoir. Belleforest parle du cap d'Espérance. Le cap d'Espoir actuel est sur la côte de la Gaspésie.

128. Port Daniel, 7 milles à l'ouest de la pointe à Maquereau au nord de la baie des Chaleurs. Une belle baie profonde, s'ouvrant à l'est, d'un mille et demi de large. « La variation de la boussole explique sans doute pourquoi il est dit qu'elle s'ouvre au sud. » Cf. BIGGAR, *op. cit.*, p. 48, note 2.

129. La pointe de Paspébiac à 22 kilomètres à l'ouest de

terre était orientée. Et quand nous fûmes à une demi-lieue de ladite pointe, nous aperçûmes deux bandes de barques de sauvages, qui traversaient d'une terre à l'autre, où ils étaient plus de quarante ou cinquante barques ; et l'une des bandes de barques arrivait à ladite pointe, dont il sauta et descendit à terre un grand nombre de gens qui faisaient un grand bruit, et nous faisaient plusieurs signes pour que nous allions à terre, nous montrant des peaux sur des bâtons. Et comme nous n'avions qu'une seule barque, nous ne voulûmes point y aller, et nous nous dirigeâmes vers l'autre bande qui était en mer. Et eux, voyant que nous fuyions, équipèrent deux de leurs plus grandes barques pour venir après nous, auxquelles se joignirent cinq autres de celles qui venaient de la mer, et vinrent jusqu'auprès de notre barque, dansant et faisant plusieurs signes de joie et de vouloir notre amitié, nous disant en leur langue : *Napou tou daman asurtat* [130], et autres paroles que nous ne comprenions pas. Et parce que nous n'avions, comme il a été dit, qu'une de nos barques, nous ne voulûmes pas nous fier à leurs signes, et leur fîmes signe de se retirer ; ce qu'ils ne voulurent point, et ramèrent de si grande force qu'ils entourèrent incontinent notre barque, avec leurs sept barques. Et comme malgré les signes que nous leur faisions ils ne voulaient pas se retirer, nous leur tirâmes deux passe-volants [131] par-dessus eux. Alors ils

---

Port-Daniel. Cette pointe a diminué de moitié et le phare qui la signale aux navigateurs a été rapproché de terre.

130. D'après le R. P. Pacifique, missionnaire à Restigouche, chez les Micmacs, ces mots indiqueraient que ces sauvages appartenaient à cette nation. Il les interprète ainsi : n-apou tou dam-an as-ur-at, nit.-api- gto-dem na gsa-lol-tôa, ce qui signifie en Micmac, *Ami, ton semblable t'aimera*. Cf. *Bulletin de la Société de géographie de Québec*, vol. 16, n° 3, août 1922, p. 142, note 13, cité par Biggar, *op. cit.*, p. 50, note 4.

131. Petits canons en usage au XVIe siècle.

se mirent à retourner vers ladite pointe, et firent un bruit extrêmement grand, après lequel ils commencèrent à retourner vers nous, comme avant. Et alors qu'ils étaient près de notre barque, nous leur lâchâmes deux lances à feu, qui passèrent parmi eux, ce qui les étonna fort, tellement qu'ils prirent la fuite, en grande hâte, et ne nous suivirent plus.

Comment lesdits sauvages venant vers les navires, et les nôtres allant vers eux, partie des uns et des autres descendit à terre ; et comment lesdits sauvages, avec grande joie, commencèrent à trafiquer avec les nôtres

Le lendemain, partie desdits sauvages vint avec quelque neuf barques à la pointe et entrée de l'anse, où étaient mouillés nos navires [132]. Et étant avertis de leur venue nous allâmes avec nos deux barques à ladite pointe et entrée, où ils étaient. Et aussitôt qu'ils nous aperçurent ils se mirent à fuir, nous faisant signe qu'ils étaient venus pour trafiquer avec nous ; et ils nous montrèrent des peaux de peu de valeur dont ils se vêtent. Nous leur fîmes pareillement signe que nous ne leur voulions nul mal, et descendîmes deux hommes à terre [133], pour aller à eux, leur porter des couteaux et autres objets de fer, et un chapeau rouge pour donner à leur capitaine. Et eux, voyant cela, descendirent partie d'entre eux à terre, avec des peaux, et ils trafiquèrent ensemble ; et ils montrèrent une grande et merveilleuse joie d'avoir et de recevoir lesdits objets de fer et d'autres choses, dansant et faisant plusieurs cérémonies, en jetant de l'eau de mer sur leur tête

---

132. A la pointe Ouest à l'entrée de Port-Daniel.
133. La pointe Ouest est formée de galets. « Du côté nord se trouve une anse et un bon atterrissage pour les chaloupes. » (BAYFIELD, *op. cit.*, II, p. 23, cité par BIGGAR, *op. cit.*, p. 53, note 2.)

avec leurs mains. Et ils nous donnèrent tout ce qu'ils avaient, tellement qu'ils s'en retournèrent tout nus, sans rien avoir sur eux ; et ils nous firent signe que le lendemain ils reviendraient avec d'autres peaux.

Comment, après que les nôtres eurent envoyé deux hommes à terre avec des marchandises, vinrent environ trois cents sauvages, en grande joie ; de la qualité de ce pays, et de ce qu'il produit ; et d'une baie nommée baie des Chaleurs

Le jeudi, huitième [134] dudit mois, comme le vent n'était pas bon pour sortir avec nos navires, nous équipâmes nos barques pour aller découvrir ladite baie, et nous parcourûmes ce jour-là environ vingt-cinq lieues [135]. Et le lendemain au matin, nous eûmes bon temps et fîmes voile jusqu'à environ dix heures du matin, heure à laquelle nous trouvâmes le fond de ladite baie, dont nous fûmes dolents et marris [136]. Au fond de cette baie, il y avait, par-dessus les basses terres, des terres à montagnes, très hautes [137]. Et voyant qu'il n'y avait aucun passage, nous commençâmes à nous en retourner. Et faisant notre chemin le long de la côte, nous vîmes lesdits sauvages sur l'orée d'un étang et basses terres, qui faisaient plusieurs feux et fumées. Nous allâmes audit lieu, et trouvâmes qu'il y avait une entrée de mer [138], qui entrait dans ledit

---

134. BIGGAR note que le jeudi était le 9 mai (p. 54, note 1).
135. La profondeur de la baie des Chaleurs depuis l'île de Miscou jusqu'à l'embouchure de la rivière Restigouche est de 120 kilomètres environ.
136. Ils avaient espéré que cette baie conduirait à la mer du Sud. Cf. BIGGAR, *op. cit.,* p. 54, note 3.
137. C'étaient les monts Carleton, Scaumenac, Dalhousie, Pain-de-Sucre et autres sommets à l'embouchure de la rivière Restigouche. Cf. BIGGAR, *op. cit.,* p. 54, note 4.
138. La pointe de Tracadièche ou Tragadigash, générale- ment appelée pointe de Carleton, s'avance en mer sur une

étang, et mîmes nos barques d'un côté de ladite entrée. Les sauvages passèrent avec une de leurs barques, et nous apportèrent des morceaux de loup marin, tout cuit, qu'ils mirent sur des pièces de bois ; puis ils se retirèrent, nous faisant signe qu'ils nous les donnaient. Nous envoyâmes deux hommes à terre avec des hachettes et des couteaux, des chapelets et autres marchandises, ce dont ils montrèrent grande joie. Et aussitôt ils passèrent en foule avec leurs barques, du côté où nous étions, avec des peaux et ce qu'ils avaient, pour avoir de nos marchandises ; et ils étaient au nombre, tant hommes, femmes, qu'enfants, de plus de trois cents, dont une partie de leurs femmes, qui ne traversèrent pas, dansait et chantait, dans la mer jusqu'aux genoux. Les autres femmes qui étaient passées de l'autre côté où nous nous trouvions vinrent franchement à nous, et nous frottaient les bras avec leurs mains, puis levaient les mains jointes au ciel, en faisant plusieurs signes de joie ; et ils furent tellement rassurés qu'à la fin nous marchandâmes, de la main à la main avec eux, tout ce qu'ils avaient, de sorte qu'il ne leur restait pas autre chose que leurs corps nus, car ils nous donnèrent tout ce qu'ils avaient, qui est chose de peu de valeur. Nous vîmes que ce sont des gens qui seraient faciles à convertir, qui vont d'un lieu à l'autre, vivant et prenant du poisson au temps de la pêche, pour vivre. Leur terre est d'une chaleur plus tempérée que la terre d'Espagne, et la plus belle qu'il soit possible de voir, et aussi unie qu'un étang. Et il n'y a de petit lieu vide de bois, même sur le sable, qui ne soit plein de blé sauvage, qui a l'épi

---

longueur de 1 500 mètres environ. Elle est séparée d'une plage de galets et de sable d'un peu plus de 3 kilomètres, par un goulet qui précède une lagune à laquelle aboutit une petite rivière appelée le Ruisseau.

comme le seigle, et le grain comme l'avoine ; et de
pois, aussi gros que si on les avait semés et labourés ;
groseillers, blancs et rouges, fraisiers, framboisiers et
roses rouges et blanches et autres herbes de bonne et
grande odeur. Pareillement, il y a force belles prairies,
et bonnes herbes, et étangs où il y a force saumons.
J'estime fort que les gens seraient faciles à convertir
à notre sainte foi. Ils appellent une hachette, en leur
langue, *cochy,* et un couteau, *bacan.* Nous nommâmes
ladite baie la *baie des Chaleurs.*

D'une autre nation de sauvages, et de leurs coutumes, façons de vivre et de se vêtir

Etant certains qu'il n'y avait pas de passage par
ladite baie, nous fîmes voile et appareillâmes de ladite
anse le jour de la Saint-Martin, le dimanche, douzième
jour de juillet, pour aller chercher et découvrir au-delà
de ladite baie ; et nous fîmes route vers l'est, le long
de la côte qui s'étend dans cette direction, pendant
environ dix-huit lieues, jusqu'au cap de Pratto [139]. Et

---

139. Cf. Biggar, *op. cit.,* p. 58, note 2 : « Cap d'Espoir,
trente milles à l'est de Port-Daniel. Le rédacteur a omis de
parler de l'attribution du nom de ce cap qui se fit, sans
doute, à leur arrivée à l'entrée de la baie. La mappemonde
Desceliers porte *C. de Prey,* ce qui est la traduction du mot
espagnol ou portugais *prado* (c'est-à-dire pré) ». Cf. Bayfield,
op. cit., I, p. 171 : « Cap Espoir [...] consiste en falaise de
grès, sans grève et d'une moyenne hauteur au-dessus du
niveau de la mer. »
    Ganong (*op. cit.,* 1934, p. 194) opte pour le cap Percé.
Revenant sur cette question l'année suivante (*Transactions,*
1935, p. 105), il écrit en substance : d'après une étude non
encore publiée du père E. B. Deschênes sur les noms de lieux
de la Gaspésie qu'il connaît bien, si Cartier nomma ce cap
lorsqu'il l'aperçut des environs de Miscou, il s'agit du mont
Sainte-Anne et de ses alentours en général ; mais, s'il le désigna par ce nom en se rendant de Port-Daniel à Gaspé, il doit
nécessairement se trouver sur ce parcours. Comme le terrain
s'abaisse en terrasse du mont Sainte-Anne au cap Blanc
(White Head), ce cap — et non l'île Percé — termine natu-

là, nous trouvâmes une étrange marée, et petit fond [140], et la mer fort mauvaise. Et il nous fallut serrer la terre, entre ledit cap et une île [141], qui est à l'est de celui-ci à environ une lieue, et là, nous jetâmes les ancres pour la nuit. Et le lendemain au matin [142], nous fîmes voile pour longer ladite côte, qui est orientée nord nord-est ; mais il survint un tel vent contraire qu'il nous fallut relâcher là d'où nous étions partis. Et nous y passâmes ledit jour et la nuit, jusqu'au lendemain, où nous fîmes voile et vîmes l'entrée d'une rivière [143], qui est à cinq ou six lieues du cap de Pratto, au nord [144]. Et alors que nous nous trouvions face à cette rivière, le vent nous devint, encore une fois, contraire, avec force brumes et sans vue, et il nous fallut entrer dans cette rivière, le mardi, quatorzième jour dudit mois ; et nous mouillâmes à l'entrée jusqu'au seizième jour, espérant avoir bon temps, et sortir. Et ledit jour, seizième, qui est jeudi, le vent forcit tellement que l'un de nos navires perdit une ancre, et il nous fallut entrer plus avant de sept ou huit lieues en amont de cette rivière, dans un bon havre sûr, que nous avions été voir avec nos barques. Et comme nous n'y voyions rien à cause du mauvais temps et de l'obscurité, nous restâmes dans ce havre et cette rivière jusqu'au vingt-cinquième jour dudit mois, sans en pouvoir sortir. Pendant ce temps, il nous vint un grand nombre de sauvages, qui étaient venus dans cette ri-

---

rellement le plateau du mont Sainte-Anne. Le P. Deschênes pense que ce pourrait être le Prato (Plateau) de Cartier.

140. Leander Shoals, à 1,5 mille sud par est demi-est du cap d'Espoir. Cf. BIGGAR, *op. cit.,* p. 58, note 3.

141. L'île de Bonaventure, à l'est du cap Percé.

142. Lundi 13 juillet.

143. Baie de Gaspé au fond de laquelle aboutit la rivière Darmouth.

144. La distance de Percé à la baie de Gaspé est de vingt kilomètres.

vière pour pêcher des maquereaux, dont il y a grande abondance. Et il y avait, tant hommes et femmes qu'enfants, plus de deux cents personnes, qui avaient environ quarante barques, et qui, après que nous nous fûmes un peu familiarisés à terre avec eux, venaient franchement avec leurs barques à bord de nos navires. Nous leur donnâmes des couteaux, de la verroterie, des peignes, et autres objets de peu de valeur ; ce pour quoi ils faisaient plusieurs signes de joie, levant les mains au ciel, en chantant et dansant dans leurs barques. Ces gens-là se peuvent appeler sauvages, car ce sont les plus pauvres gens qui puissent être au monde ; car tous ensemble ils n'avaient pas la valeur de cinq sous, leurs barques et leurs filets de pêche exceptés. Ils sont tous nus, sauf une petite peau, dont ils couvrent leur nature, et quelques vieilles peaux de bêtes qu'ils jettent sur eux en travers. Ils ne sont point de la nature ni de la langue des premiers que nous avions trouvés. Ils ont la tête rasée en rond, tout autour d'une touffe réservée sur le haut de la tête, qu'ils laissent longue, comme une queue de cheval, qu'ils lient et serrent sur leur tête en petit tas, avec des courroies de cuir. Ils n'ont d'autre logis que sous leurs barques, qu'ils retournent, et se couchent sur la terre sous celles-ci. Ils mangent leur viande quasi crue, après l'avoir un peu chauffée sur les charbons, et leur poisson pareillement. Nous fûmes le jour de la Sainte-Madeleine [145], avec nos barques, au lieu où ils étaient, au bord de l'eau, et descendîmes franchement parmi eux, ce dont ils montrèrent grande joie ; et tous les hommes se prirent à chanter et danser, en deux ou trois bandes, donnant de grands signes de joie de notre venue. Mais ils avaient fait fuir toutes les

---

145. Mercredi 22 juillet.

jeunes femmes dans le bois, sauf deux ou trois, qui demeurèrent, à qui nous donnâmes chacune un peigne et une petite clochette d'étain, dont elles eurent grande joie, remerciant le capitaine en lui frottant les bras et la poitrine avec leurs mains. Et eux, voyant ce que l'on avait donné à celles qui étaient restées, firent venir celles qui s'étaient enfuies dans le bois, pour en avoir autant que les autres ; elles étaient bien une vingtaine qui se rassemblèrent autour dudit capitaine, en le frottant avec leurs mains, ce qui est leur façon de faire bon accueil. Et il donna à chacune son petit anneau d'étain, de peu de valeur ; et incontinent elles se mirent ensemble à danser, et dirent plusieurs chansons. Nous trouvâmes une grande quantité de maquereaux, qu'ils avaient pêchés tout au bord de la terre avec des filets de pêche qu'ils ont, qui sont de fil de chanvre, qui croît dans leur pays, où ils se tiennent ordinairement ; car ils ne viennent à la mer qu'au moment de la pêche, d'après ce que j'ai entendu et compris. Pareillement, il y croît du gros mil, comme des pois, ainsi qu'au Brésil, qu'ils mangent en guise de pain, dont ils avaient tout plein avec eux, qu'ils nomment en leur langage *kagaige.* Pareillement, ils ont des prunes, qu'ils sèchent, comme nous le faisons, pour l'hiver, et qu'ils nomment *honnesta* [146] ; des figues, noix, poires, pommes et autres fruits ; et des fèves, qu'ils nomment *sahe,* les noix, *caheya,* les figues *honnesta,* les pommes... [147]. Si on leur montre des choses qu'ils n'ont point et dont ils ne savent pas ce que c'est, ils secouent la tête, et disent *nouda,* c'est-à-dire

---

146. Ce mot, qui se trouve également dans le vocabulaire publié à la suite de la relation du second voyage, prouverait que cette nation était huron-iroquoise. Cf. SAGAR, *Dictionnaire de la langue hurone, op. cit.,* vol. IV : « Prunes, Tonestes » et « semences de citrouilles, Onesta ».

147. En blanc dans le texte.

qu'il n'y en a point, et qu'ils ne savent pas ce que c'est. Des choses qu'ils ont, ils nous ont montré par signes comment elles croissent, et comment ils les accompagnent. Ils ne mangent jamais de chose où il y ait goût de sel. Ils sont larrons à merveille, de tout ce qu'ils peuvent dérober [148].

Comment les nôtres plantèrent une grande croix sur la pointe de l'entrée dudit havre, et comment est venu le capitaine de ces sauvages, et comment après une grande harangue il fut apaisé par notre capitaine, et resta content que de ses fils allassent avec lui

Le vingt-quatrième jour dudit mois, nous fîmes faire une croix de trente pieds de haut, qui fut faite devant plusieurs d'entre eux, sur la pointe de l'entrée dudit havre [149], sous le croisillon de laquelle nous mîmes un écusson en bosse, à trois fleurs de lys, et au-dessus un écriteau en bois, gravé en grosses lettres de forme, où il y avait VIVE LE ROI DE FRANCE. Et nous plantâmes cette croix sur ladite pointe devant eux, qui regardaient la faire et la planter. Et après qu'elle fut élevée en l'air, nous nous mîmes tous à genoux les mains jointes, en adorant celle-ci devant eux, et leurs fîmes signe, regardant et leur montrant le ciel, que par elle était notre rédemption, ce dont ils montrèrent

---

148. Cf. *Relations des Jésuites,* vol. 1, année 1633, Québec, 1858, p. 32 : « Je ne crois pas qu'il y ait nation sous le ciel plus portée au larcin que la Huronne. » Cité par BIGGAR, *op. cit.,* p. 63, note 19.

149. Cartier ne semble pas avoir donné un nom à cette baie ; celui de Gaspé vient de la langue montagnaise : « Guikakpèque » ou « Gespeg ». Champlain en fit Gaspay. Voir A. BERNARD, *La Gaspésie au soleil,* Montréal, 1925 p. 53.

Par la suite, Gaspé devint Honguedo. Voir *Relation du deuxième voyage* notes 48, 152, 166, 215.

beaucoup d'étonnement, en tournant autour de cette croix et en la regardant.

Quand nous fûmes retournés sur nos navires, vint le capitaine [150] vêtu d'une vieille peau d'ours noire, dans une barque, avec trois de ses fils et son frère, lesquels n'approchèrent pas aussi près du bord qu'ils avaient coutume, et il nous fit une grande harangue, nous montrant ladite croix, et faisant le signe de la croix avec deux doigts ; et puis il nous montrait la terre, tout autour de nous, comme s'il eût voulu dire que toute la terre était à lui, et que nous ne devions pas planter ladite croix sans sa permission. Et après qu'il eut fini sa harangue, nous lui montrâmes une hache, feignant de la lui donner en échange de sa peau. Il comprit, et peu à peu s'approcha du bord de notre navire, croyant avoir ladite hache. Et l'un de nos gens, étant dans notre bateau, mit la main sur sa barque, et incontinent il en entra deux ou trois dans leur barque, et on les fit entrer dans notre navire, de quoi ils furent bien étonnés. Et étant entrés, ils furent assurés par le capitaine qu'ils n'auraient aucun mal, en leur montrant grands signes d'amour ; et on les fit boire et manger, et faire grande chère. Et puis nous leur montrâmes par signe que ladite croix avait été plantée pour servir de marque et de balise, pour entrer dans le havre ; et que nous y retournerions bientôt et leur apporterions des objets de fer et d'autres choses ; et que nous voulions emmener deux de ses fils avec nous, et puis les rapporterions audit havre. Et nous vêtîmes ses deux fils [151] de deux chemises, et de livrées, et de bonnets rouges, chacun avec sa chaînette de laiton au cou. De quoi ils se contentèrent fort, et ils donnèrent leurs vieux haillons à ceux qui

150. Donnacona.
151. Domagaya et Taignoagny.

148

retournaient. Et puis nous donnâmes à chacun des trois que nous renvoyâmes une hachette et deux couteaux, de quoi ils montrèrent grande joie. Et quand ils furent retournés à terre, ils dirent les nouvelles aux autres. Vers midi ce jour-là, six barques retournèrent à bord, où il y avait dans chacune cinq ou six hommes, lesquels venaient pour dire adieu aux deux que nous avions retenus ; et ils leur apportèrent du poisson. Et ils nous firent signe qu'ils n'abattraient pas la croix, en nous faisant plusieurs harangues que nous ne comprenions pas.

Comment, étant partis dudit havre, faisant route le long de cette côte, ils allèrent quérir la terre, qui gisait sud-est et nord-ouest

Le lendemain, vingt-cinquième jour dudit mois, le vent devint bon, et nous appareillâmes dudit havre ; et étant sortis de ladite rivière, nous fîmes voile à l'est nord-est, car depuis l'entrée de ladite rivière la terre faisait une baie [152], en manière de demi-cercle, dont nous avions une vue de toute la côte, de nos navires [153]. Et en faisant route, nous vînmes chercher ladite terre [154], qui s'étendait sud-est et nord-ouest, et qui

---

152. Le passage entre Gaspé et l'île d'Anticosti.
153. C'est-à-dire qu'après avoir suivi la côte de la Gaspésie pendant quelque temps ils prirent, à cause du mirage probablement, le passage du golfe pour une baie. Les mirages sont fréquents dans le golfe. Cf. W. KELLY, in *Trans. of the Lit. and Hist. Soc. of Quebec*, III, p. 26-27. Cf. également, BELLE-FOREST, *op. cit.*, II, col. 2184. « Poursuyvant le fleuve voisin de Cap de Pré [Pratto], il y a un goulphe fait en demy-croissant, qui donne bonne grace à toute la coste, laquelle on descouvre aisément de la mer avant, & après ils trouvèrent un Promontoire qu'ils appelèrent cap de Saint-Loys », etc. Cf. BIGGAR, *op. cit.*, p. 68, note 1.
154. La pointe sud-ouest de l'île d'Anticosti.

pouvait se trouver à une distance d'environ vingt lieues [155] depuis ladite rivière.

Du cap Saint-Louis et du cap de Montmorency et de quelques autres terres ; et comment une de nos barques toucha un rocher et incontinent passa outre

Depuis le lundi, vingt-septième, soleil à l'ouest, nous longeâmes ladite terre, gisant, comme il est dit, sud-est et nord-ouest, jusqu'au mardi où nous vîmes un autre cap [156], où la terre commence à s'abaisser à l'est, et nous la longeâmes sur quinze lieues ; et puis ladite terre commence à s'orienter au nord. A trois lieues de ce cap [157], il y a à la sonde vingt-quatre brasses de fond et du varech. Toutes lesdites terres sont terres unies, et les plus dépourvues de bois que nous ayons vues et trouvées, avec belles prairies, et campagnes, vertes à merveille. Ledit cap fut nommé le *cap Saint-Louis,* parce que ledit jour était la fête dudit saint, et il est à quarante-neuf degrés un quart de latitude, et à soixante-trois degrés et demi de longitude [158].

Le mercredi au matin [159], alors que nous étions à l'est dudit cap, nous fîmes voile au nord-ouest, pour reconnaître la terre, environ jusqu'au soleil couchant.

---

155. La distance du cap de Gaspé à la pointe sud-ouest de l'île d'Anticosti est de 44 milles. Cf. BIGGAR, *op. cit.,* p. 68, note 5, et GANONG, *Transactions,* 1934, p. 196 : « Le 25 juillet, Cartier put mettre de nouveau à la voile et venant de la rivière [la baie de Gaspé] il mit à l'est nord-est à quelque vingt lieues [en réalité 55 milles]. »
156. La pointe sud de l'île d'Anticosti.
157. Heath Point, à l'entrée sud-est de l'île.
158. Heath Point est à 49° 5' de latitude et à 64° 2' de longitude ouest de Paris. Cf. BIGGAR, *op. cit.,* p. 70, note 6. A 61° 43' de Greenwich. Cf. GANONG, *op. cit.,* 1934, p. 197.
159. 29 juillet.

Celles-ci s'étendent nord-sud. Depuis le cap Saint-Louis jusqu'à un autre cap, nommé *cap de Montmorency* [160], à environ quinze lieues dudit cap, la terre commence à s'abaisser au nord-ouest. Nous voulûmes sonder à trois lieues ou environ dudit cap, et ne pûmes y trouver de fond à cent-cinquante brasses [161]. Nous longeâmes cette terre sur environ dix lieues, jusqu'à la hauteur de cinquante degrés de latitude [162].

Le samedi, premier jour d'août, au soleil levant, nous eûmes connaissance et vue d'autres terres [163], qui étaient au nord et au nord-est de nous, qui étaient des terres hautes extrêmement, et hachées de montagnes ; entre nous et celles-ci il y avait des basses terres, où il y a bois et rivières [164]. Nous longeâmes lesdites terres, de part et d'autre [165], allant au nord-ouest, pour voir si c'était baie ou passage, jusqu'au cinquième jour dudit mois — il y a d'une terre à l'autre environ quinze lieues, et le milieu est à cinquante degrés un tiers de latitude — sans jamais pouvoir gagner à l'intérieur de celle-ci plus qu'environ vingt-cinq lieues, à cause des grands vents et marées contraires qui étaient là [166]. Et nous fûmes jusqu'au

160. Table Head, près de Fox Point.
161. Les cartes marines donnent 154 brasses à quelques milles au large de Table Head. Cf. BIGGAR, *op. cit.*, p. 71, note 9.
162. Probablement dans Bear Bay dont la véritable latitude est de 49° 30'. Cf. GANONG, *ibid.*
163. La côte du Québec, en face de l'île d'Anticosti.
164. A quelques kilomètres de la côte, les collines atteignent 350 mètres. La description de Cartier s'adapte à la partie de la côte qui s'étend de la pointe Natashquan aux îles Mingan. Cf. GANONG, *ibid.*
165. Ils se trouvaient entre l'île d'Anticosti et la côte nord du Québec.
166. Avec les vents sud-ouest, un courant d'un nœud à l'heure, à peu près, se dirige vers l'est à travers le chenal au

plus étroit de celle-ci, où l'on voit la terre facilement de l'un à l'autre [167] côté, et là commence à s'élargir. Et comme nous n'arrivions pas à remonter le vent, nous fûmes à terre avec nos barques, pour aller jusqu'à un cap de ladite terre du sud [168], qui était le plus long et le plus avancé que nous vissions dans la mer, à environ cinq lieues. Arrivés à ladite terre, nous vîmes que c'étaient rochers et fonds curés, ce que nous n'avions pas trouvé dans tous les lieux où nous avions été vers le sud, depuis le cap Saint-Jean [169]. Et à cette heure-là il y avait marée descendante, qui causait contre-vent à l'ouest, tellement qu'en voguant le long de ladite côte l'une de nos barques toucha un rocher [170] et fut incontinent au sec, de sorte qu'il nous fallut tous sauter dehors pour la mettre à flot.

Comment, ayant délibéré de ce qu'il était le plus opportun de faire, ils décidèrent de s'en retourner ; du détroit nommé Saint-Pierre, et du cap de Thiennot

Et après que nous eûmes navigué le long de ladite côte environ deux heures, le flux commença, qui venait de l'ouest contre nous si impétueusement qu'il ne nous était pas possible de gagner en avant la longueur d'un

---

nord de l'île d'Anticosti. Cf. BAYFIELD, *op. cit.*, p. 20 et 26, et BIGGAR, *op. cit.*, p. 75, note 15.

167. Le cap de Rabast, sur l'île d'Anticosti, est à 25 kilomètres de l'île aux Marsouins, l'une des Mingan. Désigné pendant longtemps sous le nom de pointe Nord, il a maintenant repris son nom.

168. Cap de Rabast.

169. Le cap à l'Anguille, dans la baie Saint-Georges à Terre-Neuve.

170. Cf. abbé V. A. HUARD, *Labrador et Anticosti*, Montréal, 1897, p. 223. « Elle [l'île d'Anticosti] est peu élevée, souvent enveloppée de brumes épaisses et les nombreux récifs qui l'entourent en rendent l'approche difficile et dangereuse. »

jet de pierre avec treize avirons. Et il nous fallut laisser les barques, et une partie de nos gens pour les garder, et aller par terre, dix ou douze hommes, jusqu'audit cap [171], où nous vîmes que ladite terre commençait à s'abaisser au sud-ouest. Ayant vu cela, nous retournâmes avec nos barques, et vînmes à nos navires, qui étaient à la voile, espérant toujours gagner en avant, que le vent avait rabattus à plus de quatre lieues de là où nous les avions laissés. Arrivés audit navire [172], nous rassemblâmes tous les capitaines, pilotes, maîtres et compagnons, pour avoir leur opinion et avis sur ce qu'il était bon de faire. Et après avoir, l'un après l'autre, dit que, considérant les grands vents d'aval qui commençaient, et que les marées étaient fortes, tellement qu'ils ne faisaient que dériver et qu'il n'était pas possible d'aller plus loin en cette saison ; et aussi que les tourmentes commençaient à ce moment-là en Terre-Neuve ; et que nous étions encore bien loin, et ne savions pas les dangers qui étaient entre les deux, qu'il était bien temps de se retirer ou de demeurer par là ; pourtant et surtout, que si un changement de vent d'amont nous prenait, nous étions forcés d'y demeurer. Après avoir pris ces avis, nous décidâmes à la majorité de nous en retourner. Et comme c'était le jour de la Saint-Pierre [173] quand nous entrâmes dans ledit détroit, nous le nommâmes le *détroit Saint-Pierre* [174]. Nous l'avons sondé en plusieurs lieux, et nous y avons trouvé par endroits cent

171. Au cap de Rabast.
172. Evidemment le navire sur lequel était monté Cartier. Cf. BIGGAR, *op. cit.*, p. 74, note 2.
173. Samedi 1er août.
174. Le passage au nord de l'île d'Anticosti. La profondeur de ce passage varie entre 154 brasses au nord de Table Head et 70 brasses entre le cap de Rabast et les îles Mingan. Cf. BIGGAR, *op. cit.*, p. 75, note 5.

soixante brasses et ailleurs cent, et plus près de terre soixante-quinze brasses, et partout fond curé [175].

Et depuis ledit jour jusqu'au mercredi, nous eûmes vent à volonté et soufflant fort, et nous longeâmes ladite terre du nord, est sud-est et ouest nord-ouest, car elle s'étend ainsi, sauf une anse et un cap de terre basse [176], qui est plus orientée au sud-est, qui est environ à vingt-cinq lieues dudit détroit, lieu où nous vîmes des fumées que les gens de ladite terre faisaient sur le cap. Et comme le vent soufflait vers la côte, nous n'en approchâmes pas ; et eux, voyant que nous n'approchions pas, vinrent avec deux barques, environ douze hommes, qui vinrent aussi franchement à bord de nos navires que s'ils eussent été français. Ils nous firent comprendre qu'ils venaient de la Grande Baie [177], et qu'ils appartenaient au capitaine Thiennot, lequel était sur ledit cap, nous faisant signe qu'ils s'en retournaient dans leur pays, vers là d'où nous venions ; et que les navires avaient appareillé de ladite baie, tous chargés de poisson [178]. Nous nommâmes ledit cap le *cap Thiennot* [179].

A partir de ce cap la terre s'étend est sud-est et ouest nord-ouest et ce sont toutes basses terres, bien belles, toutes bordées de sable, où il y a une mer de récifs et de hauts-fonds jusqu'à environ vingt lieues,

---

175. Suivant BAYFIELD, *op. cit.*, I, p. 25, dans les profondeurs du chenal, le fond est en grande partie de vase bleue. Cf. BIGGAR, *op. cit.*, note 6.
176. La pointe et la baie Natashquan.
177. Le détroit de Belle-Isle avec cette partie du golfe Saint-Laurent qui se trouve à l'intérieur.
178. Ces gens étaient très probablement des Montagnais et non des Micmacs ni des Hurons-Iroquois. Cf. GANONG, *op. cit.*, 1934, p. 199.
179. La pointe Natashquan.

là où [180] la terre commence à s'orienter à l'est et à l'est nord-est, toute bordée d'îles qui sont à deux ou trois lieues de la terre, auprès desquelles il y a des hauts-fonds dangereux, à plus de quatre ou cinq lieux de terre.

Comment le neuvième d'août ils entrèrent dans Blanc-Sablon, et le cinquième de septembre arrivèrent au port de Saint-Malo

Depuis ledit mercredi jusqu'au samedi, nous eûmes grand vent de suroît et fîmes voile à l'est nord-est ; et ledit jour nous vînmes chercher la terre de l'ouest de Terre-Neuve, entre les Granges [181] et le cap Double [182]. Et alors le vent vint à l'est nord-est en colère et tourmente ; et nous mîmes le cap au nord nord-ouest, et allâmes chercher la bande du nord [183], qui est, comme l'autre, toute bordée d'îles. Et quand nous fûmes près de ladite terre et des îles, le vent se calma, et vint au sud ; et nous fîmes voile dans ladite baie. Et le lendemain neuvième d'août, nous entrâmes dans Blanc-Sablon, grâce à Dieu.

Fin de la découverte

Et depuis, savoir le quinzième jour d'août, jour et fête de l'Assomption de Notre-Dame, nous partîmes ensemble dudit havre de Blanc-Sablon, après avoir entendu la messe, et avec bon temps, nous vînmes jusqu'à la mi-mer entre Terre-Neuve et la Bretagne, lieu où nous eûmes, trois jours durant, grande tourmente

---

180. Au cap Whittle à une centaine de kilomètres de Natashquan.
181. Les hauteurs de Saint-Jean de Terre-Neuve.
182. Pointe Riche.
183. La côte nord du golfe à l'est du cap Whittle.

de vents d'aval, laquelle, avec l'aide de Dieu, nous supportâmes et endurâmes. Et depuis nous eûmes temps à notre gré, tellement que nous arrivâmes au havre de Saint-Malo, dont nous étions partis, le cinquième jour de septembre dudit an.

Deuxième voyage de Jacques Cartier (1535-1536)

Seconde navigation faites par le commandement et vouloir du Très Chrétien Roi François, premier de ce nom, au parachèvement de la découverte des terres occidentales étant sous le climat[1] et les parallèles des terres du royaume dudit seigneur et par lui précédemment déjà commencées à faire découvrir; cette navigation faite par Jacques Cartier, natif de Saint-Malo[2] de l'île en Bretagne, pilote dudit seigneur, en l'an mil cinq cent trente six[3]

Au Roi très chrétien [4]

Considérant, ô mon très redouté prince, les grands biens et dons de grâces qu'il a plu à Dieu, le Créateur, de faire à ses créatures, et entre autres de mettre et asseoir le soleil, qui est la vie et la connaissance de toutes celles-ci, et sans lequel nul ne peut fructifier ni

---

1. « Le climat était la zone de latitude des anciens géographes, à l'intérieur de laquelle les jours étaient de même durée. » Cf. BIGGAR, *Voyages*, p. 85, note 1.
2. La ville de Saint-Malo, construite sur un rocher dans la presqu'île d'Aron, n'était autrefois reliée à la terre que par un chemin de sable.
3. Ce voyage commencé en 1535 se termina en 1536. Cf. le Père Sixte LE TAE, récollet, qui écrit dans son *Histoire chronologique de la Nouvelle France ou Canada,* Paris, 1888, p. 42 (éd. Eug. Reveillaud) : « Le Sieur Charles de Mouy de La Mailleres, lors Vice-admiral, le sollicita fortement de recommencer & pousser plus avant sa découverte. Le Roy luy donna ses commissions, & M. l'admiral qui avoit la direction de cet embarquement y contribuat de tout son pouvoir. »
4. Biggar ne croit pas que l'auteur de cette dédicace soit

générer en lieu et place, là où il a son mouvement et sa déclinaison, contraire et non semblable aux autres planètes ; par lesquels mouvement et déclinaison, toutes créatures étant sur la terre, en quelque lieu et place qu'elles puissent être, en ont, ou en peuvent avoir, en l'an dudit soleil, qui est de 365 jours et 6 heures, autant de vue oculaire les uns que les autres ; non qu'il soit aussi chaud et ardent en certains lieux que dans d'autres, par ses rayons et réverbération, ni la division des jours et des nuits en pareille égalité, mais il suffit qu'il soit de cette sorte et de telle température pour que toute la terre soit, ou puisse être habitée en quelque zone, climat ou parallèle que ce soit ; et ces terres avec les eaux, les arbres, les herbes et toutes les autres créatures, de quelques genres ou espèces qu'elles soient, donnent par l'influence de ce soleil des fruits et des générations, selon leur nature, pour la vie et la nourriture des créatures humaines. Et si certains voulaient dire le contraire de ce qui est ci-dessus, en alléguant les dires des sages philosophes du temps passé, qui ont décrit et divisé la terre en cinq zones, dont ils ont dit et affirmé que trois étaient inhabitables, à savoir la zone torride, qui est entre les deux tropiques ou solstices, à cause de la grande chaleur et de la réverbération du soleil qui passe au zénith des têtes des habitants de ladite zone, et les deux zones arctique et antarctique, à cause du grand froid qu'il y a dans celles-ci, du peu d'élévation du soleil qu'elles ont et autres raisons, je confesse qu'ils ont écrit de cette manière, et crois fermement qu'ils le pensaient ainsi, et qu'ils le trouvaient par quelques raisons naturelles, là où ils prenaient leurs fondements, et se

---

Belleforest, ainsi qu'on l'a écrit dans l'édition de Québec, 1843 ; il l'attribuerait plutôt à Jehan Poulet. Cf. BIGGAR, *op. cit.*, p. 85, note 3.

contentaient de celles-ci, sans aventurer ni exposer leur personne aux dangers dans lesquels ils auraient pu tomber en cherchant l'expérience de leur dire. Mais je dirai pour ma réplique que le prince de ces philosophes a laissé, parmi ses écrits, un bref mot de grande conséquence, qui dit que *experientia est rerum magistra* ; par l'enseignement duquel j'ai osé entreprendre d'adresser à la vue de votre majesté royale ce propos, en manière de prologue à mon petit labeur ; car, suivant votre royal commandement, les simples mariniers d'à présent, n'ayant pas eu autant de crainte que ceux-là de se risquer à ces périls et dangers, ont le désir de vous faire très humble service, pour l'augmentation de la très sainte foi chrétienne, et ont connu le contraire de l'opinion desdits philosophes, par une véritable expérience.

J'ai allégué ce qui est dit ci-dessus, parce que je considère que le soleil, qui, chaque jour, se lève à l'orient et se couche à l'occident, fait le tour et circuit de la terre, donnant lumière et chaleur à tout le monde en vingt-quatre heures, qui est un jour naturel, sans aucune interruption de son mouvement et de son cours naturel. A l'exemple de quoi, je pense dans mon simple entendement, et sans autre raison à alléguer, qu'il plut à Dieu, dans sa divine bonté, que toutes les créatures humaines se trouvant et habitant sur le globe de la terre aient eu et aient pour le temps à venir connaissance et croyance de notre sainte foi, tout comme elles ont vue et connaissance du soleil. Car premièrement notre très sainte foi a été semée et plantée en la Terre Sainte, qui est en Asie, à l'orient de notre Europe, et depuis, par succession de temps, a été apportée et divulguée jusqu'à nous ; et finalement à l'occident de notre Europe, à l'exemple du soleil, portant sa clarté et sa chaleur d'orient en occident, comme il est dit. Et pareillement aussi nous avons vu notre très sainte foi, à plusieurs reprises, à l'occasion des méchants hérétiques et faux législateurs, s'éclipser en certains lieux, et puis soudainement reluire et montrer sa clarté plus ouvertement qu'auparavant. Et maintenant encore, nous voyons comment les méchants Luthériens, apostats et imitateurs de Mahomet, s'efforceraient de jour en jour d'obnubiler celle-ci, et finalement de tout éteindre, si Dieu et les vrais serviteurs de cette foi n'y mettaient ordre par mortelle justice, ainsi qu'on le voit faire chaque jour, dans vos pays et royaume, par le bon ordre et la police que vous y avez mis. Pareillement aussi on voit comment, au contraire de ces enfants de Satan, les princes chrétiens et vrais piliers de l'Eglise catholique s'efforcent, jour après jour, d'augmenter et accroître celle-ci, ainsi que l'a fait le Roi catholique d'Espagne [5] dans les terres qui, par son commandement, ont été découvertes à l'occident de ses pays et royaumes, lesquelles, auparavant, nous étaient inconnues, étrangères et hors de notre foi, comme la Nouvelle-Espagne, l'Isabelle, Terre-Ferme [6] et autres îles, où on a trouvé un peuple innombrable qui a été baptisé et réduit à notre très sainte foi.

Et maintenant en la présente navigation, faite par votre royal commandement, à la découverte des terres occidentales se trouvant sous les climats et parallèles de vos pays et royaume, inconnues auparavant à vous et à nous, vous pourrez voir et savoir

---

5. Charles V.
6. « La Nouvelle-Espagne était le Mexique : Isabella est le nom donné à Cuba sur la carte de Waldseemuller, cependant que le continent espagnol comprenait la côte depuis l'isthme de Panama jusqu'à l'embouchure de l'Orénoque. » D'après BIGGAR, *op. cit.*, p. 90, note 8.

la bonté et fertilité de celles-ci, l'innombrable quantité des peuples y habitant, la bonté de ces gens paisibles, et pareillement la fécondité du grand fleuve [7] qui parcourt et arrose le milieu de vos terres, qui est le plus grand sans comparaison, que l'on sache avoir jamais vu. Lesquelles choses donnent à ceux qui les ont vues une espérance certaine de l'augmentation future de notre très sainte foi, et de vos seigneuries et de votre nom très chrétien, ainsi qu'il vous plaira de voir par ce présent petit livre, dans lequel sont amplement contenues toutes les choses dignes de mémoire que nous avons vues et qui nous sont advenues, tant pendant la navigation que lorsque nous étions et séjournions en vosdits pays et terres, les routes, les dangers et les situations de ces terres.

Le dimanche, jour et fête de la Pentecôte, seizième jour de mai, en l'an mil cinq cent trente-cinq, au commandement du capitaine [8] et du bon vouloir de tous, chacun se confessa et nous reçûmes tous ensemble notre Créateur en l'église cathédrale de Saint-Malo. Après l'avoir reçu, nous fûmes nous présenter au chœur de ladite église, devant le révérend père en Dieu, Monseigneur de Saint-Malo, lequel, en son état épiscopal, nous donna sa bénédiction [9].

Et le mercredi suivant, dix-neuvième jour dudit mois de mai, le vent vint bon et convenable ; et nous appa-

---

7. Le Saint-Laurent.
8. Jacques Cartier.
9. François Bahier, coadjuteur, nommé le 31 décembre 1534, prêta serment le 5 janvier 1535. Ce fut lui, sans doute, qui donna sa bénédiction à l'explorateur et à sa suite. L'évêque Denis Briçonnet était déjà atteint de la maladie qui l'emporta le 15 décembre 1535. Cf. BIGGAR, *op. cit.*, p. 92, note 11.

reillâmes avec les trois navires [10], savoir : la *Grande Hermine,* portant environ cent à cent vingt tonneaux, où était le capitaine-général, avec pour maître Thomas Fromont [11], Claude de Pontbriand [12], fils du seigneur de Montréal et échanson de monseigneur le Dauphin, Charles de la Pommeraye [13], Jean Poullet [14], et autres gentilshommes. Au second navire, nommé la *Petite Hermine,* portant environ soixante tonneaux, était capitaine, sous ledit Cartier, Macé Jalobert [15], et maître

---

10. Au sujet du choix des navires, cf. H. P. Biggar, *A Collection of documents relating to Jacques Cartier et the Sieur de Roberval,* Ottawa, 1930, p. 51-52, et Joüon des Longrais, *Jacques Cartier, Documents nouveaux,* p. 21-23, 3 mars 1534 (1535). Délibération de la Communauté de Saint-Malo.

11. Thomas Fromont, dit de La Bouille, assiste avec Cartier aux délibérations de la Communauté avant le voyage. Il fut un des rares compagnons du deuxième voyage qui suivirent encore Cartier en 1541. Il était originaire de La Bouille, village près de Rouen. Voir Joüon des Longrais, *Jacques Cartier,* p. 128.

12. « Quoique l'un des manuscrits porte Montreuil, dit Biggar, il était en toute probabilité le fils de Pierre de Pontbriand, seigneur de Montréal (dans le département du Gers) qui était capitaine du célèbre château de Bergerac, sous François Ier. François de Pontbriand, gouverneur et sénéchal du Limousin, devait être son frère. » Cf. M. Lainé, *Archives généalogiques et historiques de la noblesse de France,* I, art. Pontbriand, p. 7 et s., Paris, 1828 et Bibliothèque nationale, Cabinet des titres, Pièces orig., vol. 2334,, n° 52557, n° 50, 57-63, 78-70 et 73-75, et Carrés d'Hozier, vol. 505 fol. 145. Cf. Biggar, *op. cit.,* p. 93, note 13.

13. Charles de La Pommeraye était le neveu d'Olivier de La Pommeraye, chanoine de Saint-Malo et archidiacre de Dinan. Voir Joüon des Longrais, *op. cit.,* p. 142.

14. Jehan Poullet. Biggar ajoute ce nom parce que, d'après lui, il serait l'un des compagnons de Cartier et l'auteur des relations des deux premiers voyages. Il était originaire de Dol, près de Saint-Malo. Voir Biggar, *Early Trading Companies,* p. 215 et note.

15. Macé Jalobert, fils de Bertrand Jalobert et de Jehanne Maingard, avait épousé Alison des Granges, sœur de Catherine, femme de Cartier. Il était frère de Vigour Jalobert, procureur. Hermine Jalobert était peut-être leur sœur ; son nom,

Guillaume le Marié [16], et au troisième et plus petit navire, nommé l'*Hémerillon,* portant environ quarante tonneaux, était capitaine Guillaume Le Breton [17], et maître Jacques Maingart [18]. Et nous naviguâmes avec bon temps jusqu'au vingt-sixième jour dudit mois de mai, où le temps tourna en colère et tourmente, qui nous dura, en vents contraires et obscurité, autant qu'en eurent jamais navires qui passèrent ladite mer, sans aucune amélioration, tellement que le vingt-cinquième jour de juin, à cause de ce mauvais temps et obscurité, nous nous entreperdîmes tous trois, sans

---

très rare à Saint-Malo, semblerait avoir quelque parenté avec la *Grande* et la *Petite Hermine* de Jacques Cartier. Voir JOÜON DES LONGRAIS, *op. cit.,* p. 130.

16. Guillaume Le Marié avait épousé Perrine Ruel, un de ses enfants fut le vénérable messire Jean Le Marié, chanoine de Saint-Malo. Il était né le 19 juillet 1528. *Ibid.*

17. Guillaume Le Breton, fils d'autre Guillaume Le Breton, sieur de La Bastille, et de Guillemette Yvon, né le 11 janvier 1508... On ne sait pas quelle parenté il pouvait avoir avec Jehan Le Breton qui épousa Jehanne Des Granges vers 1536 et avec Olivier Le Breton qui épousa Gillecte, autre nièce de Catherine. La Bastille est tout près de Limoilou, en Paramé. Guillaume Le Breton ne vivait plus le 26 février 1540 n. st., ainsi que le prouve l'organisation de la tutelle de ses mineurs. Voir JOÜON DES LONGRAIS, *op. cit.,* p. 128-129.

18. Jacques Maingard, fils d'Allain Maingard et de Colette Des Granges, né le 22 décembre 1498. Cartier avait été parrain d'un de ses enfants dès le 26 février 1520 n. st... Dans une taxe « qui paraît proportionnelle à la fortune, les Maingard accusent leur importance bourgeoise par une forte quote-part ». Voir JOÜN DES LONGRAIS, *op. cit.,* p. 129.

Voir le rôle des équipages dans BIGGAR, *A Collection,* p. 53-56, et JOÜON DES LONGRAIS, *op. cit.,* p. 126-142, qui termine ainsi son commentaire : « En résumé, la liste de 1535 est un rôle d'équipage recruté surtout à Saint-Malo. A l'exception des parents et alliés de Cartier et des Des Granges, on y trouve peu de noms des principales familles. Le Découvreur dut avoir autant de peine à trouver ses mariniers qu'il en avait eu en 1534, où l'on voit déjà l'hostilité des armateurs malouins se manifester. Les entreprises de Cartier entravaient beaucoup la pêche de la morue qui s'effectuait régulièrement depuis déjà longtemps. »

avoir de nouvelles les uns des autres jusqu'à Terre-Neuve, là où nous avions convenu de nous trouver tous ensemble.

Et après nous être perdus, nous avons eu en mer avec le navire général toutes sortes de vents contraires, jusqu'au septième jour du mois de juillet, où nous arrivâmes à la Terre-Neuve et touchâmes terre à l'île des Oiseaux [19], laquelle est à quatorze lieues de la grande terre. Cette île est si pleine d'oiseaux que tous les navires de France s'en pourraient facilement charger sans que l'on s'aperçoive que l'on en a retiré ; et là nous en prîmes deux pleines barques, pour partie de nos victuailles. Cette île est à quarante-neuf degrés, quarante minutes [20] d'élévation du pôle. Et le huitième jour dudit mois, nous appareillâmes de ladite île, et avec bon temps vînmes au havre de Blanc-Sablon [21], dans la baie des Châteaux [22], le quinzième jour dudit mois, qui est le lieu où nous devions nous rendre. Nous restâmes dans ce lieu, attendant nos compagnons, jusqu'au vingt-sixième jour dudit mois, lequel jour ils arrivèrent tous deux ensemble ; et là nous réparâmes et prîmes de l'eau, du bois, et autres choses nécessaires. Et nous appareillâmes et fîmes voile pour passer outre, le vingt-neuvième jour dudit mois à l'aube ; et nous nous dirigeâmes le long de la côte du nord, orientée est nord-est et ouest sud-ouest, jusqu'à environ huit heures du soir, où nous mîmes les voiles bas, en travers de deux îles qui s'avancent plus en dehors que les autres, que nous nommâmes les *îles*

19. Funk island où Cartier s'était déjà arrêté au cours de son premier voyage.

20. Funk island est à 49° 45' 29" de latitude nord. Cf. BIGGAR, *Voyages,* p. 95, note 24.

21. Blanc-Sablon se trouve à l'extrémité ouest du détroit de Belle-Isle.

22. Le détroit de Belle-Isle.

Saint-Guillaume [23], lesquelles sont environ à vingt lieues au-delà du havre de Brest [24]. Le tout de ladite côte, depuis les Châteaux jusqu'ici, s'étend est nord-est et ouest sud-ouest, bordée de plusieurs îles et terres, tout hachée et pierreuse, sans aucune terre ni bois, sauf en quelques vallées.

Le lendemain, avant-dernier jour dudit mois [25], nous fîmes voile à l'ouest, pour avoir connaissance d'autres îles, qui étaient environ à douze lieues et demie ; entre lesquelles îles il se forme une anse vers le nord, toute en île et grandes baies, où il semble y avoir plusieurs bons havres. Nous les nommâmes les *îles Sainte-Marthe* [26], au large desquelles, à environ une lieue et demie en mer, il y a un haut-fond très dangereux, où il y a cinq têtes, en travers desdites baies [27], sur la route d'est et ouest des îles Saint-Guillaume, et autres îles, qui se trouvent en ouest sud-ouest des

---

23. La fête de saint Guillaume, évêque de Saint-Malo, tombait ce jour-là. Ces îles étaient Treble Hill, l'île Plate, Grande Mécatina. Cf. H. F. LEWIS, *Transactions of the Royal Society of Canada*, 3ᵉ série, sect. II, p. 135-136 (1934).
24. La baie du Vieux-Château ou celle de Bonne-Espérance. Cf. chap. précédent, note 46.
25. Vendredi 30 juillet.
26. Les îles Harrington, LEWIS, *op. cit.,* p. 136.
27. LEWIS, *op. cit.,* p. 136-137 : « Je considère les îles Sainte-Martre de Cartier comme étant les îles Harrington actuelles, lesquelles sont à 34 milles au sud-ouest de Flat Island. Ces îles se tiennent bien en évidence comme pour barrer la route à ceux qui longent la côte venant de l'est. Les basses vers le large sont connues sous le nom de Black Rock ou Black Reef... En 1535, lorsque la côte était probablement de 4 à 5 brasses plus bas qu'elle ne l'est maintenant, ce groupe devait former une basse dangereuse à plusieurs têtes .[...] On suppose que cette partie de la côte nord du golfe Saint-Laurent est sensiblement plus élevée qu'elle ne l'était au temps de Cartier. » D'après les expériences faites, il y a quelques années, l'élévation continue serait de six pieds (183 cm) et peut-être davantage, en un siècle.

îles Sainte-Marthe, à environ sept lieues, lesquelles îles nous trouvâmes ce jour-là vers une heure de l'après-midi. Et depuis ledit jour jusqu'à l'horloge virante [28], nous parcourûmes environ quinze lieues, jusqu'au travers d'un cap d'îles basses, que nous nommâmes les *îles Saint-Germain* [29]. Au sud de ce cap, à environ trois lieues, il y a un autre haut-fond, fort dangereux [30] ; et pareillement entre ledit cap Saint-Germain [31] et Sainte-Marthe [32], il y a un banc, à environ deux lieues desdites îles, sur lequel il n'y a que quatre brasses [33]. Et en raison du danger de cette côte, nous mîmes les voiles bas et ne naviguâmes pas cette nuit-là.

Le lendemain, dernier jour de juillet, nous fîmes voile le long de ladite côte, située est et ouest, quart sud-est, qui est toute bordée d'îles et de hauts-fonds, et côte fort dangereuse ; laquelle mesure, depuis le cap des îles Saint-Germain jusqu'à la fin des îles [34],

---

28. « Probablement 8 heures du soir, car, quoique certains sabliers ne prissent qu'une heure à se vider, d'autres mettaient trois et quatre heures. Cf. le Père FOURNIER, *Hydrographie,* Paris, 1643, p. 30 : « Une horloge de trois ou quatre heures. » Florio a « jusqu'à minuit », d'après Ramusio qui dit : « in fino mezza notte ». Cf. BIGGAR, *Voyages,* p. 98, note 39.

29. Cormorant Rocks, Nest Rock, Slime Rock et Egg Rock. Voir LEWIS, *op. cit.,* p. 138.

30. South Maker's Ledge. Il est maintenant à une faible hauteur au-dessus de la surface de la mer, mais il était probablement entièrement submergé du temps de Cartier (*ibid.*).

31. Cap Whittle.

32. Les îles Harrington.

33. Les récifs Sainte-Marie. Cartier y trouvera 4 brasses de profondeur, mais le plus élevé de ces récifs émerge de 4 pieds (120 cm) [*ibid.,* p. 139].

34. Les îles qui bordent la côte nord du golfe Saint-Laurent entre le cap Whittle et la pointe de Natashquan finissent juste à l'ouest de l'embouchure de la rivière Kegasha et non à la baie du même nom (*ibid.*).

environ dix-sept lieues et demie. Et à la fin desdites îles, il y a une très belle terre basse, pleine de grands et hauts arbres [35]. Et cette côte est toute bordée de sable, sans aucune apparence de havre jusqu'au cap de Thiennot, qui s'abaisse au nord-ouest, à environ sept lieues desdites îles, et que nous connaissons du voyage précédent. Nous naviguâmes donc toute la nuit à l'ouest nord-ouest, jusqu'au jour où le vent vint contraire, et nous allâmes chercher un havre, où nous mîmes nos navires, qui est un bon petit havre, au-delà du cap Thiennot [36], à environ sept lieues et demie, entre quatre îles sortant dans la mer. Nous le nommâmes le *havre Saint-Nicolas* [37], et sur l'île la plus proche nous plantâmes une grande croix de bois, comme marque. Il faut amener ladite croix au nord-est, puis aller dans sa direction et la laisser à tribord ; et vous trouverez six brasses de fond, et un mouillage dans ledit havre à quatre brasses ; il faut prendre garde à deux hauts-fonds, qui se trouvent des deux côtés, à une demi-lieue au-dehors. Toute cette côte est fort dangereuse, et pleine de hauts-fonds. Bien qu'il semble

---

35. Le terrain de chaque côté, à l'embouchure de la rivière Kegasha, est bas et en grande partie sablonneux ; il est encore aujourd'hui couvert de conifères et fait contraste avec la côte nue et granitique qui prédomine dans la direction de l'est (*ibid.*)

36. La pointe Natashquan.

37. Baie Mushkoniatawee ou Mascanin. La description de Cartier du havre Saint-Nicolas convient tout à fait à la baie Mascanin, sauf que la profondeur de l'eau est moindre, mais cela est dû probablement à l'élévation du sol durant quatre siècles. [...] Il est bon de noter également que les quatre îles dont deux sont maintenant unies par un passage étroit et bas sont facilement reconnaissables dans la baie Mascanin. [...] Les deux basses de l'entrée, dont parle Cartier, sont aussi faciles à découvrir dans la même baie, quoique, étant donné l'élévation de la côte, elles soient devenues des rochers qui émergent un peu au-dessus du niveau de la mer. Voir LEWIS, *op. cit.*, p. 140.

y avoir plusieurs bons havres, il n'y a que hauts-fonds et bancs. Nous restâmes audit havre depuis ledit jour jusqu'au dimanche, huitième jour d'août, où nous appareillâmes, et vînmes chercher la terre du sud vers le cap de Rabast [38], lequel est distant dudit havre d'environ vingt lieues, situé nord nord-est et sud sud-ouest. Et le lendemain [39], le vent vint contraire, et comme nous ne trouvâmes aucun havre sur ladite terre du sud [40], nous nous dirigeâmes vers le nord, à environ dix lieues au-delà du précédent havre [41], où nous trouvâmes une fort belle et grande baie, pleine d'îles et de bonnes entrées, et un ancrage pour tous les temps qu'il pourrait faire. Et pour reconnaître cette baie, il y a une grande île, comme un cap de terre, qui s'avance plus loin que les autres [42], et sur la terre, à environ deux lieues, il y a une montagne [43], faite comme un tas de blé. Nous nommâmes ladite baie la *baie Saint-Laurent* [44].

Le treizième jour dudit mois, nous partîmes de ladite baie Saint-Laurent, et nous fîmes voile à l'ouest, et vînmes chercher un cap de terre vers le sud [45], à

---

38. Sur l'île d'Anticosti.

39. Lundi 9 août.

40. Le seul port dans toute l'île d'Anticosti est *Ellis Bay* sur la côte sud au-dessous de la pointe Ouest. Cf. BIGGAR, *op. cit.*, p. 101, note 59.

41. La baie Mascanin.

42. L'île Sainte-Geneviève.

43. La montagne Sainte-Geneviève.

44. La baie Saint-Laurent est évidemment, ainsi qu'il est communément admis, la baie Sainte-Geneviève actuelle, avec, peut-on présumer aussi bien, Betchewun Harbour et la baie du Pillage. La plus grande partie de la baie du Pillage est maintenant peu profonde, mais les havres Sainte-Geneviève et Betchewun méritent les éloges exprimés par Cartier. Voir LEWIS, *op. cit.*, p. 140.

45. Pointe Ouest à l'île d'Anticosti.

vingt-cinq lieues environ, ouest quart sud-ouest du havre Saint-Laurent. Et par les deux sauvages que nous avions pris au premier voyage [46], il nous fut dit que c'était de la terre du sud, et que c'était une île [47], et que par le sud de celle-ci était le chemin pour aller de Honguedo [48], où nous les avions pris au premier voyage, au Canada [49], et qu'à deux journées du cap et de l'île [50] commençait le royaume de Saguenay [51], sur la terre du nord, en allant vers ledit Canada. Devant ledit cap, à environ trois lieues, il y a cent brasses de fond et plus [52] ; et il n'est mémoire d'avoir jamais autant vu de baleines que nous n'en vîmes ce jour-là devant ledit cap.

Le lendemain, jour de Notre-Dame d'août, quinzième dudit mois (nous passâmes le détroit la nuit précédente [53]), nous eûmes connaissance de terres qui étaient au sud [54], qui sont terres de très hautes mon-

46. Dom Agaya et Taignoagny.
47. L'île d'Anticosti. Elle mesure dans toute sa longueur 218 kilomètres environ et dans sa plus grande largeur 48 kilomètres.
48. Gaspé.
49. Ce nom est constamment employé pour désigner la région qui s'étend le long du fleuve Saint-Laurent depuis Grosse-Ile à l'est jusqu'à un point situé entre Québec et Trois-Rivières à l'ouest. C'est ce que représentent les cartes Vallard, Mercator et celle de Hakluyt de 1589. Cf. BIGGAR, *op. cit.*, p. 103, note 69.
50. La pointe Ouest de l'île d'Anticosti.
51. Saguenay signifie *eau qui sort* (du montagnais saki-nip). Cf. abbé LAVERDIÈRE dans CHAMPLAIN, *Œuvres*, II, p. 4, note 5. Québec, 1870, cité par BIGGAR, *op. cit.*, p. 103, note 71.
52. Les cartes marines indiquent 105 brasses à une courte distance au sud de la pointe Ouest. Cf. BIGGAR, *op. cit.*, p. 103, note 72.
53. La nuit du samedi au dimanche 14-15 août. Le passage en question est celui qui se trouve entre l'île d'Anticosti et la côte nord de Québec (*ibid.*).
54. La rive sud du fleuve Saint-Laurent, entre la pointe de la Renommée et le cap de la Madeleine. Les montagnes étaient

tagnes ; dont le cap de ladite île, que nous avons nommée l'*île de l'Assomption* [55], et un cap desdites hautes terres [56] s'étendent est nord-est et ouest sud-ouest ; et il y a entre eux vingt-cinq lieues. Et on voit les terres du nord encore plus hautes que celles du sud, à plus de trente lieues. Nous longeâmes les-dites terres du sud, depuis ledit jour jusqu'au mardi, midi, quand le vent tourna à l'ouest, et nous mîmes le

---

le mont Louis et la chaîne des monts Notre-Dame (BIGGAR, *op. cit.*, p. 104, note 76). On pourrait ajouter les monts Shickshock dont le plus haut a été nommé le mont Jacques-Cartier.

55. « Cette île est appelée par les Sauvages du païs Anticosti, qui est celle que Jacques Cartier a nommée l'île de l'Assomption. » Voir LESCARBOT, *op. cit.*, p. 129, cité par BIGGAR, *op. cit.*, p. 104, note 78, qui ajoute : « Les Montagnais l'appellent Natascouch (là où on chasse l'ours). On la trouve sur la map-pemonde Desceliers et sur la carte Mercator. Sur les cartes Desliens et le planisphère Desceliers, on lit *yl de l'Arcipel*. Voir aussi GANONG, *op. cit.*, 1935, p. 105-106 : « Un nouvel examen du *Grand Insulaire* de Thevet, fait pour moi par M. Biggar, révèle qu'on doit lire Naticousti, ainsi que l'écrit Laverdière et non Nadicousti, comme je l'ai orthographié dans ma première copie. En outre, je découvre que le Père Pacifique dans ses *Etudes* (1935), p. 177, donne Natigosteg qui signifie « terre avancée » suivant le terme employé par les Micmacs modernes pour désigner l'île d'Anticosti. Cette forme ressemble beaucoup à celle de Thevet et fait supposer que Cartier pouvait avoir obtenu le nom (à son troisième voyage ?) non des Hurons-Iroquois, mais des Micmacs. Cependant, on ne peut rien conclure de certain. »

56. Cf. GANONG, *op. cit.*, 1934, p. 212 : « Ici la narration est condensée à l'excès. Cependant les renseignements et les conjonctures s'accordent pour indiquer que Cartier se rendit de la pointe Ouest à la côte sud, probablement au cap de la Madeleine — ainsi qu'on peut le présumer — qui est sur la route qu'il suivit en allant vers l'ouest ; qu'il longea " lesdites terres du su dempuys " le 15 jusqu'au 17 à midi et qu'il atteignit Sainte-Anne-des-Monts ou " le cap au nord pour aller quérir les dites haultes terres " en passant quelque part à l'est de Pointe-des-Monts, assez près pour atteindre le creux de 150 à 200 brasses indiqué sur les cartes marines, et sonder à 200 mètres ; il atteignit ensuite la côte près de la Baie-des-Homards à 30 lieues (en réalité 52 milles) de la côte sud. »

cap au nord pour aller chercher les hautes terres que nous voyions. Et là, nous trouvâmes lesdites terres unies et basses vers la mer, et les montagnes vers le nord, par-dessus lesdites basses terres, celles-ci se trouvant est et ouest un quart sud-ouest [57]. Et par les sauvages que nous avions, il nous a été dit que c'était le commencement du Saguenay, et terre habitée, et que de là venait le cuivre rouge qu'ils appellent *caignetdazé*. Il y a entre les terres du sud et celles du nord environ trente lieues et plus de deux cents brasses de fond. Et lesdits sauvages nous ont certifié que c'est le chemin et le commencement du grand fleuve de Hochelaga et le chemin du Canada, lequel fleuve allait toujours en rétrécissant jusqu'au Canada [58] ; et puis, que l'on trouve de l'eau douce dans ce fleuve, qui va si loin que jamais homme n'avait été jusqu'au bout, qu'ils eussent entendu dire ; et qu'il n'y avait d'autre passage par bateaux. Et voyant leurs dires, et qu'ils affirmaient ne pas y avoir d'autre passage, le capitaine ne voulut pas passer outre, avant d'avoir

<hr />

57. Cf. *supra,* note 55.
58. C'est-à-dire jusqu'à Québec « que Cartier a appelé tantôt Stadaconé, tantôt Canada. Tous ces noms, sans se contredire ou s'exclure, expriment, suivant la langue et le génie des sauvages, comme une nuance particulière du tableau pittoresque que présente le site de Québec. Stadaconé était bâti sur *l'aile* que forme la pointe du cap aux Diamants ; or, suivant Mgr Laflèche, *stadaconé,* dans le dialecte cris ou algonquin, veut dire *aile,* quoique d'autres linguistes prétendent reconnaître dans ce mot une origine huronne. Le mot *Canada,* dont Cartier nous donne lui-même la signification (ils appellent une ville canada), semble avoir désigné l'importance relative que devait avoir Stadaconé par l'avantage même de sa position. Enfin, il est naturel de supposer que les sauvages, après la disparition et le déplacement de Stadaconé, n'aient pas trouvé, pour désigner le même lieu, d'expression plus juste que celle de Kebec ou Quebec qui veut dire, comme le remarque Champlain, détroit, rétrécissement et même quelque chose de plus expressif, *c'est bouché.* » Cf. LAVERDIÈRE, *op. cit.,* p. 25.

vu le reste de ladite terre, et la côte vers le nord, qu'il avait omis de voir depuis la baie Saint-Laurent [59], pour aller voir la terre du sud et voir s'il y avait un passage.

Comment le capitaine fit retourner les navires en arrière, jusqu'à avoir connaissance de la baie Saint-Laurent, pour voir s'il y avait un passage vers le nord

Le mercredi, dix-huitième jour d'août, le capitaine fit retourner les navires en arrière, et mettre le cap de l'autre bord ; et nous longeâmes la côte du nord, qui se trouve nord-est et sud-ouest, faisant un demi-arc, qui est une terre fort haute, pas autant que celle du sud. Et nous arrivâmes le jeudi suivant à sept îles très hautes, que nous nommâmes les *îles Rondes* [60], qui sont à environ quarante lieues des terres du sud [61], et s'avancent dans la mer à trois ou quatre lieues. Au travers desquelles il y a un commencement de basses

59. La baie Sainte-Geneviève.
60. Dans la suite de ce récit, elles sont désignées sous le nom de Sept-Isles qu'elles ont conservé, quoique, en réalité, elles ne soient que six. L'erreur provient sans doute de ce qu'on a pris pour une île la péninsule de la base des Sept-Isles qui, vue de loin, peut être prise pour une île. Elles figurent sur les cartes Desliens et Vallard, sur les mappemondes Desceliers et Harléienne, sur le planisphère Desceliers et sur la carte Mercator. Des îles du même nom existent sur les côtes de France, à l'ouest de Saint-Malo. Cf. BAYFIELD, *The Saint-Laurence Pilot*, I, p. 228. « Les Sept-Iles sont hautes et escarpées, de roche primaire, très peu boisées, et elle se voient de 7 à 8 lieues, n'étant semblables à rien de ce qui est dans le golfe » ; et H. Y. HIND, *Explorations in the Interior of Labrador Peninsula, etc.*, I, p. 319-320, Londres, 1863. Voir aussi le poème de WHITTIER, *The Bay of Seven Islands*, dans ses œuvres, Boston, 1894. (BIGGAR, *op. cit.*, p. 109, note 93.)
61. La largeur du fleuve Saint-Laurent entre la baie des Sept-Isles et la côte de la Gaspésie est de 80 kilomètres.

terres, pleines de beaux arbres [62] ; lesquelles terres
nous longeâmes le vendredi avec nos barques ; devant
lesquelles il y a plusieurs bancs de sable [63], à plus
de deux lieues en mer, fort dangereux, qui se décou-
vrent à marée basse. Et au bout de ces basses terres,
qui mesurent environ dix lieues, il y a une rivière
d'eau douce [64], donnant dans la mer, tellement qu'à
plus d'une lieue de terre elle est aussi douce qu'une
eau de fontaine [65]. Nous entrâmes dans ladite rivière
avec nos barques, et ne trouvâmes à l'entrée de celle-ci
qu'une brasse et demie. Il y a dans la rivière plusieurs
poissons qui ont la forme de chevaux, lesquels vont à
terre la nuit, et de jour à la mer, ainsi qu'il nous fut
dit par nos deux sauvages, et de ces poissons nous
vîmes grand nombre dans ladite rivière [66].

Le lendemain, vingt et unième jour dudit mois, au
matin, à l'aube, nous fîmes voile, et nous nous dirigeâmes le long de ladite côte tant que nous eûmes
connaissance du reste de la côte du nord, que nous
n'avions pas vue, et de l'île de l'Assomption [67], que
nous étions allés chercher à partir de ladite terre. Et
lorsque nous fûmes certains d'avoir longé ladite côte,
et qu'il n'y avait aucun passage, nous retournâmes à

---

62. Ici (dans la baie Moisie), les côtes rocheuses se termi-
nent et la grande plage de sable qui s'étend jusqu'à la rivière
Moisie commence. Voir BAYFIELD, *op. cit.*, I, 6ᵉ éd., p. 226,
cité par BIGGAR, *op. cit.*, p. 109, note 95.
63. Les bancs de sables de Moisie. Voir LEWIS, *op. cit.*,
p. 142.
64. La rivière Moisie.
65. Si Cartier est arrivé à l'embouchure de la rivière Moisie
au moment où la mer se retirait, il a probablement trouvé
l'eau douce à la surface, mais, comme le fait remarquer
LEWIS, *op. cit.*, p. 142, le récit sent un peu l'exagération et
ne doit pas être pris à la lettre.
66. Morse.
67. L'île d'Anticosti.

nos navires, qui étaient aux Sept-Iles, où il y a de bonnes rades de dix-huit à vingt brasses, et du sable. Nous sommes restés dans ce lieu, sans pouvoir sortir ni faire voile à cause des brumes et des vents contraires qu'il faisait, jusqu'au vingt-quatrième jour dudit mois, où nous appareillâmes [68], et nous avons été par la mer, chemin faisant, jusqu'au vingt-neuvième dudit mois, où nous sommes arrivés dans un havre de la côte du sud [69], qui est à environ quatre-vingts lieues des Sept-Iles, lequel est devant trois îles plates qui sont au milieu du fleuve [70]. Et environ à mi-chemin entre lesdites îles et ledit havre, vers le nord, il y a une fort grande rivière [71], qui est entre les hautes et les basses terres, laquelle fait plusieurs bancs dans la mer, à plus de trois lieues, qui est un pays fort dangereux, et profond de deux brasses et moins ; et à la crête de ces bancs, vous trouverez vingt-cinq et trente brasses, d'un bord à l'autre. Toute cette côte du nord s'étend nord nord-est et sud sud-ouest.

Le havre ci-dessus [72], où nous mouillâmes, qui est sur la terre du sud, est un havre à marée, et de peu de valeur. Nous le nommâmes les *îlots Saint-Jean,* parce que nous y entrâmes le jour de la décollation dudit saint [73]. Et avant d'arriver audit havre, il y a une

_____

68. Il avait toujours espoir de trouver un passage vers la mer de l'Ouest.

69. Le Bic.

70. Les îles du Bic, de la Bicquette et les récifs du Nord-Ouest.

71. La rivière Manicouagan. « La pointe Saint-Giles au nord de l'entrée de la rivière Manicouagan (à l'ouest) est basse et fortement boisée avec une grève de sable étendue en profondeur. » Voir BAYFIELD, *op. cit.,* I, p. 244 ; cité, par BIGGAR, *op. cit.,* p. 112.

72. Le Bic.

73. Dimanche 29 août.

île [74], à environ cinq lieues à l'est de celui-ci, où il n'y a de passage entre la terre et l'île que par bateaux. Le havre des îlots Saint-Jean s'assèche à chaque marée, et il n'y reste que deux brasses d'eau. Le meilleur lieu pour mettre des navires est vers le sud d'un petit îlot, qui est au milieu dudit havre, au bord de l'îlot.

Nous appareillâmes dudit havre le premier jour de septembre, pour aller vers le Canada. Et à environ quinze lieues dudit havre à l'ouest sud-ouest, il y a trois îles [75], au milieu dudit fleuve, face auxquelles il y a une rivière fort profonde [76] et courante qui est la rivière et le chemin du royaume et de la terre du Saguenay ainsi qu'il nous a été dit par nos deux hommes du pays de Canada. Et cette rivière est entre de hautes montagnes de pierre nue, où il n'y a que peu de terre, et cependant il y croît grande quantité d'arbres, et de plusieurs sortes, qui croissent sur la pierre nue comme sur de la bonne terre ; de sorte que nous y avons vu un arbre, suffisant pour mâter un navire de trente tonneaux, aussi vert qu'il est possible de voir, lequel était sur un roc sans aucune saveur de terre. A l'entrée de cette rivière, nous trouvâmes quatre barques du Canada, qui étaient venues là pour pêcher des loups marins et autres poissons. Et quand

---

74. L'île Barnabé, à 12 kilomètres à l'est du Bic.
75. L'île au Basque, l'île Verte et l'île aux Pommes. Ces trois îles s'étendent en ligne droite près de la rive sud et nullement au milieu du fleuve. En outre, l'île Rouge, qui, elle, est bien au milieu du fleuve, n'est pas mentionnée. On est amené ainsi à penser que du temps de Cartier il pouvait se trouver sur les hauts-fonds autour de l'île Rouge deux autres petites îles formées de glaciers et qui ont fini par disparaître. Voir Ganong, *op. cit.*, 1934, p. 215.
76. Le fleuve Saguenay.

nous eûmes mouillé dans ladite rivière [77], deux des barques [78] vinrent vers nos navires, lesquelles venaient avec grande peur et crainte, de sorte qu'il en repartit une, et l'autre s'approcha, et ils purent entendre l'un de nos sauvages, qui se nomma et fit leur connaissance, et les fit venir en sécurité à bord.

Le lendemain, deuxième jour dudit mois de septembre, nous ressortîmes de ladite rivière pour faire le chemin vers le Canada [79] ; et nous trouvâmes la marée fort rapide et dangereuse, parce que, vers le sud de ladite rivière, il y a deux îles, autour desquelles, à plus de trois lieues, il n'y a que deux ou trois brasses, parsemées de grosses pierres, comme tonneaux et futailles, et les marées sont dangereuses entre lesdites îles [80], de sorte que nous crûmes y perdre notre gallion [81], n'eût été le secours de nos barques. Et à l'extrémité desdits hauts-fonds, il y a trente brasses et plus de profondeur. Passées ladite rivière du Sague-

---

77. Sans doute Tadoussac.
78. Ces barques sont des canots faits d'écorce de bouleau.
79. Cela indique qu'il n'avait pas encore atteint le Canada. (BIGGAR, *op. cit.*, p. 115, note 27.)
80. Les bas-fonds ne peuvent être que ceux qui s'étendent sur une grande surface immédiatement au sud du Saguenay, qui sont désignés sur les cartes marines sous le nom de Larte Reef et qui, suivant la description donnée, sont composés de sable, de galets et de gros cailloux. Seul l'îlot appelé Lark Islet, formé de galets et de gros cailloux, figure à cet endroit ; mais, à proximité de celui-ci, une haute surface de pierres spécialement signalée comme étant rarement couverte a pu être la base d'une autre île qui existait au temps de Cartier. Voir GANONG, *op. cit.*, 1934, p. 216.
81. Ce qui peut être considéré comme la première difficulté de passage en remontant le Saint-Laurent est l'obstacle provenant non seulement des récifs de l'île Verte, de l'îlot Rouge et du Sagouenay, mais aussi de la rapidité et de la contrariété des courants à cet endroit. » Voir BAYFIELD, *op. cit.*, I, p. 225 ; cité par BIGGAR, *op. cit.*, p. 115.

nay et lesdites îles, à environ cinq lieues vers le sud-ouest, il y a une autre île [82], vers le nord de laquelle il y a de très hautes terres, devant lesquelles nous pensâmes jeter l'ancre, pour attendre la marée basse, et nous n'y pûmes trouver le fond à cent vingt brasses, à un tir d'arc de la terre, de sorte que nous fûmes contraints de retourner vers ladite île, où nous jetâmes l'ancre à trente-cinq brasses, sur beau fond.

Le lendemain [83], au matin, nous fîmes voile et appareillâmes pour passer outre ; et nous vîmes une sorte de poissons que l'on n'avait jamais vus de mémoire d'homme ni ouï dire. Ces poissons [84] sont aussi gros que des marsouins, sans aucune nageoire, et sont très faits par le corps et la tête à la façon d'un lévrier, aussi blancs que neige, sans aucune tache, et il y en a un très grand nombre dans ledit fleuve, qui vivent entre la mer et l'eau douce. Les gens du pays les nomment *adhothuys* ; et ils nous ont dit qu'ils sont fort bons à manger ; et ils nous ont aussi affirmé qu'il n'y en a, dans tout ledit fleuve ou le pays, qu'en cet endroit.

Le sixième jour dudit mois [85], avec bon vent, nous nous dirigeâmes environ quinze lieues en amont du fleuve, et allâmes dans une île, qui est près de la terre du nord, et qui fait une petite baie et anse de terre, dans laquelle il y a un nombre inestimable de grandes tortues, qui sont aux environs de cette île. Pareillement, par ceux du pays se fait aux environs de ladite île grande pêche desdits *adhothuys* ci-dessus

82. L'île aux Lièvres.
83. Vendredi 3 septembre.
84. Les delphinaptères.
85. Lundi 6 septembre.

décrits. Il y a aussi grand courant autour de ladite île, que devant Bordeaux au flux et au reflux. Cette île mesure environ trois lieues de long et deux de large [86], et c'est une terre fort bonne et grasse, pleine de beaux et grands arbres de plusieurs sortes. Et entre autres, il y a plusieurs coudres sauvages, que nous trouvâmes tout chargés de noisettes, aussi grosses et de meilleure saveur que les nôtres, mais un peu plus dures ; et pour cela, nous la nommâmes l'*île aux Coudres* [87].

Le septième jour dudit mois, jour de Notre-Dame [88], après avoir entendu la messe, nous partîmes de ladite île pour remonter le fleuve ; et nous arrivâmes à quatorze îles [89], qui étaient distantes de l'île aux Coudres de sept à huit lieues, où est le commencement de la terre et province du Canada. L'une d'elles est une grande île [90] qui a environ dix lieues de long et cinq

---

86. L'île aux Coudres a 10 kilomètres de long et 4 kilomètres de large.

87. Elle porte toujours ce nom.

88. La fête de la sainte Vierge tombait cette année-là le mercredi 8 septembre (BIGGAR, *op. cit.,* p. 119, note 47). Elle était célébrée quelquefois le 7 septembre. Voir *Histoire de la colonisation française en Canada*, I, p. 13, note (*).

89. Il y a, en fait, quinze îles : Goose (île aux Oies), Crane (île aux Grues), Middle, Canoe, Crowl, Margaret, Two Heads, Cliff, Grosse, Brothers, Patience, Reaux et Madame. Sans compter l'île d'Orléans. (BIGGAR, *op. cit., p.* 119, note 48.)

90. L'île d'Orléans, nommée tout d'abord l'île Bacchus et ensuite l'île d'Orléans par Cartier lui-même. (BIGGAR, *op. cit.,* p. 119, note 50.) Voir aussi *L'Ile d'Orléans,* publié par la Commission des Monuments historiques de la province de Québec, Québec, 1928, p. 16. « Bouchette en 1815 (*Topographie du Bas-Canada,* p. 497) évalue la longueur de l'île d'Orléans à vingt milles et sa largeur à cinq milles. Cependant, en 1830 (*Topographical Dictionary*), il n'accorde plus à la même île que dix-neuf milles et demi en longueur, sur cinq et demi en largeur. C'est certainement là l'évaluation la plus juste des dimensions de l'île d'Orléans. »

de large, où il demeure des gens qui font grande pêche de tous les poissons [91] qui sont dans ledit fleuve, selon les saisons, dont il sera fait ci-après mention. Ayant jeté l'ancre entre cette grande île et la terre du nord, nous allâmes à terre et emmenâmes les deux hommes que nous avions pris au précédent voyage ; et nous trouvâmes plusieurs gens du pays, lesquels commencèrent à fuir, et ne voulurent pas approcher jusqu'à ce que les deux hommes commencent à parler, et leur disent qu'ils étaient Taignoagny et dom Agaya. Et lorsqu'ils les eurent reconnus, ils commencèrent à faire grande fête, dansant et faisant plusieurs cérémonies ; et certains des plus importants vinrent à nos bateaux, et nous apportèrent force anguilles et autres poissons, avec deux ou trois charges de gros mil, qui est le pain dont ils vivent en ladite terre, et plusieurs gros melons. Et ce jour-là, plusieurs barques du pays vinrent à nos navires, chargées de gens, tant hommes que femmes, pour voir et fêter nos deux hommes ; ils furent tous bien reçus par le capitaine, qui les honora de ce qu'il put, et pour faire leur connaissance leur donna quelques petits présents de peu de valeur, desquels ils se contentèrent fort [92].

Le lendemain, le seigneur du Canada, nommé Donnacona, et que l'on appelle pour dire seigneur *agouhanna* [93], vint avec douze barques, accompagné

91. « Comme, de fait, elle est fort abondante principalement en esturgeon. » Voir CHAMPLAIN, *Œuvres,* III, p. 159. (BIGGAR, *op. cit.,* p. 120, note 51.)

92. Cf. GANONG, *op. cit.,* 1934, p. 217. « Cette partie du récit donnerait à supposer qu'il y avait un village dans les environs, peut-être à proximité de Saint-Joachim où, en effet, on lit sur la carte Desceliers et la carte harléienne un nom, *Aquechenunda,* qui semble être celui d'un village ».

93. Cf. *Histoire de la colonisation française en Canada,* 1865, I, p. 532 : « Mais, si cette bourgade eût été composée d'Algonquins, on aurait dû donner à Donnacona le titre

de plusieurs gens, devant nos navires ; puis il en fit repartir dix, et vint seulement avec deux des barques à bord de nos navires, accompagné de seize hommes. Et ledit *agouhanna* commença, devant le plus petit de nos trois navires, à faire une prédication et un prêche à sa façon, en démenant son corps et ses membres d'une surprenante manière, qui est une cérémonie de joie et de confiance. Et lorsqu'il fut arrivé à la nef générale [94], où étaient lesdits Taignoagny et dom Agaya, le seigneur leur parla, et eux à lui ; ils commencèrent à lui conter ce qu'ils avaient vu en France et le bon traitement qui leur avait été fait, ce dont le seigneur fut fort joyeux, et il pria le capitaine de lui donner ses bras pour les embrasser et serrer, ce qui est leur façon de fêter en ce pays. Et alors le capitaine entra dans la barque dudit agouhanna, et commanda qu'on apportât du pain et du vin pour faire boire et manger le seigneur et sa bande ; ce qui fut fait ; de quoi ils furent fort contents. Et pour l'heure il ne fut fait aucun autre présent audit seigneur, en attendant le lieu et le moment convenables. Après que ces choses eurent été faites ainsi, ils se séparèrent les uns des autres, et prirent congé ; et ledit agouhanna se retira sur ses barques, pour s'en retourner chez lui. Et pareillement le capitaine fit apprêter nos barques, pour aller plus loin en amont du fleuve avec la marée, afin de chercher un havre et un lieu sûr pour mettre

---

d'Okima, ou celui de Kijeinini, qui sont les termes d'honneur usités chez les Algonquins pour désigner leurs chefs, comme les Abenaquis emploient celui de Sanguina, & les Montagnais celui de Sagamo. Si donc ceux de Stadaconné qualifiaient leur chef du titre d'Agouhanna, il faut conclure que ces sauvages étaient Iroquois, puisque ceux-ci appellent encore aujourd'hui leurs chefs de ce même nom, de l'aveu de tous ceux qui entendent la langue iroquoise. »

94. *La Grande Hermine.*

les navires. Et nous remontâmes le fleuve sur environ dix lieues, côtoyant ladite île [95], et au bout de celle-ci nous trouvâmes une fourche d'eaux [96], fort belle et plaisante, où il y a une petite rivière et un havre de barre, avec deux à trois brasses de fond, que nous jugeâmes propice pour mettre nosdits navires en sûreté. Nous nommâmes ledit lieu *Sainte-Croix* [97], car nous y arrivâmes ce jour-là. Auprès de ce lieu il y a un peuple dont est seigneur ledit Donnacona, et là se trouve sa demeure, laquelle se nomme Stadaconé, qui est aussi bonne terre qu'il soit possible de voir, et bien fructifiante, pleine de très beaux arbres, de la même nature et sorte qu'en France, tels que chênes, ormes, frênes, noyers, pruniers, ifs, cèdres, vigne, aubépine, qui porte des fruits aussi gros que des prunes de Damas, et d'autres arbres, sous lesquels croît un aussi bon chanvre que celui de France, et qui vient sans semence ni labour. Après avoir visité ledit lieu et l'avoir trouvé convenable, le capitaine se retira avec les autres dans les barques, pour retourner aux navires ; et quand nous sortîmes de ladite rivière, nous trouvâmes devant nous l'un des seigneurs du peuple

---

95. L'île d'Orléans.
96. C'est la fourche formée après la rivière Saint-Charles et le fleuve Saint-Laurent.
97. La rivière Saint-Charles. « Cette *Petite-Rivière* (car les habitants de Québec l'appellent encore ainsi) vient du lac Saint-Charles, qui n'est qu'à environ quatre lieues de Québec. Les Montagnais, au rapport du Frère Sayard, l'appelaient Cabirecoubat, à raison, dit-il, qu'elle tourne et fait plusieurs pointes. » (*Histoire du Canada,* liv. II, chap. V.) « Jacques Cartier lui donna le nom de Sainte-Croix, parce qu'il y arriva le jour de l'Exaltation de la Sainte Croix, 14 septembre 1535 ; et enfin les récollets lui imposèrent le nom qu'elle porte généralement aujourd'hui, et l'appelèrent rivière Saint-Charles, en mémoire du grand vicaire de Pontoise, Charles Des Boues » (de Boves) [P. CHRESTIEN LE CLERCQ, *Premiers établissements de la foi,* vol. I, p. 157]. Cf. LAVERDIÈRE dans CHAMPLAIN, *Œuvres,* III, p. 156, note 3.

de Stadaconé, accompagné de plusieurs gens, tant hommes que femmes et enfants, lequel seigneur commença à faire du prêche, à la façon et mode du pays, qui est de joie et de confiance, et les femmes dansaient et chantaient sans cesse, se tenant dans l'eau jusqu'aux genoux. Le capitaine, voyant leur bon amour et bon vouloir, fit approcher la barque où il se trouvait ; et il leur donna des couteaux et de la verroterie, ce dont ils montrèrent une extrême joie, de sorte que nous étant séparés d'eux, à une distance d'une lieue environ, nous les entendions chanter, danser et mener fête de notre venue.

Comment le capitaine retourna aux navires, et alla voir l'île [98], la grandeur et la nature de celle-ci ; et comment il fit mener lesdits navires à la rivière Sainte-Croix

Après que nous fûmes arrivés avec les barques auxdits navires, et retournés de la rivière Sainte-Croix, le capitaine commanda d'apprêter les barques, pour aller à terre à ladite île voir les arbres, qui semblaient fort beaux à voir, et la nature de la terre de cette île ; ce qui fut fait. Et quand nous fûmes sur l'île, nous la trouvâmes pleine de fort beaux arbres, tels que chênes, ormes, pins, cèdres et autres bois de la sorte des nôtres ; et pareillement nous y trouvâmes force vignes, ce que nous n'avions pas vu auparavant dans tout le pays, et pour cela nous la nommâmes l'île de Bacchus. Cette île a environ douze lieues de longueur et c'est une terre très belle à voir et unie, mais elle est pleine de bois, sans aucun labourage, sauf qu'il y a quelques petites maisons, où ils font la pêche, comme il en est fait mention cidevant.

---

98. L'île d'Orléans.

Le lendemain [99], nous partîmes avec nos navires, pour les mener au lieu de Sainte-Croix, et nous y arrivâmes le lendemain quatorzième dudit mois. Et vinrent au-devant de nous Donnacona, Taignoagny et dom Agaya, avec vingt-cinq barques chargées de gens, lesquels venaient du lieu d'où nous étions partis, et allaient au Stadaconé, où est leur demeure ; et ils vinrent tous à nos navires, faisant plusieurs signes de joie, sauf les deux hommes que nous avions amenés, savoir Taignoagny et dom Agaya, lesquels étaient tout changés de propos et de dispositions et ne voulurent pas entrer dans nos navires, bien qu'ils en fussent plusieurs fois priés ; ce qui nous causa quelque défiance d'eux. Le capitaine leur demanda s'ils voulaient aller, comme ils lui avaient promis, avec lui à Hochelaga [100], et ils lui répondirent que oui, et qu'ils avaient décidé d'y aller ; et alors chacun se retira.

Et le lendemain, quinzième jour dudit mois, le capitaine, accompagné de plusieurs de ses gens, alla à terre, pour faire planter des balises et marques pour mettre plus sûrement les navires en sécurité [101]. En

---

99. Si l'on s'en tenait au texte manuscrit, ce lendemain serait le jeudi, ** septembre mais, comme le « jour suivant » se trouve être « le XIIII⁹ dudict mois », on doit supposer qu'un passage du récit a été sauté et que la date exacte est le 13 septembre. (BIGGAR, *op. cit.*, p. 127, note 75.)

100. La région au-dessus des rapides de Lachine. En langue huronne, ce mot signifie « à la digue des castors ». (BIGGAR, *op. cit.*, p. 128, note 76.)

101. LESCARBOT (*op. cit.*, 1609, p. 333) a ajouté : « Es ports de mer où n'y a gueres de profond, on plante des balises & remarques pour la conduite des vaisseaux. » Cf. CHAMPLAIN, *Œuvres*, III, p. 157 et 160. Voir aussi l'édition de Québec des *Voyages de Jacques Cartier*, 1843, p. 110, note 4 : « Du temps de M. de Champlain, le lit de la rivière Saint-Charles était embarrassé de rochers énormes, dont beaucoup furent employés vers 1755 à la construction d'une digue pour mettre en sûreté les bateaux du roi. Depuis plusieurs années cette

ce lieu nous trouvâmes grand nombre de gens du pays qui se rendaient au-devant de nous, et entre autres Donnacona, nos deux hommes et leur bande, lesquels se tinrent à part, sur une pointe de terre, qui est sur le bord du fleuve [102], sans que l'un d'eux ne vînt vers nous comme le faisaient les autres, qui n'étaient pas de leur bande. Et après que le capitaine fut averti qu'ils y étaient, il commanda à une partie de ses gens d'aller avec lui, et ils allèrent vers eux sur ladite pointe, et trouvèrent Donnacona, Taignoagny, dom Agaya et plusieurs autres de leur bande. Et après s'être entresalués, Taignoagny commença à parler et dit au capitaine que le seigneur Donnacona était marri de ce que le capitaine et ses gens portaient tant de bâtons de guerre, car de leur côté ils n'en portaient aucun. A quoi le capitaine répondit qu'il ne cesserait pas de les porter à cause de ce mécontentement, et que c'était la coutume de France, et qu'il le savait bien. Mais, malgré tous ces mots, le capitaine et Donnacona n'en firent pas moins grande chère ensemble. Et alors nous nous aperçûmes que tout ce que disait Taignoagny ne venait que de lui et de son compagnon ; car avant de quitter l'endroit le capitaine et le seigneur firent un accord d'une étrange sorte ; car tout le peuple du seigneur Donnacona, ensemble, poussèrent trois cris, à pleine voix, que c'était chose horrible à entendre, et ensuite ils prirent congé les uns des autres, et nous nous retirâmes à bord pour ce jour-là.

---

digue n'est plus visible, étant comprise dans la longueur des quais qui s'avancent maintenant (1842) jusqu'au chenal de la rivière. » (BIGGAR, *op. cit.,* p. 128, note 77.)

102. Saint-Laurent. Sans doute sur la pointe où sont construits les bassins de Québec. (BIGGAR, *op. cit.,* p. 129, note 78.)

Et le lendemain, seizième jour dudit mois, nous mîmes nos deux plus grands navires dans ledit havre et rivière, où il y a trois brasses de fond à marée haute, et une demi-brasse à marée basse ; et le galion fut laissé dans la rade, pour aller à Hochelaga. Et aussitôt que les navires furent dans ledit havre et à sec, se trouvèrent devant les navires lesdits Donnacona, Taignoagny et dom Agaya, avec plus de cinq cents personnes, tant hommes et femmes que petits enfants ; et le seigneur entra, avec dix ou douze autres des plus grands personnages du pays, lesquels furent par le capitaine et autres fêtés et reçus selon leur condition ; et il leur fut donné quelques petits présents. Et il fut dit par Taignoagny au capitaine que le seigneur Donnacona était marri de ce qu'il allait à Hochelaga, et que ledit seigneur ne voulait point que lui, qui parlait, y allât avec lui, comme il l'avait promis, parce que la rivière ne valait rien. A quoi le capitaine fit réponse que tout cela ne l'empêcherait pas d'y aller, si cela lui était possible, parce qu'il avait commandement du Roi, son maître, d'aller aussi avant qu'il lui serait possible ; mais que si Taignoagny y voulait aller, comme il l'avait promis, on lui ferait un présent dont il serait content, et grande chère, et qu'ils ne feraient seulement qu'aller voir Hochelaga puis revenir. A quoi Taignoagny répondit qu'il n'irait point. Alors ils se retirèrent dans leurs maisons.

Et le lendemain, dix-septième jour dudit mois, Donnacona et les autres revinrent, comme avant, et apportèrent force anguilles et autres poissons, dont on fait grande pêche dans ledit fleuve, comme il sera dit ci-après. Et lorsqu'ils furent arrivés devant nos navires, ils commencèrent à danser et chanter, comme ils avaient coutume. Et après qu'ils eurent ainsi fait,

Donnacona fit mettre tous ses gens d'un côté, et fit un cercle sur le sable et y fit mettre le capitaine et ses gens. Puis il commença une grande harangue, tenant par la main une fille âgée d'environ dix à douze ans ; puis il la vint présenter au capitaine. Et alors, tous les gens du seigneur se mirent à faire trois cris et hurlements, en signe de joie et d'alliance. Puis, derechef, il présenta deux petits garçons, d'âge moindre, l'un après l'autre, pour lesquels ils firent les mêmes cris et cérémonies que précédemment. De ce présent ainsi fait fut ledit seigneur remercié par le capitaine. Et alors Taignoagny dit au capitaine que la fille était la propre fille de la sœur du seigneur Donnacona, et l'un des garçons son frère à lui qui parlait ; et qu'on les lui donnait dans l'intention qu'il n'allât point à Hochelaga. A quoi lui répondit notre capitaine que, si on les avait donnés dans cette intention, qu'on les reprît, et que rien ne l'empêcherait d'essayer d'aller à Hochelaga, parce qu'il avait commandement de ce faire. Sur ces mots, dom Agaya, compagnon de Taignoagny, dit au capitaine que le seigneur lui avait donné les enfants par bon amour et en signe de confiance et qu'il était content d'aller avec le capitaine à Hochelaga. De quoi eurent grossières paroles Taignoagny et dom Agaya, et nous nous aperçûmes alors que Taignoagny ne valait rien et qu'il ne songeait qu'à trahison et malice, tant pour cela que dans d'autres mauvais tours que nous l'avions vu faire. Et sur ce, le capitaine fit mettre les enfants dans les navires ; et il fit apporter un grand bassin d'airain, lisse, et un autre ouvragé, pour laver les mains, et en fit présent à Donnacona, qui s'en contenta fort, et remercia le capitaine. Et Donnacona commanda à tous ses gens de chanter et danser et pria le capitaine de faire tirer une pièce d'artillerie, parce que Taignoagny et dom Agaya lui en avaient fait l'éloge et aussi qu'il n'en avait jamais vu ni entendu. A quoi le capitaine répondit qu'il en était content et commanda de tirer une douzaine de barces [103], avec leurs boulets, au milieu du bois qui était proche des navires et des gens. De quoi ils furent tous si étonnés qu'ils pensaient que le ciel fût tombé sur eux ; et ils se prirent à hurler et appeler si fort qu'il semblait que l'enfer se fût vidé là. Et avant qu'ils ne se retirassent, Taignoagny fit dire, par personnes interposées, que les compagnons du galion, lequel était demeuré dans la rade, avaient tué deux de leurs gens à coups d'artillerie ; ce qui les fit se retirer tous en si grande hâte qu'il semblait que nous les voulussions tuer. Ce qui ne se trouva pas être la vérité ; car, durant ce jour-là, il ne fut tiré du galion aucune artillerie.

Comment lesdits Donnacona, Taignoagny et d'autres imaginèrent une finesse, et firent se déguiser trois hommes en diables, feignant être envoyés par Cudouagny, leur dieu, pour nous empêcher d'aller à Hochelaga

Le lendemain, dix-huitième jour dudit mois, toujours pour essayer de nous empêcher d'aller à Hochelaga, ils imaginèrent une grande finesse, qui fut la suivante. Ils firent habiller trois hommes à la manière de trois diables, lesquels étaient vêtus de peaux de chien, noirs et blancs, et avaient des cornes aussi longues que le bras, et étaient peints au visage de noir, comme charbon ; et ils les firent mettre dans une de leurs barques, à notre insu. Puis ils vinrent avec leur bande, comme ils avaient coutume auprès de nos navires, et se tinrent dans le bois, sans se montrer,

_____

103. Barces, petits canons en usage au xviᵉ siècle.

environ deux heures, attendant que l'heure et la marée fussent venues pour l'arrivée de ladite barque. A cette heure-là, ils sortirent tous du bois et se présentèrent devant nos navires, sans les approcher comme ils le faisaient d'ordinaire. Et ledit Taignoagny commença à saluer le capitaine, lequel lui demanda s'il voulait avoir le bateau [104]. A quoi Taignoagny lui répondit que non pour l'heure mais que bientôt il entrerait dans les navires. Et aussitôt arriva la barque, où étaient les trois hommes, paraissant trois diables, avec de grandes cornes sur leurs têtes, et celui du milieu faisait, en approchant, un étrange sermon ; et ils passèrent le long de nos navires avec leur barque, sans aucunement tourner leur vue vers nous ; et ils allèrent heurter violemment la terre avec leur barque. Et incontinent le seigneur Donnacona et ses gens prirent la barque et les trois hommes, lesquels s'étaient laissés choir au fond de celle-ci comme des gens morts, et portèrent le tout ensemble dans le bois, qui était distant des navires d'un jet de pierre ; et il ne resta pas une seule personne devant nos navires, et tous se retirèrent dans ledit bois. Et tandis qu'ils étaient retirés dans le bois, ils commencèrent une prédication et un prêche, que nous entendions de nos navires, qui dura environ une demi-heure. Après quoi, Taignoagny et dom Agaya sortirent du bois, marchant vers nous, les mains jointes et le chapeau sous le coude, en grand ravissement. Et Taignoagny commença à dire et proférer, par trois fois : « Jésus, Jésus, Jésus », levant les yeux vers le ciel. Puis dom Agaya commença à dire : « Jésus », « Maria », « Jacques Cartier », regardant vers le ciel comme l'autre. Et le capitaine, voyant leurs

---

104. S'il voulait qu'une chaloupe fût envoyée à terre pour lui permettre de venir à bord du navire. (BIGGAR, *op. cit.*, p. 137, note 95.)

mines et leurs cérémonies, commença à leur demander ce qu'il y avait, et qu'était-ce qui était survenu de nouveau. Lesquels répondirent qu'il y avait de piteuses nouvelles, en disant qu'il n'y avait rien de bon. Et le capitaine leur demanda derechef ce que c'était. Et ils lui répondirent que leur dieu, nommé Cudouagny, avait parlé à Hochelaga, et que les trois hommes ci-devant étaient envoyés par lui pour leur annoncer les nouvelles, et qu'il y aurait tant de glaces et de neiges qu'ils mourraient tous. A ces mots nous nous prîmes tous à rire, et leur dire que leur dieu Cudouagny n'était qu'un sot et qu'il ne savait pas ce qu'il disait, et qu'ils le disent à ses messagers ; et que Jésus les garderait bien du froid, s'ils voulaient croire en lui. Alors Taignoagny et son compagnon demandèrent au capitaine s'il avait parlé avec Jésus et il leur répondit que ses prêtres lui avaient parlé et qu'il ferait beau temps. De quoi ils remercièrent fort et s'en retournèrent dans le bois dire les nouvelles aux autres, lesquels sortirent dudit bois, tout aussitôt, feignant d'être joyeux des paroles ainsi dites par le capitaine. Et pour montrer qu'ils en étaient joyeux, dès qu'ils furent devant les navires ils commencèrent d'une commune voix à faire trois cris et hurlements, ce qui est leur signe de joie, et se mirent à danser et chanter, comme ils avaient coutume. Mais avec détermination Taignoagny et dom Agaya dirent au capitaine que le seigneur Donnacona ne voulait point qu'aucun d'eux allât à Hochelaga avec lui s'il ne donnait un otage qui demeurât à terre avec ledit Donnacona. A quoi le capitaine leur répondit que, s'ils n'étaient pas décidés à y aller de bon cœur, qu'ils demeurassent, et qu'ils ne l'empêcheraient pas de s'efforcer d'y aller.

Comment le capitaine et tous les gentilshommes, avec cinquante mariniers, partirent de la province de Canada avec le galion et les deux barques, pour aller à Hochelaga ; et de ce qui fut vu entre les deux sur ledit fleuve

Le lendemain, dix-neuvième jour dudit mois de septembre, comme il est dit, nous appareillâmes et fîmes voile avec le galion et les deux barques pour aller voir avec la marée en amont du fleuve [105], où nous trouvâmes à voir, des deux côtés de celui-ci, les plus belles et meilleures terres qu'il soit possible de voir, aussi unies que l'eau, pleines des beaux arbres du monde, et tant de vignes, chargées de raisins, le long du fleuve, qu'il semble qu'elles y aient été plantées de main d'homme plutôt qu'autrement ; mais parce qu'elles ne sont ni cultivées ni taillées, les raisins ne sont ni aussi doux ni aussi gros que les nôtres. Pareillement nous trouvâmes grand nombre de maisons [106] sur la rive du fleuve, lesquelles sont habitées de gens qui font grande pêche de tous bons poissons, selon les saisons. Ces gens venaient à nos navires avec autant d'amour et de familiarité que si nous eussions été du pays, nous apportant force poisson, et de ce qu'ils avaient, pour avoir de nos marchandises,

105. Cf. GANONG, *op. cit.*, 1934, p. 219 : « Dans son exploration du fleuve depuis Québec, Cartier est visiblement sur un terrain neuf ; ni son langage ni ses actes ne permettent de penser qu'il possédait des renseignements autres que ceux fournis par ses deux Indiens. Il ne faut pas s'étonner, cependant, si la plupart des noms de lieux donnés par lui ou inscrits d'après les Indiens ont survécu, car son itinéraire, révélant une région virtuellement exploitable et attrayante, fut suivi par d'autres voyageurs et sa nomenclature se transmit verbalement jusqu'à ce qu'elle fût fixée par l'usage des trafiquants et des colons. »

106. Ces maisons n'étaient que des cabanes de branches d'arbres et d'écorce de bouleau.

tendant les mains au ciel, et faisant plusieurs cérémonies et signes de joie. Et ayant mouillé à environ
vingt-cinq lieues du Canada, en un lieu nommé Achelacy [107], qui est un détroit dudit fleuve, fort rapide et
dangereux, tant à cause des pierres que d'autres
choses, là vinrent plusieurs barques à notre bord ; et
entre autres, y vint un grand seigneur du pays, lequel
fit un grand sermon en s'approchant et arrivant à bord,
montrant par signes évidents, avec les mains et autres
cérémonies, que ledit fleuve était, un peu plus en
amont, fort dangereux, nous avertissant d'y prendre
garde [108]. Et ce seigneur présenta en don deux de ses
enfants au capitaine, lequel prit une fille âgée d'environ
huit à neuf ans, et refusa un petit garçon de deux ou
trois ans, parce qu'il était trop petit. Le capitaine fêta
ledit seigneur et sa bande avec ce qu'il put, et lui
donna quelque petit présent dont le seigneur remercia
le capitaine ; puis ils s'en allèrent à terre. Et depuis,
ce seigneur et sa femme sont venus voir leur fille
jusqu'au Canada, et apporter un petit présent au capitaine.

Depuis ledit dix-neuvième jour jusqu'au vingt-huitième jour dudit mois, nous avons remonté ledit fleuve,
sans perdre une heure ni un jour. Durant ce temps,
nous avons vu et trouvé d'aussi beaux pays, et terres

---

107. Portneuf. « En face, au sud, la pointe du Platon
s'avance hardiment dans le fleuve et force celui-ci à un dé-
tour prononcé qui forme une baie au fond de laquelle est
situé Portneuf. » Voir *Sur les routes de Québec*, 1929, p. 167.
« Ce qu'on appelle aujourd'hui S. Croix s'appelait Achelay,
détroit de la rivière fort courant & dangereux. » Voir CHAM-
PLAIN, *Œuvres*, III, p. 161. Il ne faut pas confondre cette
rivière avec celle que Cartier nomma Sainte-Croix et qui
porte maintenant le nom de Saint-Charles. Ce village s'appelait aussi Hagouchonda et Hochelay.
108. Les rapides de Richelieu.

aussi unies que l'on saurait désirer, pleines, comme il est dit, des beaux arbres du monde, savoir : chênes, ormes, noyers, pins, cèdres, sapins, frênes, bouleaux, saules, osier et force vignes, ce qui est le meilleur, lesquelles avaient si grande abondance de raisins que les compagnons en venaient tout chargés à bord. Il y a également force grues, cygnes, outardes, oies, canards, alouettes, faisans, perdrix, merles, mauvis, tourds, chardonnerets, serins, linottes, rossignols, passereaux et autres oiseaux, comme en France et en grande abondance.

Ledit vingt-huitième jour de septembre, nous arrivâmes à un grand lac et plan dudit fleuve, large d'environ cinq ou six lieues, et long de douze [109] ; et nous naviguâmes ce jour-là en amont dudit lac, sans trouver dans tout celui-ci plus de deux brasses de fond, uniformément, sans que le fond ne s'élève ni ne s'abaisse. Et en arrivant à l'un des bouts du lac, il ne nous apparaissait aucun passage ni sortie, aussi nous semblait-il être tout clos, sans aucune rivière : et nous ne trouvâmes audit bout qu'une brasse et demie ; il nous fallut donc mouiller et jeter l'ancre, et aller chercher un passage avec nos barques. Et nous trouvâmes qu'il y a quatre ou cinq rivières, sortant toutes du fleuve

---

109. Le lac Saint-Pierre, de 30 kilomètres de longueur sur 12,9 km de largeur. Quoique Cartier ne semble pas lui avoir donné un nom, il figure sous le nom de lac d'Angoulême sur les cartes de Vallard, Mercator, Hakluyt et Le Vasseur et sur le planisphère de Desceliers. Voir aussi THEVET, *Cosmographie universelle*, II, fol. 1011^v : « La rivière de Hochelaga [...] vous fait un lac [...] ce lac porte le nom d'Angoulême [...] en l'honneur d'un des feux enfans de France, fils du grand Roy Françoys, Duc d'icelle ville. » Champlain atteignit le lac le jour de la Saint-Pierre, 29 juin 1603, d'où le nom moderne. Voir LESCARBOT, *Histoire de la Nouvelle France*, publiée par Grant, II, p. 113. (BIGGAR, *op. cit.*, p. 145, note 15.)

dans ce lac, et venant d'Hochelaga ; mais, dans celles-ci qui sortent ainsi, il y a des barres et des traverses, faites par le cours de l'eau, où il n'y avait à ce moment-là qu'une brasse de profondeur. Et lesdites barres passées, il y a quatre ou cinq brasses, à cette époque de plus basses eaux de l'année, ainsi que nous le vîmes par les flots desdites eaux qui montent de plus de deux brasses de haut.

Toutes ces rivières encerclent et entourent cinq ou six belles îles [110], qui forment le bout de ce lac et puis se rassemblent, environ quinze lieues en amont, toutes en une [111]. Ce jour-là nous allâmes à l'une d'elles, où nous trouvâmes cinq hommes qui prenaient des bêtes sauvages, lesquels vinrent aussi familièrement à nos barques que s'ils nous avaient vus toute leur vie, sans avoir peur ni crainte. Et quand nos barques furent arrivées à terre, l'un de ces hommes prit le capitaine entre ses bras, et le porta à terre aussi légèrement qu'il eût fait d'un enfant de six ans, tant cet homme était fort et grand. Nous leur trouvâmes une grande quantité de rats sauvages [112], qui vont dans l'eau et sont gros comme des lapins, et bons à merveille à manger, desquels ils firent présent au capitaine, qui leur donna des couteaux et de la verroterie pour récompense. Nous leur demandâmes par signes si c'était le chemin de Hochelaga ; et ils nous montrèrent que oui, et qu'il y avait encore trois journées pour y aller.

---

110. « Les îles Raisin, Monk, Boat, Stone, Grace, Bear et Eagle à la tête du lac Saint-Pierre. Les mappemondes Harléienne et Desceliers les indiquent sous le nom d'îles d'Angoulesme. » (BIGGAR, *op. cit.*, p. 146, note 18.)

111. Au-delà de Sorel, le Saint-Laurent redevient un seul cours d'eau.

112. Rats musqués.

*Comment le capitaine fit préparer les barques pour
aller à Hochelaga et laisser le galion, pour la difficulté
du passage ; et comment nous arrivâmes audit Hochelaga, et l'accueil que le peuple fit à notre arrivée*

Le lendemain [113] notre capitaine, voyant qu'il n'était
pas possible, pour l'heure, de faire passer le galion,
fit avitailler et réparer les barques, et y mettre des
victuailles pour le plus de temps possible et autant
que lesdites barques en purent accueillir. Et il partit
avec celles-ci, accompagné d'une partie des gentilshommes, savoir : de Claude de Pontbriand, échanson
de monseigneur le Dauphin, Charles de la Pommeraye,
Jean Gouyon, Jean Poullet et vingt-huit mariniers, y
compris Macé Jalobert et Guillaume le Breton, ayant
la charge, sous ledit Cartier, des deux autres navires,
pour aller en amont dudit fleuve, au plus loin qu'il
nous [114] serait possible. Et nous naviguâmes avec un
temps à notre gré jusqu'au deuxième jour d'octobre,
où nous arrivâmes à Hochelaga [115], qui est distant
d'environ quarante-cinq lieues de là où était demeuré
le galion. Pendant ce temps et chemin faisant, nous
trouvâmes plusieurs gens du pays, qui nous apportaient du poisson et autres victuailles, dansant et montrant grande joie de notre venue. Et pour les attirer
et en faire nos amis, le capitaine leur donnait pour
récompense des couteaux, des chapelets et autres
menus objets, de quoi ils se contentaient fort. Et quand
nous arrivâmes audit Hochelaga, se rendirent au-
devant de nous plus de mille personnes, tant hommes

---

113. Mercredi 29 septembre.
114. « Jehan Poulet semble être l'auteur de ces relations. »
(Biggar, *op. cit.,* p. 149 et 93.)
115. Ce village se trouvait sur l'île de Montréal. La ville
de ce nom se trouve à soixante-treize kilomètres du lac Saint-
Pierre.

que femmes et enfants, qui nous firent aussi bon accueil que jamais père fit à son enfant, montrant une joie extrême ; les hommes dansaient en une bande, les femmes de leur côté et les enfants d'un autre. Et après cela, ils nous apportèrent force poisson, et de leur pain, fait de gros mil [116], lequel ils jetaient dans nos barques, de sorte qu'il semblait qu'il tombait d'en l'air [117]. Ce que voyant, le capitaine descendit à terre, accompagné de plusieurs de ses gens ; et aussitôt qu'il fut descendu ils se rassemblèrent tous autour de lui et tous les autres, en faisant une fête incroyable. Et les femmes apportaient leurs enfants dans leurs bras pour les faire toucher par le capitaine et les autres qui étaient en sa compagnie, en faisant une fête qui dura plus d'une demi-heure. Et le capitaine voyant leur largesse et leur bon vouloir, fit asseoir et ranger toutes les femmes, et leur donna à certaines des médailles d'étain, et à d'autres de menus objets, et des couteaux à une partie des hommes. Puis il se retira à bord des barques pour souper et passer la nuit ; durant laquelle ce peuple demeura sur le bord du fleuve, aussi près que possible des barques, faisant toute la nuit plusieurs feux et danses, en disant à tous moments *aguyase* [118], qui est leur mot de salut et de joie.

---

116. Le maïs.

117. L'un des traits les plus séduisants du caractère indien est son esprit d'hospitalité qui s'exerce non seulement à l'égard des siens, mais aussi bien envers n'importe quel voyageur ou étranger. Voir L. H. MORGAN, *The League of the Iroquois,* New York, 1904, p. 138. (BIGGAR, *op. cit.,* p. 151, note 34.)

118. « Ce mot est traduit par *mon ami* dans le vocabulaire qui accompagne cette relation, mais il semble plutôt que ce soit *agayesse* signifiant *pour rire* qui figure dans la liste de Van Curler. Voir *Report of the American Historical Association for 1895,* Washington, 1896, p. 100. » (BIGGAR, *op. cit.,* p. 151, note 35.)

Comment le capitaine et les gentilshommes, avec vingt-cinq mariniers, bien armés et en bon ordre, allèrent à la ville d'Hochelaga ; et de la situation dudit lieu

Le lendemain [119], au plus matin, le capitaine s'accoutra [120] et fit mettre ses gens en ordre, pour aller voir la ville et la demeure dudit peuple, et une montagne, qui est contre ladite ville, où allèrent avec le capitaine les gentilshommes et vingt mariniers, et laissèrent le reste pour la garde des barques ; et il prit trois hommes de ladite ville d'Hochelaga pour les mener et conduire audit lieu. Et en chemin nous trouvâmes le chemin aussi bien battu qu'il soit possible de voir, et la plus belle terre, et la meilleure qu'on saurait voir, toute pleine de chênes, aussi beaux qu'il y en a en forêts de France, sous lesquels toute la terre était couverte de glands [121]. Et ayant marché environ une lieue et demie, nous trouvâmes sur le chemin l'un des principaux seigneurs de la ville d'Hochelaga, avec plusieurs personnes, lequel nous fit signe qu'il fallait se reposer audit lieu, près d'un feu qu'ils avaient fait sur le chemin ; ce que nous fîmes. Et alors ledit seigneur commença à faire un sermon et un prêche, ce qui, comme il est dit ci-dessus, est leur coutume pour faire joie et connaissance, ce seigneur honorant ainsi le capitaine et sa compagnie. Lequel capitaine lui donna une couple de haches et une couple de couteaux, avec une croix marquée d'un crucifix qu'il lui fit baiser et lui pendit au cou ; de quoi il rendit grâces

---

119. Dimanche 3 octobre.
120. C'est-à-dire mit son costume d'apparat.
121. « On a trouvé dans un endroit une grande quantité de glands carbonisés qui devaient servir de nourriture en temps de disette. » Cf. W. DAWSON, « Additional Notes on aboriginal Antiquities found at Montreal », in *The Canadian Naturalist and Geologist*, vol. VI, Montréal, 1861, p. 373. (BIGGAR, p. 152, note 39.)

au capitaine. Ceci fait, nous marchâmes plus avant, et à environ une demi-lieue de là, nous commençâmes à trouver les terres labourées et belles, grandes campagnes, pleines de blé de leur terre [122], qui est comme le mil du Brésil, aussi gros, ou plus, que des pois, dont ils vivent, comme nous faisons du froment. Et au milieu de ces campagnes est située et assise ladite

---

122. L. H. MORGAN, *op. cit.*, p. 306, en parlant des Iroquois, dit que les champs de culture s'étendaient autour des villages sur plusieurs hectares. Ils appartenaient aux familles et ils étaient séparés les uns des autres par des bandes de terre non cultivées. (BIGGAR, *op. cit.*, p. 153.) Cf. LAVERDIÈRE, in CHAMPLAIN, *Œuvres*, III, p. 243 : « Les sauvages qui avaient cultivé ces terres étaient évidemment ceux que Cartier avait trouvés en 1535, dans sa visite à Hochelaga et au Mont-Royal. [...] Or, selon toutes les apparences, les habitants d'Hochelaga étaient les mêmes que ceux auxquels plus tard on a donné le nom d'Iroquois. D'abord ils étaient sédentaires, ce qui était propre à la grande famille huronne-iroquoise ; leurs villages, leurs cabanes avaient absolument la disposition et la forme qu'ont toujours eu les villages et les cabanes des Hurons et des Iroquois ; tous les mots qui ont été conservés de leur langue par les relations de Cartier se retrouvent encore dans la langue iroquoise ; enfin les traditions qu'ont pu recueillir les missionnaires et les premiers voyageurs attestent que les environs de Montréal et même de Québec étaient le pays des Iroquois. » Cf. également *Histoire de la colonisation française en Canada*, I, p. 524, note XVIII : « Nicolas Perrot, chargé, comme on sait, de négociations importantes auprès des diverses nations dont il possédait les langues, & qui s'était instruit avec soin de leurs usages & de leurs traditions, rapporte que les Iroquois avaient habité ces contrées. Le pays des Iroquois, dit-il, était autrefois le Montréal et les Trois-Rivières : ils avaient pour voisins les Algonquins, qui demeuraient le long de la rivière des Outaouais. » (Mémoire de Nicolas PERROT, *Mœurs, coutumes et religions des sauvages*, éd. du P. Tailhan, p. 9.) Dans le même sens, l'*Histoire de la colonisation française*, I, p. 30 : « La langue huronne se divisait en autant de dialectes particuliers qu'il y avait de nations, ainsi les cinq nations que nous appelons iroquoises formaient autant de dialectes différents de cette langue. Et on ne peut douter que les sauvages des bords du fleuve Saint-Laurent, que visita Jacques Cartier, ne parlassent quelque dialecte de la langue des Hurons. »

ville d'Hochelaga [123], tout près d'une montagne qui est, tout autour, labourée et fort fertile, de sur laquelle on voit fort loin. Nous nommâmes cette montagne le *mont Royal* [124]. Ladite ville est toute ronde, et clôturée de bois, sur trois rangs, à la façon d'une pyramide, en croix par le haut, la rangée du milieu étant perpendiculaire ; puis bordée de bois couchés en long, bien joint et cousu à leur manière ; et sur une hauteur d'environ deux lances [125]. Et il n'y a dans cette ville qu'une porte d'entrée, qui ferme à barres, sur laquelle, et en plusieurs endroits de ladite clôture, il y a des sortes de galeries, et des échelles pour y monter, lesquelles sont garnies de rochers et de cailloux, pour la garde et la défense de celle-ci. Il y a dans cette ville environ cinquante maisons, longues d'environ cinquante pas ou plus, chacune, et larges de douze ou quinze pas, toutes faites de bois, couvertes et garnies de grandes écorces et pelures dudit

---

123. Cf. LAVERDIÈRE, in CHAMPLAIN, *Œuvres,* V, p. 14 : « De là [de la rivière Saint-Charles], ledit Cartier alla à Mont ledit fleuve quelque soixante lieues, jusques à un lieu qui s'appelait de son temps Ochelaga et qui maintenant s'appelle Grand Sault sainct Louis, lesquels lieux estoient habités de Sauvages, qui étans sédentaires cultivoient les terres. »

Cf. aussi GANONG, *op. cit.,* p. 223 (1934) : « La question du site de Hochelaga a été tranchée par les recherches archéologiques de Grant, Dawson et autres. Il était à l'est de la montagne, en partie sur le terrain de l'Université Mc Gill et en plus grande partie au sud-est. »

124. « Ce nom, qui subsiste encore aujourd'hui, figure sur la carte de Le Vasseur (HARRISSE, *op. cit.,* p. 194). BELLEFOREST (*op. cit.,* II, col. 2191), par une coïncidence bizarre, donne par transposition le nom à la ville : « laquelle ville les Chrestiens appelèrent Montréal » (BIGGAR, *op. cit.,* p. 155, note 47). Est-ce bien une coïncidence ? La ville ne prit-elle pas plutôt le nom de la seigneurie du père de Claude de Pontbriand ? Cartier le dit bien « fils du seigneur de *Montréal* » et il nomme la colline *mont Royal.*

125. Ces palissades avaient trente-cinq pieds de haut, écrit CHAMPLAIN, *Œuvres,* IV, p. 73.

bois, aussi larges que des tables et bien cousues avec art, selon leur usage. Et dans celles-ci il y a plusieurs âtres et chambres ; et au milieu de ces maisons il y a une grande salle à ras de terre, où ils font leur feu, et vivent en communauté ; puis ils se retirent en leurs chambres, les hommes avec leurs femmes et enfants. Et pareillement ils ont des greniers en haut de leurs maisons, où ils mettent leur blé, duquel ils font leur pain, qu'ils appellent *carraconny* ; et ils le font de la manière suivante. Ils ont des pilons de bois, comme pour piler le chanvre ; et ils battent, avec ces pilons de bois, le blé en poudre ; puis ils en font de la pâte et en font des tourteaux, qu'ils mettent sur une pierre large, qui est chaude ; puis ils les couvrent de cailloux chauds, et ainsi cuisent leur pain, en guise de four. Ils font pareillement force potages dudit blé, et de fèves et pois, desquels ils ont assez, et aussi de gros concombres et autres fruits. Ils ont aussi de grands vases, comme des tonneaux, dans leurs maisons, où ils mettent leur poisson, savoir anguilles et autres, qu'ils sèchent à la fumée durant l'été, et ils en vivent l'hiver ; ils en font un grand amas, comme nous avons vu par expérience. Tous leurs vivres sont sans aucun goût de sel. Et ils couchent sur des écorces de bois étendues sur la terre, avec de méchantes couvertures de peaux de bêtes sauvages, de quoi ils font leurs vêtements et couvertures, savoir : de loirs, castors, martres, renards, chats sauvages, daims, cerfs, et autres sauvagines ; mais la plus grande partie d'eux sont quasi tout nus. La plus précieuse chose qu'ils aient en ce monde est l'*esnoguy,* lequel est blanc comme neige, et qu'ils prennent dans le fleuve en corbinotz [126], de la manière qui suit. Quand un homme a mérité la mort,

---

126. Cornets de mer.

ou qu'ils ont pris des ennemis à la guerre, ils le tuent, puis l'incisent dans les fesses et les cuisses, et dans les jambes, les bras et les épaules à grandes entailles. Puis, au lieu où est ledit esnoguy, ils coulent le corps au fond de l'eau, et le laissent dix ou douze heures ; puis ils le retirent et trouvent dans lesdites entailles et incisions les cornibotz, desquels ils font des sortes de chapelets ; et de cela ils usent comme nous faisons de l'or et de l'argent ; et ils le tiennent pour la plus précieuse chose du monde. Il a la vertu d'étancher le sang des narines ; car nous l'avons expérimenté. Tout ce peuple ne s'adonne qu'au labourage et à la pêche pour vivre ; car des biens de ce monde ils ne tiennent pas compte, parce qu'ils n'en ont pas connaissance, et aussi parce qu'ils ne bougent pas de leur pays et ne se déplacent pas comme ceux du Canada et du Saguenay ; bien que lesdits Canadiens soient leurs sujets, avec huit ou neuf autres peuples qui sont sur ledit fleuve.

Comment nous arrivâmes à ladite ville, et de la réception qui nous y fut faite ; et comment le capitaine leur fit des présents, et autres choses que ledit capitaine leur fit, comme sera vu en ce chapitre

Ainsi quand nous fûmes arrivés auprès de cette ville, grand nombre de ses habitants se rendirent au-devant de nous, lesquels, à leur façon de faire, nous firent bon accueil. Et nous fûmes menés par nos guides et conducteurs au milieu de cette ville, où il y a une place entre les maisons, large d'un jet de pierre, en carré ou à peu près, et ils nous firent signe de nous arrêter audit lieu, ce que nous fîmes. Et tout soudain s'assemblèrent toutes les femmes et les filles de la ville, dont une partie étaient chargées d'enfants dans leurs bras, qui vinrent nous frotter le visage, les bras et autres endroits sur le corps où elles pouvaient toucher, pleurant de joie de nous voir, nous faisant le meilleur. accueil qu'il leur était possible, en nous faisant signe qu'il nous plût de toucher leurs enfants. Après ces choses faites, les hommes firent retirer les femmes, et s'assirent par terre, autour de nous, comme si nous eussions voulu jouer un mystère [127]. Et aussitôt revinrent plusieurs femmes, qui apportèrent chacune une natte carrée, en façon de tapisserie [128], et les étendirent sur la terre, au milieu de ladite place, et nous firent mettre sur celles-ci. Ces choses ainsi faites, fut amené par neuf ou dix hommes le roi et seigneur du pays qu'ils appellent en leur langue *agouhanna,* lequel était assis sur une grande peau de cerf ; et ils vinrent le déposer sur la place, sur les nattes, auprès du capitaine, en nous faisant signe que c'était leur roi et seigneur. Cet *agouhanna* était âgé d'environ cinquante ans, et n'était point mieux habillé que les autres, sauf qu'il avait, autour de la tête, une sorte de lisière rouge, en guise de couronne, faite de poil de hérisson ; et ce seigneur était tout perclus et malade de ses membres. Après qu'il eut fait son signe de salut au capitaine et à ses gens, en leur faisant des signes évidents

---

127. Cf. *Histoire de la colonisation française,* I, p. 21. « C'est-à-dire comme s'ils eussent voulu leur donner quelque représentation historique, ainsi qu'on jouait alors en France dans les circonstances extraordinaires, par exemple lorsque les rois ou les princes faisaient leur entrée dans quelque grande ville : c'était ce que l'on appelait jouer un mystère. »

128. Cf. Frère G. SAGARD, *Histoire du Canada,* 1636 (réimpression Tross, 1865), p. 260. « A la fin de l'Automne, elles [les sauvagesses] font des nattes de joncs et de feuilles de maïz, dont elles garnissent les portes de leurs cabanes pour se garantir du froid et d'autres pour s'asseoir dessus, le tout fort proprement. Les femmes des Cheveux relevéz y apportent encore autre chose de plus gentil, car elles baillent des couleurs aux joncs, si vives et font des compartimens d'ouvrages avec telle mesure, qu'il n'y a que redire et de quoy admirer, mesme entre nous. »

qu'ils fussent les très bienvenus, il montra ses bras et ses jambes au capitaine, lui faisant signe qu'il lui plût de les toucher, comme s'il lui eût demandé guérison et santé. Alors le capitaine commença à lui frotter les bras et les jambes, avec les mains. Et alors ledit *agouhanna* prit la lisière et couronne qu'il avait sur la tête, et la donna au capitaine. Et tout incontinent, furent amenés au capitaine plusieurs malades comme aveugles, borgnes, boiteux, impotents, et gens si vieux que les paupières des yeux leur pendaient jusque sur les joues, les asseyant et couchant près dudit capitaine pour qu'il les touche, tellement qu'il semblait que Dieu fût descendu là pour les guérir.

Le capitaine, voyant la piété et la foi de ce peuple, dit l'Evangile selon saint Jean, savoir l'*In principio,* faisant le signe de la croix sur les pauvres malades, priant Dieu qu'il leur donnât connaissance de notre sainte foi, et de la passion de Notre Sauveur, et la grâce de trouver chrétienté et baptême. Puis le capitaine prit une paire d'heures, et lut tout haut, mot à mot, la passion de Notre Seigneur, de sorte que tous les assistants la purent ouïr ; tout ce pauvre peuple fit un grand silence, et ils furent admirablement attentifs, regardant le ciel et faisant les mêmes cérémonies qu'ils nous voyaient faire. Après quoi, le capitaine fit ranger tous les hommes d'un côté, les femmes d'un autre, et les enfants d'un autre, et donna aux plus importants des hachettes, aux autres des couteaux, et aux femmes des chapelets et autres menues choses ; puis il jeta au milieu de la place, parmi les petits enfants, des petites bagues et des *Agnus Dei* d'étain [129], de quoi

_____

129. Cf. *Histoire de la colonisation française,* I, p. 502 : « A l'occasion de ces présents, nous regrettons que le P. de Charlevoix ait contribué, contre son intention, à discréditer

ils montrèrent une joie extrême. Ceci fait, le capitaine ordonna de sonner les trompettes et autres instruments de musique, de quoi ledit peuple fut fort réjoui. Après lesquelles choses nous prîmes congé d'eux et nous retirâmes. Voyant cela, les femmes se mirent devant nous pour nous arrêter, et nous apportèrent de leurs vivres, lesquels ils nous avaient préparés, savoir : poisson, potages, fèves, pain et autres choses, voulant nous restaurer et faire dîner dans ce lieu. Et comme les vivres n'étaient pas à notre goût et qu'ils n'avaient aucune saveur de sel, nous les remerciâmes, leur faisant signe que nous n'avions pas besoin de nous restaurer.

Après que nous fûmes sortis de ladite ville, nous fûmes conduits par plusieurs hommes et femmes de celle-ci sur la montagne ci-devant dite, qui est nommée par nous *mont Royal,* distante d'un quart de lieue. Et étant sur ladite montagne, nous eûmes vue et connaissance sur plus de trente lieues autour de celle-ci ; il y a, vers le nord, une rangée de mon-

---

Jacques Cartier dans l'estime de ceux qui ne l'ont connu que par ce qu'il en rapporte : & qu'il ait autorisé les hérétiques à invectiver contre ce navigateur catholique, comme ils l'ont fait dans leurs écrits. Voici comment il s'exprime, en commentant avec trop de liberté le texte de la relation : " *Un jour Cartier fut surpris de voir venir à lui le chef de la bourgade,* qui, lui montrant ses jambes & ses bras, lui fit entendre qu'il souffrait quelque incommodité, & qu'il ferait plaisir de le guérir. *L'action de cet homme fut aussitôt imitée de tous ceux qui étaient présents,* & peu de temps après d'un plus grand nombre encore, *qui accoururent de toutes parts,* & parmi lesquels il y en avait qui paraissaient en effet fort malades. Cartier fit le signe de la croix sur eux, *leur distribua des chapelets & des Agnus Dei, & leur fit entendre que ces choses avaient une grande vertu pour guérir toute sorte d'infirmités.* " On est surpris des altérations qui se sont glissées dans ce récit. »

tagnes [130] qui s'étendent d'est en ouest, et autant
vers le sud [131]. Entre ces montagnes est la terre labourable la plus belle qu'il soit possible de voir, unie et
plate [132]. Et au milieu desdites terres, nous voyions le
fleuve au-delà du lieu où étaient demeurées nos barques [133], où il y a un saut d'eau [134], le plus impétueux
qu'il soit possible de voir ; lequel il ne nous fut pas
possible de passer, et nous voyions ce fleuve aussi loin
que l'on pouvait regarder, grand, large et spacieux,
qui allait au sud-ouest et passait auprès de trois belles

---

130. Les Laurentides. (BIGGAR, *op. cit.*, p. 168, note 80.)
131. Le versant nord des Adirondacks et des Green Moun-
tains, dans l'Etat de Vermont (Etats-Unis). [BIGGAR, *op. cit.*,
p. 168, note 81.]
132. Cf. *Sur les routes de Québec*, p. 533. « Dans l'ouest
de l'île de Montréal, la culture maraîchère se fait sur une
assez grande échelle [...] La plupart des municipalités situées
sur le parcours de la route Montréal-Ottawa sont des endroits
de villégiature très estimés [...] par la beauté et le pittoresque
des paysages qui les entourent », et p. 445 : « De Montréal
à la frontière des Etats-Unis : la variété des sites et la diversité
des panoramas que l'on admire le long de cette route en font
une des artères les plus recherchées des amateurs de belle
nature. »
133. Le courant Sainte-Marie. Dans la partie basse de la
ville de Montréal, l'île Ronde et l'île Sainte-Hélène, avec leurs
bas-fonds, s'étendent vers l'est, chassent les eaux du fleuve
Saint-Laurent contre la rive ouest où elles traversent un chenal
à une vitesse de 7 nœuds. Cartier, qui ne réussit pas à le
franchir au cours de son troisième voyage, l'appelle le *premier
Sault*. Juste au pied de celui-ci, ainsi qu'on le voit sur d'anciennes cartes, il y avait avant la construction de la *Yard*
d'Hochelaga (propriété du chemin de fer C. P. R.) une anse
dans laquelle aboutissait un cours d'eau. On peut donc supposer
qu'il y avait là un terrain d'atterrissage relié par un sentier
battu à Hochelaga qui en était distant de deux lieues. Cartier,
guidé par les nombreux Indiens qui l'accompagnaient, a dû
laisser là ses chaloupes. Voir GANONG, *op. cit.*, 1934, p. 223,
et J. B. FERLAND, *Cours d'histoire du Canada,* Québec, 1861,
p. 129 : « ayant laissé ses barques au pied du courant Sainte-
Marie ».
134. Les rapides de Lachine.

montagnes rondes [135], que nous voyions, et nous estimions qu'elles étaient à environ quinze lieues de nous. Et il nous fut dit et montré par signes, par les trois hommes du pays qui nous avaient conduits, qu'il y avait trois autres sauts d'eau [136] sur ledit fleuve, comme celui où étaient nos barques ; mais nous ne pûmes comprendre quelle distance il y avait entre l'un et l'autre, par faute de langue. Puis ils nous montraient par signes que, passé lesdits sauts, l'on pouvait naviguer plus de trois lunes sur le fleuve [137]. Et ils nous montraient en outre que le long des montagnes [138] qui sont vers le nord, il y a une grande rivière [139] qui descend de l'occident comme ledit fleuve. Nous estimions que c'est la rivière qui passe par le royaume et province du Saguenay [140] ; et sans que nous leur fissions aucune demande ni signe, ils prirent la chaîne

---

135. Cf. V. Forbin, *170 kilomètres de film*, p. 151 : « Les vieux volcans de Rougemont, de Saint-Hilaire et de Saint-Bruno, contemporains du mont Royal dont les sentiers sont bordés de roches basaltiques. »

136. Les cascades (y compris le rapide des Cèdres et celui du Coteau), le Long-Sault, et les rapides des Galops (Biggar, *op. cit.*, p. 169, note 87). Cf. *infra*, Troisième *Voyage*, note 36.

137. La distance de Montréal au lac Supérieur est de 1 550 milles, 2 495 kilomètres environ. Cf. Biggar, *op. cit.*, p. 170.

138. Les Laurentides.

139. L'Ottawa.

140. « Quel était ce mystérieux royaume du Saguenay avec son abondance d'or et de diamants ? il est difficile de le dire, à moins qu'il y ait confusion entre le cuivre et l'or et que la région fût celle des mines de cuivre du lac Supérieur. Cf. *Trans. of the Roy. Soc. of Canada*, 2e sér., V, II, p. 201 : « Des haches ont été trouvées dans les ruines de Hochelaga [...] lesquelles provenaient du lac Supérieur » ; Champlain, *Œuvres*, IV, p. 21 : « Icelle rivière qui vient du Nort [c.-à-d. l'Ottawa] est celle par laquelle les Sauvages vont au Saguenay pour traicter des Pelleteries » ; et l'inscription au-dessus d'Ottawa sur la carte de Mercator de 1569 : « Hoc fluvio est navigatio in Saguenai », citée par Kohl, *op. cit.*, p. 384, n° XXII. » (Biggar, *op. cit.*, p. 170, note 92.)

du sifflet du capitaine, qui est d'argent, et un manche de poignard, qui était de laiton jaune comme de l'or, lequel pendait au côté de l'un de nos compagnons mariniers, et montrèrent que cela venait de l'amont dudit fleuve, et qu'il y avait des *agojuda* [141], c'est-à-dire de mauvaises gens, qui étaient armés jusque sur les doigts, nous montrant la façon de leurs armures, qui sont de cordes et de bois, lacés et tissés ensemble ; nous donnant à entendre que lesdits *agojuda* menaient la guerre continuelle, les uns aux autres ; mais, faute de langue, nous ne pûmes savoir combien il y avait jusqu'audit pays. Le capitaine leur montra du cuivre rouge, qu'ils appellent *caignetdazé,* indiquant vers ledit lieu et demandant par signes s'il venait de là. Et ils commencèrent à secouer la tête, disant que non, en montrant qu'il venait du Saguenay, qui est à l'opposé du précédent. Après avoir vu et entendu ces choses, nous nous retirâmes vers nos barques, non sans être conduits par un grand nombre dudit peuple, dont une partie d'entre eux, quand ils voyaient nos gens las, les chargeaient sur eux, comme sur des chevaux, et les portaient. Et arrivés à nos barques, nous fîmes voile pour retourner à notre galion, par crainte de quelques encombres. Lequel départ ne fut pas sans grand regret dudit peuple ; car, tant qu'ils nous purent suivre en aval du fleuve, ils nous suivirent. Et nous fîmes tant que nous arrivâmes à notre galion le lundi, quatrième jour d'octobre.

Le mardi, cinquième jour dudit mois, nous fîmes voile et appareillâmes avec notre galion et nos bar-

---

141. « Quoique le terme fleuve employé dans ce texte désigne le Saint-Laurent, il est évident qu'il s'agit ici de l'Ottawa et que les Agojudas étaient peut-être les Algonquins. » Voir FAILLON, *op. cit.,* I, p. 525 et BIGGAR, *op. cit.,* p. 171, note 93. [Faillon, qui ne signait pas ses écrits, était l'auteur de l'*Histoire de la colonisation française en Canada.*]

ques, pour retourner à la province de Canada, au port de Sainte-Croix, où étaient demeurés nos navires. Et le septième jour nous vînmes mouiller devant une rivière [142], qui vient du nord, sortant dans ledit fleuve, à l'entrée de laquelle il y a quatre petites îles, et pleines d'arbres [143]. Nous nommâmes cette rivière la *rivière de Fouez* [144]. Et parce que l'une de ces îles s'avance dans le fleuve et qu'on la voit de loin, le capitaine fit planter une belle grande croix sur la pointe de celle-ci [145] ; et il commanda de préparer les barques pour aller, avec la marée, dans cette rivière, pour voir le fond et la nature de celle-ci, ce qui fut fait. Et ils remontèrent ce jour-là ladite rivière ; mais comme elle fut trouvée sans nulle découverte, ni profondeur, ils revinrent ; et nous appareillâmes pour aller en aval.

---

142. La rivière Saint-Maurice qui se jette dans le Saint-Laurent à Trois-Rivières, à 25 milles au-dessous du lac Saint-Pierre où les barques retrouvèrent l'Emerillon. (BIGGAR, *op. cit.,* p. 172, note 100.)

143. Il y en a, en réalité six ; cependant les îles Caron et Ogden sont très petites. Les autres se nomment Saint-Quentin, La Potherie, Saint-Christophe et Saint-Joseph. Elles s'appelaient autrefois l'île au Cochon, Bellerive, Saint-Christophe et La Croix. (BIGGAR, *op. cit.,* p. 173, note 1.)

144. Cf. GANONG, *op. cit.,* 1934, p. 225 : le mot *Fouez* (ou Fones) inscrit sur les premières cartes a été diversement interprété ; on a écrit Foi, Foix, Fouet, Faînes et Fouée (chasse aux oiseaux la nuit à la clarté du feu — par les Indiens, sans doute), et peut-être aussi Fonds pour les bas-fonds. Cf. aussi CHAMPLAIN, *Œuvres,* II, p. 30, note. « Le Saint-Maurice, auquel les auteurs ont le plus souvent donné le nom de Trois-Rivières, parce que les deux îles principales qui se trouvent à son embouchure le séparent en trois branches appelées les chenaux. » « Nous nommasmes icelle rivière, dit Cartier, rivière de Fouez », et LESCARBOT (*op. cit.,* 1609, p. 363) ajoute entre parenthèses : « Je croy qu'il veut dire Foix. » Voir aussi BIGGAR, *op. cit.,* p. 173.

145. L'île s'avançant dans le Saint-Laurent, et sur laquelle Cartier avait érigé une croix, a été repérée comme étant l'île Saint-Quentin, mais, d'après M. Georges Bellerive, c'était Bellerive ou Saint-Christophe (*Bulletin de la Société de géographie*

*Comment nous arrivâmes au havre de Sainte-Croix,
et l'état dans lequel nous trouvâmes nos navires ; et
comment le seigneur du pays vint voir le capitaine,
et comment ledit capitaine l'alla voir ; et partie de leur
coutume en particulier*

Le lundi, onzième jour d'octobre, nous arrivâmes au
havre de Sainte-Croix [146], où étaient nos navires ; et
nous trouvâmes que les maîtres et mariniers, qui étaient
demeurés, avaient fait un fort devant lesdits navires,
tout clos, avec de grosses pièces de bois, plantées debout, jointes les unes aux autres, et tout autour garni
d'artillerie, et bien en ordre pour se défendre contre
tout le pays [147]. Et aussitôt que le seigneur du pays

de *Québec*, 28, 1934, p. 48-49). La carte récente, très précise,
du Service topographique du Canada fait voir d'une façon
irréfutable qu'une seule île s'avance au-delà de l'embouchure
du Saint-Maurice, dans le Saint-Laurent, et est visible en
montant et en descendant le fleuve Saint-Laurent ; c'est l'île de
La Potherie. Voir GANONG, *op. cit.*, 1934, p. 225.

146. La rivière Saint-Charles.

147. « Ce fort semble avoir été à l'endroit où la rivière
Lairet se décharge dans la rivière Saint-Charles. Cf. CHAMPLAIN,
Œuvres, V, p. 14 : « Il [Cartier] fut contraint d'hyverner en
la rivière Sainte-Croix en un endroit où maintenant les Pères
Jésuites ont leur demeure, sur le bord d'une petite rivière qui
se descharge dans celle de Saincte Croix, appelée la rivière
Jacques Cartier », et *ibid.*, III, p. 156 : « Je tiens que dans
cette rivière [Saint-Charles...] ce fut le lieu où Jacques Quartier
yverna, d'autant qu'il y a encores à une lieue dans la rivière
des vestiges comme d'une cheminée dont on a trouvé le fondement, & apparence d'y avoir eu des fossez autour de leur
logement, qui était petit. Nous trouvasmes aussi de grandes
pièces de bois escarrées, vermoulues, & quelques 3 ou 4 balles
de canon. » Toute cette question a été soigneusement élucidée
par N. E. DIONNE dans *La « Petite Hermine » de Jacques
Cartier, passim*, Québec, 1913. Voir aussi SAGARD, *Histoire du
Canada*, Paris, 1636, p. 868 : « lesquelles ils [les Jésuites] ont
employées à leur bastiment commencé au-delà de la rivière
[Saint-Charles] sept ou huit cents pas de nous en un lieu que
l'on appelle communément le fort Jacques Cartier ». Voir aussi
FAILLON, *op. cit.*, I, note 1, p. 496-499 (BIGGAR, *op. cit.*, p. 174-
175, note 7) et FERLAND, *Cours d'histoire du Canada*, p. 26.

fut averti de notre venue, il vint le lendemain, douzième jour dudit mois, accompagné de Taignoagny, dom Agaya, et plusieurs autres, pour voir le capitaine ; et ils lui firent une merveilleuse fête, feignant d'avoir grande joie de sa venue. Lequel pareillement leur fit assez bon accueil, encore qu'ils ne l'avaient pas mérité. Le seigneur Donnacona pria le capitaine d'aller, le lendemain, le voir au Canada [148], ce que le capitaine lui promit. Et le lendemain, treizième jour dudit mois, le capitaine, accompagné des gentilshommes et de cinquante compagnons bien en ordre, allèrent voir ledit Donnacona et son peuple, qui est distant d'une demi-lieue de l'endroit où étaient nos navires ; et leur demeure se nomme Stadaconé. Quand nous fûmes arrivés dans ce lieu, les habitants vinrent au-devant de nous, à un jet de pierre de leurs maisons ou plus, et là ils se rangèrent et s'assirent à leur mode et façon de faire, les hommes d'une part et les femmes et les filles de l'autre, debout, chantant et dansant sans cesse. Et après qu'ils se furent entresalués et fêtés les uns les autres, le capitaine donna aux hommes des couteaux et autres choses de peu de valeur, et fit passer toutes les femmes et filles devant lui, et leur donna à chacune une bague d'étain ; de quoi ils remercièrent le capitaine, qui fut emmené par Donnacona et Taignoagny voir leurs maisons [149] ; lesquelles étaient bien

148. D'après BIGGAR (*op. cit.,* p. 9) et GANONG (*op. cit.,* 1934, p. 226), le mot Canada employé ici indiquerait clairement qu'il s'agit d'une ville, mais il pourrait aussi bien se rapporter à la région gouvernée par Donnacona qui avait sa « demourance » à Stadaconé, en Canada. Voir CHAMPLAIN, *Œuvres,* III, p. 160, note de LAVERDIÈRE.

149. Cf. SAGARD, *op. cit.,* p. 235 : « Leurs cabanes, qu'ils appellent Ganonchia, sont faites comme j'ay dit, en façon de tonnelles ou berceaux de jardins, couvertes d'escorces d'arbres, longues de vingt-cinq à trente toizes plus ou moins, selon qu'il eschet (car elles ne sont pas toutes d'une égale longueur) et

remplies de vivres, selon leurs espèces, pour passer l'hiver. Et ledit Donnacona montra au capitaine les peaux de cinq têtes d'hommes, étendues sur du bois, comme des peaux de parchemin ; et Donnacona nous dit que c'étaient des Toudamans [150], de vers le sud, qui leur menaient continuellement la guerre. Il nous fut dit en outre qu'il y avait deux ans passés que lesdits Toudamans étaient venus les assaillir jusque sur ledit fleuve, sur une île [151] qui est au milieu du Saguenay, où ils étaient à passer la nuit, cherchant à aller à Honguedo [152], leur mener la guerre, avec environ deux cents personnes, tant hommes que femmes et enfants ;

larges de six, laissant par le milieu une allée de dix à douze pieds de large, qui va d'un bout à l'autre de la cabane, aux deux costez de laquelle il y a une manière d'establie, qu'ils appellent *Endicha*, de même longueur et hauteur de quatre ou cinq pieds, où ils couchent en esté... et en hyver au bas sur les nattes. » Voir aussi THEVET, *Singularités*, réimpression, 1878, p. 407-408. CHAMPLAIN, *Œuvres*, II, p. 10, et LESCARBOT, *op. cit.*, 1609, p. 787. (BIGGAR, *Voyages*, p. 176, note 11.)

150. M. W. D. Lighthall serait d'avis que ces Toudamans étaient des Etchemins. Cf. *Trans. of the Roy. Soc.*, 2ᵉ sér., V (BIGGAR, *op. cit.*, p. 177, note 15), mais FERLAND (*op. cit.*, I, p. 35) écrit : « C'étaient des Toudamans, qui, plus tard, furent connus sous le nom d'Iroquois. »

151. Peut-être l'île au Basque qu'Alfonse (p. 293) a appelée isle de la Guerre. Cf. cependant FERLAND, *op. cit.*, I, p. 35 : « Une tradition, conservée parmi les familles sauvages de Gaspé et de Restigouche, porte qu'autrefois un grand nombre des leurs fut mis à mort par les bandes iroquoises, dans une caverne peu éloignée du Bic ; et cette tradition est confirmée par la découverte d'une masse d'ossements humains trouvés, il y a plusieurs années, dans une grotte sur des îles du Bic. » (BIGGAR, *op. cit.*, p. 177, note 17.) Voir aussi GANONG, *op. cit.*, 1934, p. 226 : « Ce passage pourrait expliquer l'origine du nom donné à l'*île du Massacre* au Bic ; il prouverait que les Toudamans étaient des Micmacs et confirmerait que les Mohawks, terreurs du pays, suivant les contes et la tradition micmacs, étaient des Indiens de Stadacona. »

152. Nous voyons par là que les expéditions de Québec à Gaspé étaient fréquentes et que celle au cours de laquelle Cartier enleva Taignoagny et Dom Agaya n'était pas une exception. (BIGGAR, *op. cit.*, p. 178, note 18.)

lesquels furent surpris en dormant dans un fort, qu'ils avaient fait, où lesdits Toudamans mirent le feu, tout autour, et comme ils sortaient, les tuèrent tous, sauf cinq qui échappèrent. De laquelle destruction ils se plaignaient encore fort, nous montrant qu'ils en auraient vengeance. Après avoir vu ces choses, nous nous retirâmes sur nos navires.

De la façon de vivre du peuple de ladite terre ;
et de certaines conditions, croyances
et façons de faire qu'ils ont

Ce peuple n'a aucune croyance en Dieu qui vaille ; car ils croient en un dieu qu'ils appellent *Cudouagny* ; et ils disent qu'il leur parle souvent, et leur dit le temps qu'il doit faire. Ils disent aussi que quand il se courrouce contre eux il leur jette de la terre aux yeux. Ils croient aussi que, quand ils trépassent, ils vont aux étoiles, puis descendent sur l'horizon, comme lesdites étoiles ; puis s'en vont dans de beaux champs verts, pleins de beaux arbres, fleurs et fruits somptueux [153]. Après qu'ils nous eurent donné ces choses à entendre, nous leur avons montré leur erreur, et dit que leur Cudouagny est un mauvais esprit, qui les abuse, et

---

153. Cf. Sagard, *op. cit.,* p. 451. « La croyance en général de nos Hurons (bien que très mal entendue par eux mesmes et en parlent fort diversement) est que le Créateur qui a fait ce monde, s'appelle, Youskeka, & en canadien Atahocan ou Attouacan, lequel a encore sa mère grand, nommée Eataent-sic... », p. 452 : « D'autres disent que cette Eataentsic est tombée du Ciel, où il y a des habitants comme icy, & que quand elle tomba elle était enceinte. Qu'elle a faict la terre et les hommes et qu'avec son petit fils Youskeka, elle gouverne le monde... » ; p. 455 : « Ils ont bien quelque respect particulier à ces demons ou esprits qu'ils appellent Oki, mais c'est en la manière que nous avons le nom d'Ange, distinguant le bon du mauvais... » ; p. 457 : « Ils croyent à l'immortalité de l'âme... »

dit qu'il n'est qu'un Dieu, qui est au ciel, lequel nous donne toutes choses nécessaires, et est créateur de toutes choses, et que nous devons croire seulement en lui ; et qu'il faut être baptisé ou aller en enfer. Et il leur fut montré plusieurs autres choses de notre foi ; ce qu'ils ont cru facilement, et ils ont appelé leur Cudouagny *agojuda*, tellement que plusieurs fois ils ont prié le capitaine de les faire baptiser. Et ledit seigneur, Taignoagny, dom Agaya sont venus avec tout le peuple de leur ville pour demander à l'être ; mais parce que nous ne savions pas leur intention ni leur disposition et qu'il n'y avait personne pour leur expliquer la foi à ce moment-là, nous nous excusâmes envers eux et dîmes à Taignoagny et dom Agaya de leur faire comprendre que nous reviendrions à un autre voyage et apporterions des prêtres [154] et du saint-chrême, leur donnant à entendre, pour excuse, que l'on ne peut baptiser sans ledit chrême. Ce qu'ils croient, parce qu'ils ont vu baptiser plusieurs enfants en Bretagne ; et de la promesse que leur fit le capitaine de revenir, ils furent fort joyeux et le remercièrent.

Cedit peuple vit quasi en communauté de biens, un peu comme les Brésiliens ; et ils sont tous vêtus de peaux de bêtes sauvages, et assez pauvrement. L'hiver, ils sont chaussés de chausses et de souliers qu'ils font de peaux [155], et l'été ils vont déchaussés. Ils gardent l'ordre du mariage, sauf que les hommes prennent deux ou trois femmes. Et après que leur mari est mort, jamais les femmes ne se remarient ; ainsi font-elles le deuil de cette mort toute leur vie, et se teignent

---

154. Cela semble indiquer qu'il n'y avait pas de prêtres parmi les compagnons de Cartier.

155. Cette chaussure, appelée *mocassin*, a été adoptée par les colons et continue à être portée l'hiver par les paysans, principalement par les bûcherons.

le visage de charbon noir pilé et de graisse, épais comme l'épaisseur du dos d'un couteau, et à cela on reconnaît qu'elles sont veuves. Ils ont une autre coutume, fort mauvaise, pour leurs filles ; car, dès qu'elles sont en âge d'aller à l'homme, elles sont toutes mises dans un bordel, abandonnées à tout le monde qui en veut, jusqu'à ce qu'elles aient trouvé leur parti. Et tout cela nous l'avons vu par expérience ; car nous avons vu les maisons aussi pleines de filles qu'une école est pleine de garçons en France [156]. Et en outre le hasard, selon leur mode, se tient dans ces maisons, où ils jouent tout ce qu'ils ont, jusqu'à la couverture de leur nature [157]. Ils ne sont point de grand travail, et labourent leur terre avec de petits morceaux de bois, environ de la grandeur d'une demi-épée [158], où ils cultivent leur blé, qu'ils appellent

---

156. « Suivant le Père Lafitau (*Mœurs des sauvages amériquains,* I, p. 173-174, Paris, 1724, in-4°), c'étaient des vierges. » (Biggar, p. 182, note 26.)

157. Cf. *Relations des Jésuites,* Québec, 1858, vol. I, année 1636, p. 113 : « De trois sortes de jeux qui sont particulièrement en usage parmy ces Peuples, scavoir de crosse, de plat, et de paille, les deux premiers sont tout à fait, disent-ils, souverains pour la santé [...] Le jeu de plat [...] est purement de hazard : ils vous ont six noyaux de prunes, blancs d'un costé et noirs de l'autre, dedans un plat qu'ils heurtent assez rudement contre la terre, en sorte que les noyaux sautent et se tournent tantost d'un costé, tantost de l'autre. La partie consiste à amener tous blancs ou tous noirs ; ils jouent d'ordinaire village contre village [...] Vous en eussiez veu cet hyver une bonne troupe s'en retourner d'icy à leurs villages, ayans perdu leurs chausses, en une saison où il y avait près de trois pieds de neige, aussi gaillards néantmoins, en apparence, que s'ils eussent gagné. »

158. Cf. Lescarbot, *op. cit.,* 1609, p. 843-844. « Tous ces peuples cultivent la terre avec un croc de bois, nettoient les mauvaises herbes & les brulent, engraissent leurs champs de coquillages, de poissons, puis assemblent leur terre en petites mottes éloignées l'une de l'autre de deux piez », et Sagard, *op. cit.,* p. 266 : « Le bled étant ainsi semé, à la façon que nous faisons les febves, d'un grain sort seulement un tuyau ou

ozisy ; lequel est gros comme des pois ; et ce même blé croît aussi au Brésil. Pareillement ils ont beaucoup de gros melons et concombres, courges, pois et fèves de toutes couleurs, non de la sorte des nôtres. Ils ont aussi une herbe [159], de laquelle ils font grand amas durant l'été pour l'hiver, et qu'ils estiment fort, et en usent seulement les hommes, de la façon qui suit. Ils la font sécher au soleil, et la portent à leur cou, dans une petite peau de bête, en guise de sac, avec un cornet de pierre ou de bois. Puis, à toute heure, ils font une poudre de ladite herbe, et la mettent dans l'un des bouts dudit cornet ; puis ils mettent un charbon de feu dessus, et sucent par l'autre bout, tant qu'ils s'emplissent le corps de fumée, tellement qu'elle leur sort par la bouche et par les narines, comme par un tuyau de cheminée. Et ils disent que cela les tient sains et chaudement ; et ils ne vont jamais sans avoir lesdites choses. Nous avons expérimenté ladite fumée. Après avoir mis celle-ci dans notre bouche, il semble y avoir mis de la poudre de poivre, tant elle est chaude. Les femmes du pays travaillent sans comparaison plus que les hommes, tant à la pêche, de quoi ils font grand usage, qu'au labour et autres choses [160]. Et ils sont, tant hommes que femmes et

canne, & la canne rapporte deux ou trois espics, & chaque espic rend cent, deux cens, quelquefois 400 grains et y en a tel qui en rend plus [...] Le grain meurit en quatre mois, & en de certains lieux en trois. »

159. Le tabac. Cf. SAGARD, *op. cit.*, p. 182 : « Petunans [fumant] assez souvent durant le jour, cela les consolait, les fortifiait & leur amortissait aucunement la faim. »

160. Cf. SAGARD, *op. cit.*, p. 257 : « Elles travaillent ordinairement plus que les hommes, encores qu'elles n'y soient point forcées ny contraintes. Elles ont le soin de la cuisine & du mesnage, de semer & cultiver les bleds, faire la farine, accommoder le chanvre et les escorces & faire la provision de bois nécessaire. Et pour ce qu'il reste encor beaucoup de temps à perdre, elles l'employent à jouer, aller aux dances &

enfants, plus durs au froid que des bêtes ; car par la plus grande froidure que nous ayons vue, laquelle était extrême et âpre, ils venaient par-dessus les glaces et les neiges, tous les jours, à nos navires, la plupart d'eux quasi tout nus, ce qui est chose incroyable pour qui ne le voit. Ils prennent durant les glaces et neiges grande quantité de bêtes sauvages comme daims, cerfs, et ours, lièvres, martres, renards, loirs et autres, desquels ils nous apportaient, mais bien peu, car ils sont fort gourmands et avares de leurs vivres. Ils mangent leur chair toute crue, après l'avoir séchée à la fumée, et pareillement leur poisson. De ce que nous avons connu et pu comprendre de ce peuple, il me semble qu'il serait aisé à dompter, de la façon et manière que l'on voudrait. Dieu, dans sa sainte miséricorde, y veuille porter son regard. Amen.

Comment ledit peuple, jour après jour, nous apportait du poisson et de ce qu'il avait à nos navires ; et comment par l'avertissement de Taignoagny et dom Agaya, ledit peuple cessa de venir ; et comment il y eut quelque discorde entre nous et eux

Et depuis, jour après jour, ledit peuple venait à nos navires, et apportait force anguilles et autres poissons, pour avoir de nos marchandises ; de quoi leur étaient donnés couteaux, alènes, chapelets et autres menues choses, dont ils se contentaient fort. Mais nous nous aperçûmes que les deux méchants que nous avions amenés leur disaient et donnaient à entendre que ce que nous leur donnions ne valait

---

festins, à deviser & se recréer et faire tout ainsi comme il leur plaist du temps qu'elles ont de reste, qui n'est pas petit, puisque tout leur mesnage ne consiste qu'à mettre le pot au feu et à quelque petit fratras, n'étans obligées à tout ce qui est du travail extérieur, comme estoient jadis les femmes d'Egypte. »

rien, et qu'ils auraient aussi bien des hachettes et des couteaux pour ce qu'ils nous donnaient, bien que le capitaine leur eût fait beaucoup de présents, et qu'ils ne cessent, à toute heure, d'en demander au capitaine. Lequel fut averti par un seigneur de la ville de Hagouchonda [161], qui lui avait donné une petite fille en allant à Hochelaga, de prendre garde à Donnacona et aux deux méchants, Taignoagny et dom Agaya, et qu'ils étaient *agojuda*, c'est-à-dire traîtres et méchants ; et aussi il en fut averti par certains du Canada. Et aussi, nous nous aperçûmes de leur malice, parce qu'ils voulurent retirer les trois enfants que Donnacona avait donnés au capitaine, et de fait, ils firent fuir la plus grande des filles du navire. Après que celle-ci se fut ainsi enfuie, le capitaine fit garder les autres. Et par l'avertissement de Taignoagny et dom Agaya, lesdits Canadiens s'abstinrent et se dissuadèrent de venir à nous pendant quatre ou cinq jours, sauf quelques-uns, qui venaient en grande peur et crainte.

Comment le capitaine, craignant qu'ils n'imaginent quelque trahison, fit renforcer le fort ; et comment ils vinrent parlementer avec lui, et la remise de la fille qui s'était enfuie

Voyant leur malice, et craignant qu'ils n'imaginent quelque trahison et viennent, avec un amas de gens, nous courir sus, le capitaine fit renforcer le fort, tout autour, de gros fossés larges et profonds, avec une porte à pont-levis, et renforts de pans de bois, en travers des premiers. Et il fut ordonné pour le guet de la nuit, pour le temps à venir, cinquante hommes de quatre quarts, et sonnerie de trompettes à chaque

---

161. Ce lieu s'appelait aussi Achelay. Voir *supra*, note 107.

changement de quart ; ce qui fut fait selon ladite ordonnance. Et Donnacona, Taignoagny et dom Agaya étant avertis dudit renfort, et de la bonne garde et guet que l'on faisait, furent courroucés d'être dans la mauvaise grâce du capitaine ; et ils envoyèrent, à plusieurs reprises, de leurs gens, feignant qu'ils fussent d'ailleurs, pour voir si on leur faisait déplaisir. Desquels on ne tint aucun compte, et on ne laissa rien paraître [162]. Et lesdits Donnacona, Taignoagny, dom Agaya et autres vinrent plusieurs fois parler au capitaine, une rivière entre eux, demandant audit capitaine s'il était marri, et pourquoi il n'allait pas au Canada les voir. Et le capitaine leur répondit qu'ils n'étaient que traîtres et méchants, ainsi qu'on lui avait rapporté ; et aussi qu'il l'avait remarqué en plusieurs occasions, comme de n'avoir pas tenu promesse d'aller à Hochelaga, et d'avoir retiré la fille qu'on lui avait donnée, et autres mauvais tours, qu'il leur nomma ; mais que malgré tout cela, s'ils voulaient être gens de bien et oublier leur mauvaise volonté, qu'il leur

---

162. « Thevet donne de ces faits, une version différente : " Ainsi se voulurent-ils [les Canadiens] défendre contre les premiers, qui allèrent découvrir leur païs, faisans effort avec, quelques gresses et huiles, de mettre le feu la nuict es navires des autres abordées au rivage de la mer. Dont les nostres, informés de ceste entreprise, y donnèrent tel ordre, qu'ils ne furent aucunement incommodéz. Toutefois j'ay entendu que ces pauvres Sauvages n'avoient machiné ceste entreprise, que justement à bonne raison, considéré le tort qu'ils avoient receu des autres. C'est qu'estans les nostres descenduz en terre, aucuns jeunes folastres par passetemps, vicieux toutefois et irraisonnables, comme par une manière de tyrannie couppoient bras et jambes à quelques uns de ces pauvres gens, seulement disoient-ils pour essayer si leurs espées trenchoient bien, nonobstant que ces pauvres Barbares les eussent receu humainement, avecques toute douceur et amytié ", etc. » (*Singularitéz,* p. 422-423. Cf. également sa *Cosmographie universelle,* II, fol. 1012ᵛ.) (Biggar, *op. cit.,* p. 190, note 45.)

pardonnait, et qu'ils viennent sans crainte à bord faire bonne chère, comme auparavant. Desquelles paroles ils remercièrent le capitaine, et lui promirent qu'ils lui rendraient la fille qui s'était enfuie, dans les trois jours. Et le quatrième jour de novembre, dom Agaya, accompagnée de six autres hommes, vint à nos navires pour dire au capitaine que le seigneur Donnacona était allé par le pays, chercher ladite fille qui s'en était allée, et que le lendemain elle lui serait amenée par lui. Et il dit en outre que Taignoagny était fort malade, et qu'il priait le capitaine de lui envoyer un peu de sel et de pain. Ce que fit le capitaine, lequel lui fit dire que c'était Jésus qui était marri contre lui, pour les mauvais tours qu'il avait voulu jouer.

Et le lendemain [163], Donnacona, Taignoagny, dom Agaya et plusieurs autres vinrent, et amenèrent ladite fille, la représentèrent au capitaine, lequel n'en tint aucun compte et dit qu'il n'en voulait point, et qu'ils la remmenassent. A quoi ils répondirent, faisant leur excuse, qu'ils ne lui avaient pas conseillé de s'en aller ainsi, qu'elle s'en était allée parce que les pages l'avaient battue, ainsi qu'elle leur avait dit ; et ils prièrent derechef le capitaine de la reprendre ; et ils la menèrent eux-mêmes jusqu'au navire. Après lesquelles choses, le capitaine commanda d'apporter du pain et du vin, et il les fêta. Puis ils prirent congé les uns des autres. Et depuis ils sont allés et venus à nos navires, et nous à leur demeure, en aussi grand amour qu'auparavant.

---

163. Vendredi 5 novembre.

De la grandeur et profondeur dudit fleuve en général ; et des bêtes, oiseaux, poissons, arbres et autres choses que nous y avons vues ; et de la situation des lieux

Ledit fleuve [164] commence passée l'île de l'Assomption [165], devant les hautes montagnes de Honguedo [166] et des Sept-Iles, et il y a jusque-là environ trente-cinq ou quarante lieues [167] ; et il y a au milieu plus de deux cents brasses de profondeur. Le plus profond, et le plus sûr à naviguer, est du côté du sud. Et vers le nord, savoir auxdites Sept-Iles, il y a d'un côté et de l'autre, à environ sept lieues desdites îles, deux grosses rivières [168], qui descendent des monts du Saguenay [169], lesquelles font plusieurs bancs dans la mer [170], fort dangereux. A l'entrée desdites rivières, nous avons vu grand nombre de baleines et de chevaux de mer [171]. Devant lesdites Sept-Iles il y a une petite rivière [172], qui va trois ou quatre lieues dans la terre par-dessus des marais, en laquelle il y a un nombre extraordinaire de tous oiseaux de rivière. Depuis le commencement du fleuve jusqu'à Hochelaga, il y a trois cents lieues et plus. Et le commence-

---

164. Le Saint-Laurent.

165. L'île d'Anticosti.

166. Les monts Notre-Dame dans la péninsule de Gaspé. (BIGGAR, *op. cit.*, p. 193, note 52.)

167. Les Sept-Iles, qui sont à 90 kilomètres du cap Marsouin en Gaspésie. (BIGGAR, *op. cit.*, p. 193, note 53.)

168. Cf. LEWIS, *op. cit.*, p. 142 : « Baxter a probablement raison en identifiant celles-ci avec les deux grandes rivières Moisie et Sainte-Marguerite. (*A Memoir of Jacques Cartier*, New York, 1906, p. 138). » D'après Biggar, ce serait les rivières Pentecôte et Moisie. (BIGGAR, *op. cit.*, p. 193, note 54.)

169. Les Laurentides.

170. Les rochers et le banc de sable de la baie et de la rivière Moisie. (BIGGAR, *op. cit.*, p. 193, note 56.)

171. Morses.

172. Rivière du Poste que les habitants de la région appellent rivière du Vieux-Château. Voir LEWIS, *op. cit.*, p. 143. BIGGAR (*op. cit.*, p. 194, note 38) indique ici la rivière Sainte-Marguerite.

ment de celui-ci est à la rivière [173] qui vient du Saguenay, laquelle sort d'entre de hautes montagnes, et entre dans ledit fleuve, avant d'arriver dans la province de Canada, de la côte nord ; et cette rivière est fort profonde, étroite, et fort dangereuse à naviguer [174].

Après ladite rivière [175], est la province de Canada, où il y a plusieurs peuples, dans les villages non clos. Il y a aussi, aux environs dudit Canada, dans le fleuve, plusieurs îles, tant grandes que petites ; et entre autres il y en a une qui mesure plus de dix lieues de long, laquelle est pleine de beaux et grands arbres ; et dans celle-ci il y a aussi force vignes [176]. Il y a un passage des deux côtés de celle-ci ; le meilleur et le plus sûr est du côté du sud [177]. Et au bout de cette île, vers l'ouest, il y a une fourche d'eaux [178], laquelle est fort belle et agréable pour mettre les navires, où il y a un détroit dudit fleuve, fort rapide et profond ; mais il n'a qu'environ un tiers de lieue de large. En face duquel il y a une terre double [179], de bonne hauteur,

---

173. La rivière Saguenay.
174. Cf. E. ROBERT, *Voyages au Canada français et aux provinces maritimes,* Genève et Paris, 1919, p. 76 : « Le Saguenay, qui est navigable jusqu'à Chicoutimi, soit à une distance d'environ 70 milles, ressemble plutôt à un fjord qu'à un fleuve. Partout des falaises escarpées, des berges presque perpendiculaires, d'épaisses broussailles. »
175. La rivière Saguenay.
176. L'île d'Orléans.
177. C'est le chenal par où passent les transatlantiques.
178. Du terme maritime *affourcher,* jeter deux ancres à une certaine distance l'une de l'autre de façon que les câbles en se raidissant forment une fourche. Cf. CHAMPLAIN, *Œuvres,* III, p. 159-160 : « & n'y a audit affour, comme l'appelle Quartier, aucune rivière que celle qu'il nomma saincte Croix. »
179. Le Saint-Laurent n'a que 3 230 pieds (995 mètres) de large devant Québec (BIGGAR, p. 195). Cf. *Sur les routes de Québec,* p. 147-148 : « Québec, capitale de la province [...]

220

toute labourée, aussi bonne terre qu'il soit possible de voir ; et là [180] est la ville et la demeure du seigneur Donnacona, et de nos deux hommes que nous avions pris au premier voyage, laquelle demeure se nomme Stadaconé. Et avant d'arriver audit lieu, il y a quatre peuples et demeures, savoir : Ajouaste, Starnatam, Tailla, qui est sur une montagne, et Sitadin [181]. Puis, ledit lieu de Stadaconé, sous laquelle haute terre, vers le nord, se trouve la rivière et havre de Sainte-Croix [182], auquel lieu nous sommes restés depuis le quinzième jour de septembre jusqu'au sixième jour de mai, 1536, auquel lieu les navires demeurent à sec, comme il est dit ci-devant. Passé ledit lieu, est la demeure du peuple de Tequenonday et de Hochelay [183], lequel Tequenonday est sur une montagne, et l'autre en pays plat.

Divisée en deux parties bien distinctes, dont l'une, la Haute-Ville, est construite entièrement sur la falaise et l'autre, la Basse-Ville, s'étend autour du cap Diamant. »

180. « Evidemment sur le cap Diamant même, quoique l'emplacement exact ne soit pas donné. M. FARIBAULT (éd. de Québec, p. 54, note) a indiqué le faubourg Saint-Jean actuel, tandis que l'abbé FERLAND (*Cours d'histoire du Canada*, I, p. 27, note) écrit : " Entre la rue de la Fabrique et le coteau Sainte-Geneviève, près de la côte d'Abraham. " Parkman l'a placée sur le terrain occupé par les banlieues de Saint-Roque et de Saint-Jean (*Pioneers*, etc., p. 207, note 1). Cf. aussi DIONNE, *Jacques Cartier*, p. 247, note 1. » (BIGGAR, *op. cit.*, p. 196, note 70.)

181. Voir, à propos de ces noms, GANONG, *op. cit.*, 1934, p. 228.

182. La rivière Saint-Charles.

183. « Peut-être Achelacy dont il a déjà été question. En fait, la mappemonde Harléienne, les cartes Mercator, Hakluyt et Le Vasseur portent toutes Hochelay. Ferland (*op. cit.*, I, p. 28) considère lui aussi les deux noms comme désignant le même lieu. » (BIGGAR, *op. cit.*, p. 197, note 75.) « Il y a une relation évidente entre Achelacy qui désigne les rapides et Hochelay qui désigne le village voisin. La différence essentielle n'étant que l'addition d'une syllabe au premier. » (GANONG, *op. cit.*, p. 220.)

Toute la terre des deux côtés dudit fleuve jusqu'à Hochelaga et plus loin est aussi belle terre et unie que jamais homme regarda. Il y a quelques montagnes [184], assez loin dudit fleuve, que l'on voit pardessus les terres, desquelles il descend plusieurs rivières, qui entrent dans ledit fleuve. Toute cette terre est couverte et pleine de bois de plusieurs sortes [185], et force vignes, excepté à l'entour des peuples, laquelle ils ont défrichée pour faire leur demeure et labour. Il y a grand nombre de grands cerfs, daims, ours et autres bêtes. Nous y avons vu les pas d'une bête qui n'a que deux pieds, laquelle nous avons suivie longuement sur le sable et la vase, laquelle a les pieds de cette façon, grands d'une paume et plus. Il y a force loirs, castors, lapins, écureuils, rats, lesquels sont d'une grosseur surprenante, et autres sauvagines. Ils se vêtent des peaux de ces bêtes, parce qu'ils n'ont nul autre vêtement. Il y a aussi grand nombre d'oiseaux, savoir : grues, outardes, cygnes, oies sauvages, blanches et grises, canes, canards, merles, mauvis, tourterelles, ramiers, chardonnerets, tarins, serins, linottes, rossignols, passereaux, et autres oiseaux comme en France. Aussi, comme il est fait ci-devant mention dans les chapitres précédents, cedit fleuve est le plus abondant de toutes sortes de poissons qu'on n'ait jamais vu de mémoire d'homme ni ouï dire ; car depuis le commencement jusqu'à la fin vous y trouverez, selon les saisons, la plupart des sortes et espèces de poissons

***

184. Les Laurentides au nord et les monts Notre-Dame, Sainte-Anne et Adirondack au sud (BIGGAR, p. 197, note 77).

185. « Cf. THEVET, *Cosmographie universelle*, II, f. 1014 : " Il y a force arbres & de diverses sortes, desquels nous n'avons aucune cognoissance pardeçà, & qui ont grande propriété & en fut apporté plusieurs plantes & arbrisseaux, que l'on voit encore aujourd'huy au jardin Royal de Fontainebleau. " » (BIGGAR, *op. cit.*, p. 197, note 78.)

de la mer et de l'eau douce. Vous trouverez jusqu'audit Canada force baleines, marsouins, chevaux de mer, *adhothuys*, qui est une sorte de poisson, que nous n'avions jamais vu ni ouï parler. Ils sont blancs comme neige, et grands comme des marsouins, et ont le corps et la tête comme des lévriers ; ils se tiennent entre la mer et l'eau douce, qui commence entre la rivière du Saguenay et le Canada [186].

Item, vous y trouverez en juin, juillet et août, force maquereaux, mulets, bars, sardres, grosses anguilles et autres poissons. Passée leur saison, vous y trouverez l'éperlan, aussi bon qu'en la rivière de Seine. Puis, au renouveau, il y a force lamproies et saumons. Passé ledit Canada, il y a force brochets, truites, carpes, brêmes, et autres poissons d'eau douce. Et de toutes ces sortes de poissons ledit peuple fait, de chacun selon sa saison, grosses pêches, pour leur subsistance et victuaille.

Chapitre de quelques enseignements que ceux du pays nous ont donnés, depuis notre retour d'Hochelaga

Depuis notre arrivée d'Hochelaga avec le galion et les barques, nous avons conversé et sommes allés et venus avec les peuples les plus proches de nos navires, avec douceur et amitié, sauf que, parfois, nous avons eu quelques différends avec certains mauvais garçons, dont les autres étaient fort marris et courroucés. Et nous avons entendu, par le seigneur Donnacona, Taignoagny, dom Agaya et autres, que la rivière ci-devant nommée la *rivière du Saguenay* va jusqu'audit Saguenay [187], qui est à plus d'une lune de chemin du

---

186. L'eau douce commence à Grosse-Ile. (BIGGAR, *op. cit.,* p. 199, note 85.)

187. Le royaume de Saguenay. Cf. *supra,* note 140.

commencement, vers l'ouest nord-ouest ; et que, passées huit ou neuf journées, elle n'est plus profonde pour des bateaux [188], mais que le droit et bon chemin dudit Saguenay, et le plus sûr, est par le fleuve, jusqu'au-dessus d'Hochelaga, à une rivière [189] qui descend du Saguenay et entre dans le fleuve, ce que nous avons vu, et que de là [190] il y a une lune pour y aller. Et ils nous ont fait comprendre que dans ledit lieu les gens sont vêtus et habillés de drap, comme nous, et qu'il y a force villes et peuples, et bonnes gens, et qu'ils ont grande quantité d'or et de cuivre rouge. Et ils nous ont dit que le tout de la terre, depuis la première rivière [191] jusqu'à Hochelaga et Saguenay, est une île, laquelle est encerclée et entourée de rivières et dudit fleuve [192] ; et que passé Saguenay [193] la rivière [194] entre dans deux ou trois grands lacs d'eau [195], fort larges ; puis, que l'on trouve une mer douce [196], de laquelle il n'est mention d'avoir vu le bout, ainsi qu'ils ont entendu dire par ceux du

---

188. La rivière Saguenay est navigable jusqu'à Chicoutimi. Cf. *supra,* note 174.

189. L'Ottawa.

190. Au confluent de l'Ottawa et du Saint-Laurent.

191. La rivière Saguenay.

192. La rivière Gatineau, affluent de l'Ottawa, prend sa source à une faible distance de la rivière Chamouchouan (ou Ashwapmuchuan) qui se jette dans le lac Saint-Jean où la rivière Saguenay prend sa source. La région entre l'Ottawa et la Saguenay se trouve donc pour ainsi dire encerclée par la Gatineau, l'Ottawa, le Saint-Laurent, la Saguenay et la Chamouchouan. (BIGGAR, *op. cit.,* p. 201, note 94.)

193. Le royaume de Saguenay.

194. L'Ottawa.

195. « Les lacs Nipissing, des Allumettes et autres qui se succèdent jusqu'à la baie Georgienne depuis l'Ottawa en passant par la Mattawa. Ce parcours constituait, jusqu'au milieu du XVIIe siècle, la seule route utilisée pour aller au lac Huron. Voir CHAMPLAIN, *op. cit.,* IV, p. 19 *sq.* et SAGARD, *op. cit.,* p. 60 *sq.* » (BIGGAR, *op. cit.,* p. 201, note 96.)

196. Le lac Huron.

Saguenay ; car ils nous ont dit n'y avoir pas été. En outre, ils nous ont donné à entendre qu'au lieu où nous avions laissé notre galion quand nous allâmes à Hochelaga [197] il y a une rivière [198], qui va vers le sud-ouest, sur laquelle pareillement il faut une lune pour aller avec leurs barques depuis Sainte-Croix [199] jusqu'à une terre où il n'y a jamais de glaces ni de neiges ; mais que dans cette terre il y a des guerres continuelles, les uns contre les autres, et qu'il y a des oranges, amandes, noix, prunes et autres sortes de fruits, et en grande abondance. Et ils nous ont dit que les hommes habitant cette terre sont vêtus de peaux, comme eux. Quand nous leur avons demandé s'il y avait de l'or et du cuivre, ils nous ont dit que non. J'estime, d'après leurs dires, que ledit lieu se trouve vers la Floride, d'après ce qu'ils montrent par leurs signes et marques.

D'une grosse maladie et mortalité qui est arrivée au peuple de Stadaconé, de laquelle, pour les avoir fréquentés, nous avons été touchés, tellement qu'il est mort de nos gens jusqu'au nombre de vingt-cinq

Au mois de décembre, nous fûmes avertis que la mortalité [200] s'était mise au peuple de Stadaconé, tellement que, de leur aveu même, il en était déjà mort plus de cinquante ; moyennant quoi nous leur fîmes défense de venir à notre fort ou autour de nous. Mais, bien que nous les eussions chassés, la maladie commença parmi nous, d'une étrange sorte, et la plus inconnue ; car les uns perdaient leurs forces et les

---

197. A la tête du lac Saint-Pierre.
198. La rivière Richelieu.
199. La rivière Saint-Charles.
200. Le scorbut.

jambes leur devenaient grosses et enflées, et les nerfs retirés et noircis comme du charbon, et certaines jambes étaient toutes parsemées de gouttes de sang comme de la pourpre ; puis ladite maladie montait aux hanches, cuisses, épaules, aux bras et au cou. Et à tous la bouche devenait si infecte et pourrie par les gencives que toute la chair en tombait, jusqu'à la racine des dents, lesquelles tombaient presques toutes. Et ladite maladie prit tellement sur nos trois navires qu'à la mi-février sur cent dix hommes que nous étions il n'y en avait pas dix sains, tellement que l'un ne pouvait secourir l'autre, ce qui était chose piteuse à voir, considéré le lieu où nous étions. Car les gens du pays venaient tous les jours devant notre fort, et voyaient peu de gens debout ; et déjà il y en avait huit de morts, et plus de cinquante en qui on espérait plus de vie.

Notre capitaine, voyant la pitié et la maladie ainsi en mouvement, fit mettre le monde en prières et oraisons, et fit porter une image et souvenir de la Vierge Marie contre un arbre, distant de notre fort d'un trait d'arc, à travers les neiges et les glaces ; et il ordonna que, le dimanche suivant, l'on dirait en ce lieu la messe ; et que tous ceux qui pourraient cheminer, tant sains que malades, iraient à la procession, en chantant les sept psaumes de David, avec la litanie, en priant la Vierge qu'il lui plût prier son cher enfant d'avoir pitié de nous. Et la messe dite et chantée devant l'image, le capitaine fit vœu de pèlerinage à Notre-Dame de Rocamadour [201], promettant d'y aller

---

201. Rocamadour dans le département du Lot, à 516 kilomètres de Paris. D'après la tradition Zachée, le publicain de l'évangile serait venu en Gaule avec sa femme Véronique et aurait fondé sous le nom d'Amator ou Amadour, un oratoire dans la falaise qui porte son nom.

si Dieu lui donnait la grâce de retourner en France. Ce jour-là trépassa Philippe Rougemont, natif d'Amboise, âgé d'environ vingt-deux ans.

Et parce que ladite maladie était inconnue, le capitaine fit ouvrir le corps, pour voir si nous aurions quelque connaissance de celle-ci, pour préserver, s'il était possible, ceux qui restaient. Et il fut trouvé qu'il avait le cœur tout blanc, et flétri, entouré de plus d'un pot d'eau, rousse comme datte ; le foie, beau ; mais il avait le poumon tout noirci et mortifié ; et tout son sang s'était retiré au-dessus de son cœur ; car, quand il fut ouvert, il sortit au-dessus du cœur une grande abondance de sang, noir et infect. Pareillement il avait la rate près de l'échine, un peu entamée, environ deux doigts, comme si elle eût été frottée sur une pierre rude. Après avoir vu cela, on lui ouvrit et incisa une cuisse, laquelle était fort noire par-dehors, mais par-dedans la chair fut trouvée assez belle. Cela fait, il fut inhumé du moins mal que l'on pût. Dieu, dans sa sainte grâce, pardonne à son âme, et à tous les trépassés. Amen.

Et depuis, jour après jour, s'est tellement continuée ladite maladie que le moment est arrivé où sur tous les trois navires il n'y avait pas trois hommes sains, de sorte que dans l'un des navires il n'y avait aucun homme qui eût pu descendre sous le tillac pour tirer à boire, tant pour lui que pour les autres. Et pour l'heure, il y en avait déjà plusieurs de morts, lesquels il nous fallut mettre, par faiblesse, sous les neiges ; car il ne nous était pas possible alors d'ouvrir la terre, qui était gelée, tant nous étions faibles et avions peu de puissance. Et nous étions dans une crainte extrême que les gens du pays ne s'aperçussent de notre pitié et faiblesse. Et pour couvrir ladite maladie, lorsqu'ils venaient près de notre fort, notre capitaine, que Dieu a toujours préservé debout, sortait au-devant d'eux, avec deux ou trois hommes, tant sains que malades, lesquels il faisait sortir après lui. Et lorsqu'il les voyait hors de l'enclos, il faisait semblant de vouloir les battre, en criant et leur jetant des bâtons, les envoyant à bord, montrant par signes aux sauvages qu'il faisait besogner tous ses gens dans les navires, les uns à calfater, les autres à faire du pain, et autres besognes ; et qu'il n'était pas bon qu'ils vinssent chômer dehors ; ce qu'ils croyaient. Et le capitaine faisait cogner et mener grand bruit aux malades dans les navires, avec bâtons et cailloux, feignant de calfater. Nous étions alors si pris de la maladie que nous avions quasi perdu l'espérance de jamais retourner en France, si Dieu, dans sa bonté infinie et sa miséricorde, ne nous eût pris en pitié, et donné connaissance d'un remède contre toutes maladies, le plus excellent qui fut jamais vu ni trouvé sur la terre, ainsi qu'il sera fait mention dans ce chapitre.

La durée de temps que nous avons passée au havre Sainte-Croix, englacés dans les glaces et les neiges ; et le nombre de gens décédés depuis le commencement de la maladie jusqu'à la mi-mars [202]

Depuis la mi-novembre jusqu'au quinzième jour d'avril, nous avons été continuellement enfermés dans les glaces, lesquelles avaient plus de deux brasses d'épaisseur, et sur la terre il y avait la hauteur de quatre pieds de neige et plus, tellement qu'elle était plus haute que les bords de nos navires ; lesquelles ont duré jusqu'au jour dit, de sorte que nos breuvages

---

202. Avril paraît plus vraisemblable. (Biggar, *op. cit.*, p. 210.)

étaient tous gelés dans les futailles. Et dans nos navires, tant en bas qu'en haut, la glace était contre les
bords à quatre doigts d'épaisseur. Et tout le fleuve
était gelé, autant qu'il contient de l'eau douce, jusqu'au-dessus d'Hochelaga. C'est alors qu'il décéda
jusqu'au nombre de vingt-cinq personnes des principaux et bons compagnons que nous avions, lesquels
mouraient de la maladie susdite. Et à ce moment-là
il y en avait plus de quarante en qui on n'espérait
plus de vie ; et les autres étaient tous malades, nul
n'en était exempté, exceptés trois ou quatre. Mais
Dieu, dans sa sainte grâce, nous prit en pitié, et nous
envoya la connaissance et le remède de notre guérison
et santé, de la sorte et manière qu'il sera dit dans ce
chapitre suivant.

*Comment, par la grâce de Dieu, nous eûmes connais-
sance d'une sorte d'arbre, par lequel nous avons été
guéris ; et tous les malades ont recouvré la santé après
en avoir usé ; et la façon d'en user*

Un jour notre capitaine, voyant la maladie si étendue et ses gens si fort atteints par elle, sortit du fort
et, se promenant sur la glace, vit venir une bande de
gens de Stadaconé, dans laquelle était dom Agaya,
lequel le capitaine avait vu dix ou douze jours auparavant fort malade, de la même maladie qu'avaient ses
gens ; car il avait l'une des jambes aussi grosse, au
genou, qu'un enfant de deux ans, et tous les nerfs
de celle-ci retirés, les dents perdues et gâtées et les
gencives pourries et infectes. Le capitaine, voyant dom
Agaya sain et alerte, fut joyeux, espérant savoir par
lui comment il s'était guéri, afin de donner aide et
secours à ses gens. Et lorsqu'ils furent arrivés près du
fort, le capitaine lui demanda comment il s'était guéri
de sa maladie. Dom Agaya répondit qu'il s'était guéri

avec le jus des feuilles d'un arbre et le marc, et que c'était le singulier remède pour la maladie. Le capitaine lui demanda alors s'il n'y en avait point là autour, et qu'il lui en montrât, pour guérir son serviteur, qui avait pris la maladie au Canada pendant qu'il demeurait dans la maison du seigneur Donnacona, ne voulant plus lui déclarer le nombre des compagnons qui étaient malades. Alors dom Agaya envoya deux femmes avec notre capitaine, pour en quérir, lesquels en apportèrent neuf ou dix rameaux ; et ils nous montrèrent qu'il fallait piler l'écorce et les feuilles dudit bois, et mettre le tout à bouillir dans l'eau ; puis boire de cette eau, un jour sur deux, et mettre le marc sur les jambes enflées et malades, et que de toutes maladie ledit arbre guérissait. Ils appellent cet arbre en leur langage *annedda* [203].

Peu après, le capitaine fit faire du breuvage pour faire boire aux malades, dont aucun ne voulait essayer celui-ci, sauf un ou deux qui se mirent en aventure de l'essayer. Tout aussitôt qu'ils en eurent bu, ils en eurent l'avantage, qui se trouva être un vrai et évident miracle ; car, de toutes maladies dont ils étaient entachés, ils recouvrèrent santé et guérison, après en

---

203. On n'a jamais su au juste quel était cet arbre. Hakluyt (*op. cit.*, III, p. 227) croit qu'il s'agit du Sassafras. Mais l'opinion généralement admise est que ce mot désigne le sapin du Canada, appelé aussi épinette blanche. Cf. L. H. Morgan, *The League of the Iroquois,* vol. I, p. 321 : « Un des breuvages favoris était fait avec les bourgeons de sapin bouilli dans l'eau, et était assaisonné de sucre d'érable », et app. 90 : « Ce thé de sapin est peut-être le breuvage que les Iroquois de Québec prescrivirent pour les scorbutiques de Cartier. Ils l'appelaient *Anneda*. Sapin, en mohawk, se dit O-no-da et, en Seneca, *O-neh-da.* » Biggar (*op. cit.*, p. 213) ajoute : « M. Waugh me dit que chez les Onondagas et les Cayugas le mot *unénda* désigne le sapin qu'ils considèrent comme un remède contre les furoncles et les maladies vénériennes. »

avoir bu deux ou trois fois ; tellement que tel parmi les compagnons qui avait la grosse vérole depuis cinq ou six ans avant la maladie a été par cette médecine guéri nettement. Après avoir vu et connu cela, il y a eu une telle presse qu'on voulait se tuer pour ladite médecine, à qui en aurait le premier ; de sorte qu'un arbre, aussi gros et aussi grand que je vis jamais arbre, a été employé en moins de huit jours, lequel a fait une telle opération que si tous les médecins de Louvain et de Montpellier y eussent été, avec toutes les drogues d'Alexandrie, ils n'en eussent pas tant fait en un an que cet arbre en a fait en huit jours ; car il nous a tellement profité, que tous ceux qui en ont voulu user ont recouvré santé et guérison, grâce à Dieu.

Comment le seigneur Donnacona, accompagné de Tai-gnoagny et de plusieurs autres, partit de Stadaconé, feignant d'aller à la chasse aux cerfs et aux daims ; lesquels furent deux mois sans revenir ; et à leur retour amenèrent grand nombre de gens que nous n'avions pas accoutumé de voir

Durant le temps que la maladie et mortalité régnaient dans nos navires, Donnacona, Taignoagny et plusieurs autres, feignant d'aller prendre des cerfs et autres bêtes, lesquels ils nomment en leur langage *ajounesta* et *asquenondo,* parce que les neiges étaient grandes, et que les glaces étaient déjà rompues dans le cours du fleuve, tellement qu'ils pouvaient naviguer sur celui-ci. Et il nous fut dit par dom Agaya et autres qu'ils ne seraient absents qu'environ quinze jours ; ce que nous crûmes ; mais ils furent deux mois sans revenir. C'est pourquoi nous eûmes suspicion qu'ils ne fussent allés amasser grand nombre de gens, pour nous faire déplai-sir, parce qu'ils nous voyaient si affaiblis ; bien que nous ayons mis bon ordre en notre état, que si toute la puissance de leur terre y eût été, ils n'eussent su faire autre chose que nous regarder. Et pendant le temps qu'ils étaient dehors, tous les jours, venaient force gens à nos navires, comme ils avaient coutume, nous apportant de la viande fraîche de cerfs et de daims, et du poisson frais, de toutes sortes, qu'ils nous vendaient assez cher, ou sinon ils aimaient mieux les remporter, parce qu'ils avaient pour lors nécessité de vivres, à cause de l'hiver, qui avait été long ; et qu'ils avaient mangé leurs vivres et réserves.

Comment Donnacona revint à Stadaconé, accompagné de grand nombre de gens ; et ledit Donnacona fit le malade, de peur de venir voir le capitaine, voulant que le capitaine allât le voir

Le vingt et unième jour du mois d'avril, dom Agaya vint à bord de nos navires, accompagné de plusieurs gens, lesquels étaient beaux et puissants, et n'avions pas accoutumé de voir, qui nous dirent que le seigneur Donnacona viendrait le lendemain, et qu'il apporterait force viande de cerfs et autre venaison. Et le lendemain, vingt-deuxième jour dudit mois, Donnacona arriva, lequel amena en sa compagnie grand nombre de gens à Stadaconé, et nous ne savions ni à quelle occasion ni pourquoi. Mais, comme dit un proverbe, *qui de tout se garde échappe à certains,* ce qui nous était une nécessité ; car nous étions si affaiblis, tant par la maladie que par le nombre de morts, qu'il nous a fallu laisser un de nos navires à Sainte-Croix [204]. Le capitaine étant averti de leur venue, et

_____

204. La mention faite de l'Emerillon dans la commission de Cartier du 17 octobre 1540 prouve que ce fut la *Petite Hermine* qui fut abandonnée (BIGGAR, *A Collection,* p. 129). « En l'année 1843, lorsque parut l'édition de Québec des *Voyages*

232

qu'ils avaient amené tant de peuple, et aussi que dom Agaya vint le dire au capitaine, sans vouloir passer la rivière [205] qui était entre nous et ledit Stadaconé, faisant difficulté de passer, ce qu'il n'avait pas accoutumé de faire, nous eûmes suspicion de trahison. Voyant cela, le capitaine envoya son serviteur, nommé Charles Guyot, accompagné de Jean Poulet, lesquels étaient plus que nuls autres aimés du peuple de tout le pays, pour voir ce qu'il y avait audit lieu et ce qu'ils faisaient, lesdits Poulet et serviteur feignant d'être allés voir le seigneur Donnacona, parce qu'ils avaient demeuré longtemps avec lui dans leur ville, et ils lui apportèrent un petit présent. Et lorsque Donnacona fut averti de leur venue, il fit le malade et se coucha, disant au serviteur qu'il était fort malade. Après, ledit serviteur alla dans la maison de Taignoagny, pour le voir, où il trouva partout les maisons si pleines de gens qu'on ne pouvait pas s'y tourner, lesquels on n'avait pas accoutumé de voir. Et Taignoagny ne voulut pas permettre que le serviteur allât dans les autres maisons ; mais il les accompagna vers les navires environ la moitié du chemin. Et il leur dit que si le capitaine voulait lui faire le plaisir de prendre un seigneur du pays, nommé Agona, lequel lui avait fait déplaisir, et l'emmener en France, il serait lié à lui et ferait tout ce que voudrait le capitaine, et que ledit serviteur retournât le lendemain lui dire la réponse.

_____

de Cartier, la coque d'un vieux navire fut trouvée au confluent des rivières Saint-Charles et Saint-Michel, un peu au-dessus de la rivière Lairet où hiverna Cartier. On déclara aussitôt que les débris de la *Petite Hermine* avaient été découverts et une moitié de la précieuse relique fut offerte au musée de Saint-Malo. Cependant, le Dr Dionne, dans *La " Petite Hermine "* *de Jacques Cartier,* a clairement démontré qu'on s'était trompé. » (BIGGAR, *Voyages,* p. 219, note 34.)
    205. La rivière Saint-Charles.

Quand le capitaine fut averti du grand nombre de gens qui étaient au Stadaconé, il ne savait à quelle fin, il décida de jouer de finesse, et de prendre leur seigneur, Taignoagny, dom Agaya et des principaux. Et aussi il était bien décidé à emmener le seigneur Donnacona en France, pour conter et dire au Roi ce qu'il avait vu dans les pays occidentaux des merveilles du monde ; car il nous a certifié avoir été à la terre du Saguenay, où il y a infinité d'or, rubis et autres richesses, et où les hommes sont blancs, comme en France, et vêtus de drap de laine. De plus, il dit avoir vu d'autres pays, où les gens ne mangent point et n'ont point de fondement et ne digèrent point ; mais font seulement de l'eau par la verge. De plus, il dit avoir été dans un autre pays de Picquenyans, et dans un autre où les gens n'ont qu'une jambe, et autres merveilles, longues à raconter. Ledit seigneur est homme ancien, et il ne cessa jamais d'aller par pays depuis qu'il eut connaissance, tant par fleuves et rivières que par terre.

Après que Poulet et le serviteur eurent fait leur message et dit au capitaine ce que Taignoagny lui demandait, le capitaine renvoya son serviteur, le lendemain, dire à Taignoagny de venir le voir, et lui dire ce qu'il voulait, et qu'il lui ferait bon accueil et lui accorderait une partie de ce qu'il voulait. Taignoagny lui fit dire qu'il viendrait le lendemain et qu'il amènerait le seigneur Donnacona et ledit homme qui lui avait fait déplaisir. Ce qu'il ne fit pas ; mais il fut deux jours sans venir, pendant lequel temps il ne vint personne de Stadaconé aux navires, comme ils avaient coutume ; ils nous fuyaient, comme si nous eussions voulu les tuer. Alors nous nous aperçûmes de leur méchanceté. Et parce qu'ils furent avertis que ceux de Sitadin [206] allaient et venaient autour de nous, et que nous leur avions abandonné le fond du navire que nous laissions pour avoir les vieux clous, ils vinrent tous le troisième jour suivant de Stadaconé, de l'autre côté de la rivière, et passèrent la plus grande partie d'entre eux dans de petits bateaux, sans difficulté. Mais Donnacona ne voulut pas passer ; et Taignoagny et dom Agaya furent plus d'une heure à parlementer ensemble avant de vouloir passer, mais enfin ils passèrent et vinrent parler au capitaine. Et Taignoagny pria le capitaine de vouloir prendre et emmener ledit homme en France. Ce que le capitaine refusa, disant que le Roi, son maître, lui avait défendu d'emmener homme ou femme en France, mais bien deux ou trois petits garçons, pour apprendre le langage ; mais qu'il l'emmènerait volontiers à Terre-Neuve, et qu'il le mettrait sur une île. Le capitaine disait ces paroles pour les rassurer, et afin d'amener le seigneur Donnacona, lequel était demeuré de l'autre côté de l'eau. Taignoagny fut fort joyeux de ces paroles, espérant ne jamais retourner en France, et promit au capitaine de revenir le lendemain, qui était le jour de la Sainte-Croix, et amener le seigneur Donnacona et tout le peuple de Stadaconé.

Comment, le jour de la Sainte-Croix, le capitaine fit planter une croix dans notre fort ; et comment le seigneur Donnacona, Taignoagny, dom Agaya et leur bande vinrent, et de la prise dudit seigneur

Le troisième jour de mai, jour et fête de la Sainte-Croix, en raison de la solennité de la fête, le capitaine

---

206. Situé sans aucun doute sur la côte de Beauport. (BIGGAR, *op. cit.*, 223, note 45.)

fit planter une belle croix, de la hauteur d'environ trente-cinq pieds, sous le croisillon de laquelle il y avait un écusson, en bosse, des armes de France, et sur celui-ci était écrit en lettres attiques : FRANCISCUS PRIMUS, DEI GRATIA FRANCORUM REX, REGNAT. Et ce jour-là, vers midi, vinrent plusieurs gens de Stadaconé, tant hommes que femmes et enfants, qui nous dirent que leur seigneur Donnacona, Taignoagny, dom Agaya et d'autres qui étaient en sa compagnie, venaient, de quoi nous fûmes joyeux, espérant nous en saisir. Ils vinrent à environ deux heures après-midi ; et lorsqu'ils furent arrivés devant nos navires, notre capitaine alla saluer le seigneur Donnacona, lequel pareillement lui fit grande fête, mais il avait toujours l'œil sur le bois, et une crainte extrême. Peu après arriva Taignoagny, lequel dit au seigneur Donnacona de ne pas entrer dans le fort. Et alors fut apporté du feu par un de leurs gens, hors du fort, et allumé pour le seigneur. Notre capitaine le pria de venir boire et manger dans les navires, comme il avait coutume, et il en pria de même Taignoagny, lequel dit qu'ils iraient plus tard ; ce qu'ils firent et ils entrèrent dans le fort. Mais auparavant notre capitaine avait été averti par dom Agaya que Taignoagny avait mal parlé, et qu'il avait dit au seigneur Donnacona de ne pas entrer dans les navires. Et notre capitaine, voyant cela, sortit de l'enclos où il était, et vit que les femmes s'enfuyaient à cause de l'avertissement de Taignoagny, et qu'il ne demeurait que les hommes, lesquels étaient en grand nombre. Et alors le capitaine commanda à ses gens de prendre le seigneur Donnacona, Taignoagny, dom Agaya et deux autres des principaux, qu'il indiqua ; puis, que l'on fît se retirer les autres. Peu après le seigneur entra dans le fort avec le capitaine ; mais tout soudain Taignoagny vint pour le faire sortir. Notre capitaine, voyant qu'il n'y avait d'autre ordre [207], se prit à crier qu'on les prît. A ce cri sortirent les gens du capitaine, lesquels prirent le seigneur et ceux que l'on avait décidé de prendre. Lesdits Canadiens, voyant cette prise, commencèrent à fuir et courir comme des brebis devant le loup, les uns à travers la rivière, les autres dans le bois, cherchant chacun son avantage. La prise ainsi faite des susdits, et quand les autres se furent tous retirés, le seigneur et ses compagnons furent mis sous bonne garde.

Comment les Canadiens vinrent la nuit devant les navires chercher leurs gens, durant laquelle ils hurlaient et criaient comme des loups ; et le discours et la conclusion qu'ils firent le lendemain ; et des présents qu'ils firent à notre capitaine

La nuit venue, un grand nombre du peuple de Donnacona vinrent devant nos navires, la rivière entre nous, huchant et hurlant toute la nuit comme des loups, criant sans cesse, *agouhanna, agouhanna,* voulant lui parler. Ce que le capitaine ne permit pas pour l'heure, ni le lendemain matin [208], jusqu'à environ midi ; ils nous faisaient ainsi signe que nous les avions tués et pendus. Et vers midi, ils revinrent derechef, en aussi grand nombre que nous n'en avions vu du voyage, pour un coup, se tenant cachés dans le bois, sauf quelques-uns, qui criaient et appelaient à haute voix Donnacona. Et alors le capitaine commanda de faire monter Donnacona en haut pour leur parler. Et le capitaine lui dit de faire bonne figure, et qu'après avoir parlé au Roi de France, son maître, et conté ce qu'il avait vu au Saguenay et autres lieues, qu'il reviendrait dans dix ou douze lunes ; et que le Roi lui

---

207. Dans la traduction de Florio, on lit : « Voyant qu'il n'y avait pas d'autre remède ». (BIGGAR, *op. cit.,* p. 227, note 55.)

208. Jeudi 4 mai.

ferait un grand présent. De quoi Donnacona fut fort joyeux, lequel le dit aux autres, en leur parlant, lesquels en firent trois cris très étonnants, en signe de joie. Et sur l'heure les peuples et Donnacona firent entre eux plusieurs prédications et cérémonies, lesquelles il n'est pas possible d'écrire, faute de les comprendre. Notre capitaine dit à Donnacona de venir en confiance de l'autre côté, pour mieux parler ensemble, et qu'il les rassurait. Ce que leur dit Donnacona ; et sur ce, il vint une barquée des principaux à bord des navires, lesquels, derechef, commencèrent à faire plusieurs prêches, en donnant louange à notre capitaine, et lui firent présent de vingt-quatre colliers d'esnoguy, qui est la plus grande richesse qu'ils aient en ce monde ; car ils l'estiment mieux que l'or et l'argent. Après qu'ils eurent assez parlementé et devisé, les uns avec les autres, et vu qu'il n'y avait remède pour le seigneur de s'échapper, et qu'il fallait qu'il vînt en France, il leur commanda qu'on lui apportât des vivres, pour manger en mer, et qu'on les lui apportât le lendemain. Notre capitaine fit présent à Donnacona de deux seaux d'airain et de huit hachettes et autres menus objets, comme couteaux et chapelets ; de quoi il parut fort joyeux, et les envoya à ses femmes et enfants. Pareillement le capitaine donna à ceux qui étaient venus parler à Donnacona quelques petits présents, desquels ils remercièrent fort le capitaine. Après quoi ils se retirèrent, et s'en allèrent à leurs logis.

Comment le lendemain, cinquième jour de mai, ledit peuple revint, pour parler à leur seigneur ; et comment il vint quatre femmes à bord, lui apporter des vivres

Le lendemain, cinquième jour dudit mois, au plus matin, le peuple retourna en grand nombre, pour parler à leur seigneur ; et ils envoyèrent une barque, qu'ils appellent en leur langage *casnouy* [209], dans laquelle il y avait quatre femmes, sans qu'il y ait aucun homme, craignant qu'on ne les retînt, lesquelles apportèrent force vivres, savoir : du gros mil, qui est le blé duquel ils vivent, de la viande, du poisson, et autres provisions à leur mode. Auxquelles, après leur arrivée aux navires, le capitaine fit bon accueil. Et le capitaine pria Donnacona de dire à ces femmes que dans douze lunes il reviendrait, et qu'il amènerait Donnacona au Canada ; et il disait cela pour les contenter. Ce que fit le capitaine, dont les femmes montrèrent grande joie, en disant par signes et paroles au capitaine que lorsqu'il reviendrait et amènerait Donnacona et les autres ils lui feraient plusieurs présents. Et alors chacune d'elles donna au capitaine un collier d'esnoguy. Puis elles s'en allèrent de l'autre côté de la rivière, où était tout le peuple de Stadaconé, et se retirèrent, prenant congé du seigneur Donnacona.

Le samedi, sixième jour dudit mois de mai, nous appareillâmes du havre Sainte-Croix [210] et vînmes mouiller au bas de l'île d'Orléans [211], à environ douze lieues de Sainte-Croix. Et le dimanche, nous vînmes à l'île aux Coudres, où nous avons été jusqu'au lundi, seizième jour dudit mois, laissant faiblir les eaux, lesquelles étaient trop courantes et dangereuses pour descendre ledit fleuve [212], et attendant bon temps. Pendant ce temps-là vinrent plusieurs barques des peuples sujets de Donnacona, lesquels venaient de la rivière du Sa-

---

209. Les Seneca disent maintenant *gasna*. Le mot « canoë » nous vient des Espagnols. (BIGGAR, *op. cit.,* p. 231.)

210. De la rivière Saint-Charles.

211. Cf. *supra,* note 90.

212. Le Saint-Laurent.

guenay [213]. Et lorsqu'ils furent avertis par dom Agaya de leur prise et de la façon et manière dont on menait Donnacona en France, ils furent bien étonnés, mais vinrent cependant le long des navires parler à Donnacona, qui leur dit que dans douze lunes il reviendrait, et qu'il avait bon traitement avec le capitaine et ses compagnons. De quoi tous, d'une seule voix, remercièrent le capitaine, et ils donnèrent à Donnacona trois paquets de peaux de castors et de loups marins, avec un grand couteau de cuivre rouge, qui vient du Saguenay, et autres choses. Ils donnèrent aussi au capitaine un collier d'esnoguy, pour lesquels présents le capitaine leur fit donner dix ou douze hachettes, dont ils furent fort contents et joyeux, remerciant le capitaine ; puis ils s'en retournèrent.

Le passage est plus sûr et meilleur entre le nord et ladite île que vers le sud, en raison du grand nombre de hauts-fonds, bancs et rochers qui y sont ; et aussi du peu de profondeur.

Le lendemain, seizième jour dudit mois de mai, nous appareillâmes de l'île aux Coudres, et vînmes mouiller à une île [214], qui est à environ quinze lieues de l'île aux Coudres, laquelle est grande d'environ cinq lieues de long ; et là nous mouillâmes pour passer la nuit, espérant, le lendemain, passer les dangers du Saguenay, lesquels sont fort grands. Le soir nous allâmes sur l'île, où nous trouvâmes grand nombre de lièvres, desquels nous eûmes quantité ; et pour cela, la nommâmes l'*île aux Lièvres*. Et la nuit, le vent devint contraire et en tourmente, tellement qu'il nous

---

213. L'embouchure de la Saguenay est à 50 milles (81 kilomètres environ) de l'île aux Coudres. (BIGGAR, p. 233, note 73.)

214. L'île aux Lièvres, à 64 kilomètres au-dessus de l'île aux Coudres.

fallut relâcher à l'île aux Coudres, d'où nous étions partis, parce qu'il n'y a pas d'autre passage entre lesdites îles. Et nous y fûmes jusqu'au vingt et unième jour dudit mois, où le vent devint bon ; et nous fîmes si bien dans nos journées que nous passâmes jusqu'à Honguedo [215], entre l'île de l'Assomption [216] et ledit Honguedo, lequel passage n'avait pas été découvert auparavant. Et nous fîmes voile jusqu'à hauteur du cap de Prato [217], qui est le commencement de la baie des Chaleurs. Et comme le vent était convenable et bon à plaisir, nous naviguâmes le jour et la nuit. Et le lendemain [218] nous parvînmes en pleine île de Brion [219], ce que nous voulions faire, pour abréger notre chemin. Et les deux terres sont sises sud-est et nord-ouest quart est et ouest ; et il y a entre elles cinquante lieues. Ladite île est à quarante-sept degrés et demi de latitude [220].

Le jeudi, vingt-sixième jour dudit mois, jour et fête de l'Ascension de Notre Seigneur, nous traversâmes à une terre et un sillon de hauts-fonds sablonneux [221], qui demeurent au sud-ouest de l'île de Brion, à envi-

---

215. Gaspé.
216. L'île d'Anticosti. Ils étaient passés au nord de l'île en allant ; c'était donc la première fois qu'ils passaient entre l'île et la côte de Gaspé. (BIGGAR, *op. cit.*, p. 235, note 82.)
217. Cap d'Espoir, à l'embouchure de la baie des Chaleurs. Ce nom lui avait été donné au premier voyage en 1534. (BIGGAR, *op. cit.*, p. 235, note 83.)
218. BIGGAR, *op. cit.*, p. 235, note 84, croit qu'il faut interpréter ce « lendemain » comme étant le 24 mai, étant donné qu'il faudrait bien trois jours pour se rendre à la voile de l'île aux Coudres à l'entrée de la baie des Chaleurs.
219. Découverte et nommée au premier voyage en 1534. (BIGGAR, *op. cit.*, p. 235, note 85.)
220. 47° 48', telle est la latitude exacte (*ibid.*, p. 236).
221. « Sans conteste, la côte basse qui s'étend du North Cape à notre East Point, sur l'île principale du groupe des îles de la Madeleine. » Voir GANONG, *op. cit.*, p. 233.

ron huit lieues, par-dessus lesquels il y a de hautes terres pleines d'arbres [222]. Et il y a une mer enclose [223], dont nous n'avons vu aucune entrée ni ouverture par où entrer dans cette mer [224]. Et le vendredi vingt-septième, parce que le vent soufflait vers la côte, nous retournâmes à l'île de Brion, où nous fûmes jusqu'au premier jour de juin. Et nous vînmes trouver une terre haute [225], qui demeure au sud-est de ladite île, qui nous apparaissait être une île ; et nous la longeâmes sur environ vingt-deux lieues et demie. Chemin faisant, nous eûmes connaissance de trois autres îles [226], qui demeuraient vers les fonds sablonneux [227] ; et pareillement que lesdits fonds sablonneux sont une île [228], et ladite terre [229], qui est haute et unie, est une terre certaine, se rabattant au nordouest [230]. Après avoir vu ces choses, nous retournâmes

---

222. Visiblement *East island* et *Coffin island*. (GANONG, *op. cit.*, p. 233.)

223. « La Grande-Lagune ou port de la Grande-Entrée à l'intérieur des îles Grosse, East et Coffin. » (BIGGAR, *op. cit.*, p. 236.)

224. « L'entrée du havre de la Grande-Entrée se trouve derrière l'île Coffin et est extrêmement étroite. » (BIGGAR, *op. cit.*, p. 236, note 91.)

225. L'île du cap Breton.

226. Les îles Alright, Entry et Amherst, du groupe de la Madeleine. (BIGGAR, *op. cit.*, p. 237, note 93.)

227. Vers les îles de la Madeleine. (BIGGAR, *op. cit.*, p. 237, note 94.)

228. C'est-à-dire que les îles de la Madeleine ne faisaient pas partie du continent, comme on l'avait supposé au premier voyage, mais qu'en réalité, elles formaient un groupe d'îles. Elles sont appelées *Ysles des Arenes* sur les cartes Desliens et Desceliers. La carte Homen porte *ille des Sablons*. Elles sont fréquemment mentionnées par Hakluyt sous le nom d'îles Ramea (Ramée). [BIGGAR, *op. cit.*, p. 237, note 95.]

229. Le cap Breton.

230. « La variation de la boussole ici est maintenant de 26° à 27°. » (BIGGAR, *op. cit.*, p. 237, note 97.)

au cap de ladite terre [231], qui fait deux ou trois caps [232], extrêmement hauts, avec une grande profondeur d'eau [233], et la marée si forte qu'elle ne peut l'être plus. Nous nommâmes ce cap, *cap de Lorraine* [234] qui est à quarante-six degrés et demi. Au sud duquel cap, il y a une basse terre, et un semblant d'entrée de rivière, mais il n'y a havre qui vaille. Par-dessus ces terres, vers le sud, demeure un autre cap de terre, que nous nommâmes le *cap Saint-Paul* [235], qui est à quarante-sept degrés et quart.

Le dimanche, troisième jour dudit mois, jour et fête de la Pentecôte, nous eûmes connaissance de la côte d'est sud-est de Terre-Neuve, étant à environ vingt-deux lieues dudit cap [236]. Et comme le vent était contraire, nous fûmes à un havre, que nous nom-

231. « Ceci indique qu'ils avaient longé l'île du cap Breton du nord au sud. » (BIGGAR, *op. cit.*, p. 237, note 98.)

232. « Cap Saint-Laurent, Black Point, cap Nord, Money Point, etc. » (BIGGAR, *op. cit.*, p. 237, note 99.)

233. « La profondeur varie ici entre quatre-vingts et au-delà de cent brasses. » (BIGGAR, *op. cit.*, p. 237, note 100.)

234. Ce nom semble avoir été par la suite altéré en celui de Saint-Laurent. Cartier donne sa latitude, 46° 1/2 (47° 1/2 suivant Hakluyt) ; elle est en réalité de 47° 3'. Voir GANONG, *op. cit.*, 1934, p. 234.

235. Cf. GANONG, *op. cit.*, 1934, p. 234 : « Les terres basses ont été prises pour notre Wreck Cove et le cap Saint-Paul pour notre cap Nord. Mais la terre basse avec semblant de rivière ne convient en aucune façon à Wreck Cove, tandis que cap Nord est bien trop dans la même latitude que le cap Saint-Laurent pour être situé à un degré de différence, même avec le méridien magnétique de Cartier. En conséquence, il semble beaucoup plus probable que Cartier descendît le long de la côte est de l'île du cap Breton et que la terre basse avec entrée de rivière était la baie Aspy qui correspond bien à la description et le cap Saint-Paul serait notre Egmont, juste au-dessus. »

236. « La distance du cap Nord au cap Ray sur le côté opposé du détroit de Cabot est de 56 milles. Champlain donne la distance de 18 lieues (*Œuvres*, I, p. 94). » BIGGAR, *op. cit.*, p. 238, note 5.

mâmes le *havre du Saint-Esprit* [237], jusqu'au mardi, où nous appareillâmes dudit havre, et longeâmes ladite côte jusqu'aux îles de Saint-Pierre [238]. Chemin faisant, nous trouvâmes le long de la côte plusieurs îles et récifs, fort dangereux [239], sur la route d'est sud-est et ouest nord-ouest, à deux, trois et quatre lieues en mer. Nous fûmes aux îles Saint-Pierre, où nous trouvâmes plusieurs navires, tant de France que de Bretagne, depuis le jour de la Saint-Barnabé, onzième de juin, jusqu'au seizième jour dudit mois, où nous appareillâmes des îles Saint-Pierre. Et nous vînmes au cap de Raze [240], et entrâmes dans un havre, nommé Rougnouse [241], où nous prîmes de l'eau et du bois,

---

237. Cf. Ganong, *op. cit.*, 1934, p. 235 : « Cartier donnant la distance du cap de Lorraine à Terre-Neuve (22 lieues — distance exacte 65 milles) semble dire qu'il passa directement du cap Nord au cap Ray et qu'il entra immédiatement dans son havre du Saint-Esprit. D'après cela, ce havre a été identifié avec le Port aux Basques ou — étant donné que celui-ci, quoique sûr, est petit et ne se remarque guère — avec la baie de la Poêle plus grande. D'un autre côté, les premières cartes qui le mentionnent (Le Vasseur de 1601 et Champlain de 1632) en font toutes deux une baie et le placent au nord des îles Saint-Pierre, dans l'angle de la baie Fortune. C'est juste là que se trouve la baie *Despair* dont le nom a été pris avec assez de raison pour la survivance d'une déformation anglaise de *baie de Saint-Esprit*. Il est par conséquent admissible que Cartier ait simplement estimé la distance en droite ligne jusqu'à Terre-Neuve et qu'ensuite il ait pris une direction allant en diagonale des environs du cap Egmont à la baie Despair qui serait son havre du Saint-Esprit. »

238. Les îles Saint-Pierre et Miquelon.

239. « Les îles Dead, Burnt, Wreck, Grand-Bruit, Burger, Ramée, Pingouin, etc. » (Biggar, *op. cit.*, p. 239, note 8.)

240. « L'extrémité sud-est de Terre-Neuve, judicieusement nommée *Cabo Razo* ou " Cap Aride " par les Corte-Real. Voir Biggar, *The Precursors of Cartier*, p. xvii » et *Voyages*, p. 239, note 11.

241. « Le port de Renewse à dix milles au nord du cap Raz. » (Biggar, *op. cit.*, p. 240, note 12.)

pour traverser la mer ; et là nous laissâmes l'une de nos barques. Et nous appareillâmes dudit havre, le lundi dix-neuvième jour dudit mois ; et avec bon temps nous avons navigué par la mer, tellement que le seizième jour de juillet 1536 nous sommes arrivés au havre de Saint-Malo, grâce au Créateur, le priant, finissant notre navigation, de nous donner sa grâce et son paradis à la fin. *Amen.*

Troisième voyage de Jacques Cartier (1541)

Le troisième voyage de découvertes faites par le capitaine Jacques Cartier en l'année 1540[1], dans les pays du Canada, Hochelaga et Saguenay

Le Roi François Ier ayant entendu le rapport du capitaine Cartier, son pilote général dans ses deux précédents voyages de découvertes, rapport écrit aussi bien que rapport verbal, touchant ce qu'il avait trouvé et vu dans les régions occidentales par lui découvertes au Canada et Hochelaga, et ayant aussi vu et conversé avec les gens que ledit Cartier avait amenés de ces pays, du premier desquels l'un était roi et avait pour nom Donnacona, et d'autres : lesquels après avoir vécu longtemps en France et au pays de Bretagne y furent baptisés selon leur désir et demande et trépassèrent ensuite dans ledit pays de Bretagne. Et bien que Sa Majesté eût été informée par ledit Cartier de la mort et du décès de tous les gens qui avaient été ainsi amenés avec lui (lesquels étaient au nombre de dix), à l'exception d'une petite fille d'environ dix ans, elle résolut cependant d'y envoyer de nouveau ledit Cartier, son pilote, avec Jean François de la Roche[2], cheva-

---

1. La date réelle est 1541 ; l'erreur provient de ce que l'année commençait à Pâques au lieu du 1er janvier. A propos de ce troisième voyage, consulter BIGGAR, *A Collection*, Ottawa, 1930, lettres de Charles Quint, du cardinal de Tolède, des ambassadeurs d'Espagne en France et au Portugal, du nonce, etc.

2. Son nom n'était pas La Roche ; il signait J.F. de La Rocque. Un *fac-similé* de sa signature se trouve dans E. MOREL, *Jean François de la Rocque, Seigneur de Roberval, Vice-Roi*

lier, seigneur de Roberval, qu'elle nomma son lieutenant général et gouverneur dans les pays de Canada
et Hochelaga [3], et ledit Cartier comme capitaine général et maître pilote des vaisseaux [4], afin de faire plus
amples découvertes qu'il n'avait été fait dans les précédents voyages et atteindre, s'il était possible, à la
connaissance du pays de Saguenay, duquel les gens
amenés par ledit Cartier, comme il est dit, avait rapporté au roi qu'il s'y trouvait de grandes richesses et
de très bons pays. Le Roi, donc, commanda qu'il fût
donné certains deniers à l'effet d'équiper cinq navires
pour le voyage [5] : laquelle chose fut faite par le sieur
de Roberval et Cartier ; ils convinrent d'apprêter les
cinq navires à Saint-Malo en Bretagne, là même où
les deux premiers voyages avaient été préparés et
d'où les vaisseaux avaient pris leur départ. Et le sieur
de Roberval y envoya Cartier pour la même fin. Et
après que Cartier eut fait construire les cinq navires,

---

du Canada, p. 44. D'après cette étude, p. 22 : « Jean François
de la Rocque, chevalier, seigneur de Roberval, appartenait à
une grande famille du Languedoc. Son père Bernard de la
Rocque [...] était déjà (en 1501) connétable de Carcassonne
et marié [en secondes noces] à Isabelle ou Isabeau de Poitiers,
fille de Mahieu de Poitiers écuyer et de Alix de Popincourt
qui avait apporté en dot la terre de Roberval » ; p. 24 : « J.F.
de la Rocque se vit un moment seigneur de Roberval. Noë
Saint-Rémy, Noë Saint-Martin, Bacouel et Mauru, au duché
de Valois (Oise) ; de Seuil, Acy-lès-Rethel, Poix et Saint-
Souplex dans le Rethelois (Ardennes) ; d'Arzains et Amenys
dans le Languedoc (Aude) ».
3. La commission de Roberval est datée du 15 janvier 1540.
Voir BIGGAR, A Collection, p. 207-209.
4. La commission de Cartier est datée du 17 octobre 1540.
(Ibid., p. 128-131.) Elle était antérieure à celle de Roberval ;
en 1540, Pâques tombait le 28 mars, le mois d'octobre était
donc le septième mois de l'année et janvier le dixième.
5. Une somme de quarante-cinq mille livres tournois avait
été accordée par le roi. Voir MICHELANT et ROMÉE, Voyage
de J. Cartier, en 1534, Paris, 1865, 2ᵉ part., p. 25, et BIGGAR,
Voyages, p. 250 note 2.

les eut équipés et mis en bon ordre de départ, le sieur de Roberval se rendit à Saint-Malo où il trouva les navires en rade, les vergues hautes, tous prêts à partir et faire voile, n'attendant autre chose que la venue du général et le paiement des dépenses. Et comme le sieur de Roberval, le lieutenant du Roi, n'avait pas encore reçu son artillerie, ses poudres et ses munitions et autres choses nécessaires dont il s'était pourvu pour le voyage, dans les pays de Champagne et de Normandie ; et parce que les choses susdites étaient très nécessaires et qu'il ne pouvait se résoudre à les laisser en arrière, il se décida de partir de Saint-Malo pour aller à Rouen et de là y faire apprêter un ou deux navires à Honfleur où il pensait que toutes ces choses étaient venues : et que Cartier partirait incontinent avec les cinq navires qu'il avait préparés et prendrait les devants. Considérant aussi que Cartier avait reçu des lettres du Roi, par lesquelles il lui enjoignait expressément de partir et faire voile immédiatement à la vue et réception de celles-ci, sous peine d'encourir son déplaisir et mériter tout le blâme. Et après avoir décidé toutes ces choses et que le sieur de Roberval eut fait un état et une revue de tous les gentilshommes, soldats et matelots qui avaient été retenus et choisis pour l'entreprise de ce voyage, il donna à Cartier pleine autorité pour partir et prendre les devants et se conduire en toutes choses comme s'il s'y fût trouvé en personne ; et lui-même prit son départ pour Honfleur afin de faire ses autres préparatifs. Après ces choses ainsi faites, le vent devenant favorable, les cinq navires susdits firent voile ensemble, bien équipés et ravitaillés pour deux ans, le vingt-troisième de mai 1540. Et nous naviguâmes si longtemps par les vents contraires et des tourmentes continuelles qui nous arrivèrent à cause du retard de notre départ que nous fûmes sur la mer avec nos cinq navires trois mois pleins avant de pouvoir arriver au port et havre du Canada, sans avoir eu pendant tout ce temps trente heures de bon vent qui pût nous servir à suivre notre droit chemin ; de sorte que nos cinq navires à cause de ces tempêtes s'entreperdirent les uns les autres, sauf deux qui demeurèrent ensemble, savoir celui où était le capitaine, et l'autre dans lequel se trouvait le vicomte de Beaupré [6], jusqu'à ce qu'enfin, au bout d'un mois, nous nous rencontrâmes au havre de Carpont [7] à Terre-Neuve. Mais la longueur du temps que nous fûmes à passer entre la Bretagne et Terre-Neuve fut cause que nous nous trouvâmes en grand besoin d'eau, à cause du bétail, aussi bien chèvres, porcs qu'autres animaux que nous avions apportés pour les multiplier dans le pays, lesquels nous fûmes contraints d'abreuver avec du cidre et autres breuvages. Ayant donc été l'espace de trois mois à naviguer sur mer, nous étant arrêtés à Terre-Neuve, attendant le sieur de Roberval et faisant provision d'eau et autres choses nécessaires, nous ne pûmes arriver devant le havre de Sainte-Croix au Canada [8] (auquel lieu dans notre précédent voyage nous avions demeuré huit mois) que le vingt-troisième jour du mois d'août. Les habitants du pays vinrent à nos navires, montrant une grande joie de notre arrivée, et vint en personne celui qui avait la conduite

<hr />

6. Probablement Guyon des Granches sieur de Beauprest ou Beaupré, frère de la femme de Cartier, Catherine des Granges. Voir Joüon des Longrais, *Jacques Cartier*, p. 12 : « Katherine Des Granges ou Des Granches était d'une famille bien plus considérable que celle de Cartier. [...] Un texte nous indique à quelle branche de cette famille appartenait Catherine. Elle était fille de Jacques, sieur de la Ville ès Gars, près de Château-Malo, qui épousa Françoise du Mast ; d'où Guyon, sieur de Beauprest, fermier des *Menues-Coutumes* du chapitre en 1539. »
7. Le Grand-Kirpon ou Quirbon, entre l'île de Kirpon et Terre-Neuve. (Biggar, p. 251, note 1.)
8. La rivière Saint-Charles.

et le gouvernement du pays du Canada, appelé Agona, lequel avait été nommé roi par Donnacona que dans notre précédent voyage nous avions emmené en France. Et il se rendit au navire du capitaine avec six ou sept barques et avec nombre de femmes et enfants. Après que ledit Agona se fut informé auprès du capitaine d'où étaient Donnacona et les autres, le capitaine lui répondit que Donnacona était décédé en France et que son corps était demeuré en terre et que les autres étaient restés en France où ils vivaient comme de grands seigneurs ; qu'ils étaient mariés et qu'ils ne voulaient pas revenir dans leur pays. Agona ne montra aucun signe de déplaisir de tout ce discours : et je crois qu'il le prit ainsi en bonne part parce qu'il demeurait seigneur et chef du pays par la mort de Donnacona. Après cette conférence ledit Agona prit un morceau de cuir tanné de couleur jaune et garni tout autour d'esnoguy (qui est leur richesse et la chose qu'ils estiment être la plus précieuse, comme nous faisons de l'or) qui était sur sa tête au lieu de couronne et le plaça sur la tête de notre capitaine ; ensuite il ôta de ses poignets deux bracelets d'esnoguy et les plaça pareillement sur les bras du capitaine, lui faisant des accolades et lui montrant de grands signes de joie ; ce qui n'était que dissimulation comme bien nous apparut ensuite. Le capitaine prit la couronne de cuir et la lui remit sur la tête et lui donna ainsi qu'à ses femmes certains petits présents : lui donnant à entendre qu'il avait apporté certaines choses nouvelles desquelles il lui ferait présent plus tard ; ce dont Agona remercia le capitaine. Et après qu'il l'eut fêté ainsi que sa compagnie, ils prirent leur départ et s'en retournèrent à terre avec leurs barques.

Après ces choses, le capitaine fut avec deux barques en amont de la rivière au-delà du Canada et du port de Sainte-Croix [9], pour y voir un havre et une petite rivière qui est environ quatre lieues [10] plus loin : laquelle fut trouvée meilleure et plus commode pour y mettre ses navires et les placer que n'était l'autre [11]. C'est pourquoi à son retour il fit mener tous ses navires devant ladite rivière, et à marée basse il fit planter son artillerie pour mettre en sûreté deux des navires qu'il entendait garder et retenir dans le pays, lesquels étaient au nombre de trois ; ce qu'il fit le jour suivant ; et les autres navires demeurèrent dans la rade au milieu du fleuve (où les victuailles et autres choses qu'ils avaient apportées furent débarquées) depuis le vingt-sixième jour d'août jusqu'au deuxième de septembre où ils firent voile pour retourner à Saint-Malo [12]. Dans ces navires il renvoya Marc Jalobert [13], son beau-frère, et Etienne Noël, son neveu [14], tous deux excellents pilotes et bien expérimentés, avec des lettres au Roi pour lui donner connaissance de ce qui avait été fait et trouvé : et comment le sieur de Roberval n'était pas encore arrivé et comment il craignait qu'à cause des vents contraires et tempêtes il n'ait été contraint de retourner en France.

---

9. La rivière Saint-Charles où Cartier avait hiverné en 1535-1536.

10. La rivière du cap Rouge qui coule du nord au sud et se jette dans le Saint-Laurent à environ quatorze kilomètres au-dessus de Québec. (BIGGAR, *Voyages,* p. 253, note 1.)

11. La rivière Saint-Charles.

12. Ces navires étaient le *Saint-Brieux* et le *Georges.* Cf. BIGGAR, *A Collection,* p. 394, note 1.

13. Cf. *supra, Deuxième Voyage,* note 15, et BIGGAR, *A Collection,* p. 409-410 : lettre de Nantes à l'ambassadeur du Portugal, 12 novembre 1541. « Ce beau-frère de Cartier est allé informer le Roi de ce qu'a fait Cartier. Il espère retourner dans le courant de février au plus tard avec d'autres vaisseaux chargés de marchandises. »

14. « Eienne Nouel, second fils de Jean Nouel et de Jehanne Cartier, né le 21 août 1510. » (BIGGAR, *Voyages,* p. 253, note 8.)

Suit la description de la rivière et havre de Charles-bourg-Royal

Ladite rivière [15] est petite et n'a pas plus de cinquante pas de large et les navires tirant trois brasses d'eau peuvent y entrer à marée haute : et à marée basse il ne s'y trouve qu'un chenal d'un pied ou environ. Des deux côtés de la rivière il y a de fort bonnes et belles terres, pleines d'aussi beaux et puissants arbres que l'on puisse voir au monde et de diverses sortes, qui ont plus de dix brasses de plus que les autres : et il y a une espèce d'arbre qui s'étend à plus de trois brasses qui est appelé par les gens du pays Hanneda [16], lequel a la plus excellente vertu de tous les arbres du monde, dont je ferai mention ci-après. De plus, il y a grande quantité de chênes, les plus beaux que j'aie vus de ma vie, lesquels étaient tellement chargés de glands qu'il semblait qu'ils allaient se rompre : en outre, il y a de plus beaux érables, cèdres, bouleaux et autres sortes d'arbres que l'on n'en voit en France : et proche de cette forêt, sur la côte sud, la terre est toute couverte de vignes que nous trouvâmes chargées de raisins aussi noirs que des mûres, mais non pas aussi agréables que ceux de France pour la raison que les vignes ne sont pas cultivées et qu'elles croissent naturellement sauvages. De plus, il y a quantité d'aubépines blanches qui ont les feuilles aussi larges que celles des chênes et dont le fruit ressemble à celui du néflier. En somme ce pays est aussi propre au labourage et à la culture qu'on puisse trouver ou désirer. Nous semâmes ici des graines de notre pays, telles que graines de choux, navets, laitues et autres, lesquelles germèrent et sortirent de

---

15. La rivière du cap Rouge.
16. Voir *Deuxième Voyage,* note 201.

terre en huit jours. L'entrée de cette rivière est vers le sud et elle va tournant vers le nord en serpentant : et à l'entrée de celle-ci vers l'est, il y a un promontoire [17] haut et raide où nous pratiquâmes un chemin en manière de double montée et au sommet, nous fîmes un fort pour la garde du fort qui était en bas, ainsi que des navires et de tout ce qui pouvait passer tant par le grand fleuve que par cette petite rivière. En outre, l'on voit une grande étendue de terre propre à la culture, unie et belle à voir, ayant la pente quelque peu au sud, aussi facile à mettre en culture que l'on peut le désirer et toute remplie de beaux chênes et autres arbres d'une grande beauté, pas plus épais qu'en nos forêts de France. Ici nous employâmes vingt de nos hommes à travailler, lesquels dans une journée labourèrent environ un arpent et demi de cette terre et en semèrent partie avec des navets, lesquels au bout de huit jours, comme j'ai dit ci-devant, sortirent de terre. Et sur cette haute falaise, nous trouvâmes une bonne quantité de pierres que nous estimions être des diamants [18]. De l'autre côté de ladite montagne et au pied de celle-ci, qui est vers la grande rivière [19], se trouve une belle mine du meilleur fer qui soit au

---

17. Le cap Rouge, qui tire son nom de la couleur de la pierre argileuse dont il est en grande partie composé.

18. Cf. SAGARD, *op. cit.*, p. 717 : « Aux rochers de cuyvre & en quelque autres se trouvent aussi aucune fois des petits rochers couverts de diamants y attachez : & peux dire en avoir amassé & recueilly moy mesme vers nostre Couvent de Notre Dame des Anges dont quelqu'uns sembloient sortir de la main du lapidaire, tant ils estoient beaux, luisans & bien taillez, mais entre tous ceux que j'ay jamais veu de ces pays-là, je croy que celuy que Monsieur le Prince de Portugal m'a fait voir est le plus beau, le plus net, le plus grand & le mieux taillé de tous. Je ne veux néantmoins asseurer qu'ils soient fins, mais seulement qu'ils sont très-beaux, & escrivent sur le verre. »

19. Le Saint-Laurent.

monde [20], laquelle s'étend jusque près de notre fort, et le sable sur lequel nous marchions est terre de mine parfaite, prête à mettre au fourneau. Et sur le bord de l'eau nous trouvâmes certaines feuilles d'un or fin aussi épaisses que l'ongle. Et à l'ouest de ladite rivière [21] il y a, comme il a été dit, plusieurs beaux arbres : et vers l'eau, un pré plein d'aussi belle et bonne herbe que jamais je ne vis en aucun pré de France : et entre ledit pré et la forêt il y a grande quantité de vignes : et au-delà de ces vignes la terre donne du chanvre en abondance, lequel croît naturellement et qui est aussi bon qu'il est possible de voir et de même force. Et au bout du pré, à environ cent pas, il y a une terre qui s'élève en pente, laquelle est une espèce d'ardoise noire et épaisse où l'on voit des veines de l'espèce des minéraux et qui luisent comme or et argent : et parmi toutes ces pierres il s'y trouve de gros grains de ladite mine. Et en quelques endroits, nous avons trouvé des pierres comme les plus beaux diamants, polis et aussi magnifiquement taillés qu'il soit possible à l'homme de voir ; et lorsque le soleil jette ses rayons sur eux, ils luisent comme si c'étaient des étincelles de feu.

Comment, après le départ des deux navires qui furent envoyés en Bretagne et que la construction du fort fut commencée, le capitaine fit préparer deux barques pour aller en amont de la grande rivière découvrir le passage des trois sauts ou chutes de la rivière

Le capitaine ayant dépêché deux navires pour s'en retourner et porter les nouvelles, ainsi qu'il en avait

---

20. Certains fragments de la pierre du cap Rouge peuvent être pris pour du minerai de fer. (BIGGAR, *Voyages,* p. 255, note 3.)
21. La rivière du cap Rouge.

eu commandement du Roi, et comme la construction du fort avait été commencée pour la sûreté des victuailles et autres choses, il décida avec le vicomte de Beaupré et les autres gentilshommes, maîtres et pilotes choisis pour la délibération, de faire un voyage avec deux barques fournies d'hommes et de victuailles pour aller jusqu'à Hochelaga, afin de voir et comprendre la façon des sauts d'eau qu'il y a à passer pour aller au Saguenay et afin de se mettre plus en état au printemps de passer outre, et durant la saison d'hiver apprêter toutes choses nécessaires et en ordre pour leurs affaires. Les barques ayant été apprêtées, le capitaine et Martin de Paimpont [22], avec d'autres gentilshommes et le reste des mariniers, partirent du lieu de Charlesbourg-Royal [23] le septième de septembre de l'année 1540 [24]. Et le vicomte de Beaupré demeura en arrière pour la garde et le gouvernement de toutes choses au fort. Et comme ils remontaient la rivière [25], le capitaine alla voir le seigneur de Hochelay [26] dont la demeure est entre le Canada et Hochelaga, lequel dans le voyage précédent avait donné au capitaine une petite fille et l'avait à plusieurs reprises informé des trahisons que Taignoagny et Domagaya (que le capitaine dans son précédent voyage avait emmenés en France) avaient désir de tramer contre lui. Eu égard à cette courtoisie, le capitaine ne voulut pas passer outre sans lui rendre visite et afin de lui faire entendre que le capitaine comptait sur lui, il lui donna deux

---

22. Paimpont-les-Forges, à quarante kilomètres de Rennes.
23. Evidemment nommé en l'honneur de Charles, duc d'Orléans, troisième fils de François Ier. La carte Le Vasseur porte « Fort *Henri Charles* », rappelant ainsi les noms des deux fils du roi. (BIGGAR, *Voyages,* p. 256, note 8.)
24. 1541.
25. Le Saint-Laurent.
26. Portneuf. Voir *supra, Deuxième voyage,* note 107.

jeunes garçons et les lui laissa pour apprendre leur langue ; et il lui fit présent d'un manteau de drap écarlate de Paris, lequel manteau était tout garni de boutons jaunes et blancs d'étain et de petites clochettes. Et en outre il lui donna deux bassins de laiton et quelques hachettes et couteaux. De quoi le seigneur parut joyeux et remercia le capitaine. Cela fait, le capitaine et sa compagnie partirent dudit lieu. Et nous naviguâmes avec vent tellement favorable que nous arrivâmes le onzième jour dudit mois [27] au premier saut d'eau [28] qui est à la distance de deux lieues de la ville de Tutonaguy [29]. Et après que nous fûmes arrivés en ce lieu, nous décidâmes d'aller et passer aussi loin que possible avec l'une des barques et que l'autre demeurerait à cet endroit jusqu'à notre retour : et nous mîmes le double des hommes dans la barque pour aller contre le courant ou la force dudit saut. Et après que nous nous fûmes éloignés de notre autre barque, nous trouvâmes de mauvais fonds et de gros rochers, et un si fort courant qu'il ne nous fut

27. Septembre 1541.
28. Les courants Sainte-Marie. Voir *supra, Deuxième voyage,* note 133.
29. Tutonaguy et Hochelaga seraient deux noms désignant le même village. Voir GANONG, *op. cit.,* 1934, p. 266 : « La distance qu'il donne maintenant entre cet endroit [courant Sainte-Marie] et la ville de Tutonaguy est exactement la même que celle qui est donnée dans la relation du deuxième voyage entre l'endroit où ils débarquèrent et la ville de Hochelaga ; il indique ainsi implicitement que Tutonaguy et Hochelaga sont une seule et même localité. La seule autre hypothèse possible semble être de situer Tutonaguy à deux lieues au-dessous du lieu d'atterrissage, mais ce détail aurait été omis par suite de la grande compression du récit : " Mais cette opinion n'est pas partagée par M. Biggar. Cf. *Voyages,* p. 257, note 5 : ' Ce nom, qui apparaît pour la première fois, ressemble au mot huron *Tionontate,* peuple d'au-delà des montagnes '. " Ce devait être un nouveau village huron-uroquois dans les environs de l'ancien Hochelaga. »

pas possible d'aller plus loin avec notre barque [30]. Sur quoi le capitaine [31] décida d'aller par terre pour voir la nature et la façon du saut. Et après être descendus à terre, nous trouvâmes près du rivage un chemin et sentier battu, conduisant vers les sauts, par lequel nous prîmes notre chemin. Et sur le chemin et peu après nous trouvâmes la demeure de gens qui nous firent bon accueil et nous reçurent avec beaucoup d'amitié. Et après que nous leur eussions fait connaître que nous allions vers les sauts et que nous désirions aller à Saguenay [32], quatre jeunes gens vinrent avec nous pour nous montrer le chemin et ils nous menèrent si loin que nous vînmes à un autre village où demeurent de bonnes gens lesquels demeurent vis-à-vis le deuxième saut [33], qui nous apportèrent de leurs vivres tels que potage [34] et chair de poisson et nous en offrirent [35]. Et après que le capitaine leur eut demandé tant par signes que par paroles combien de sauts nous avions à passer pour aller au Saguenay et quelle était la longueur du chemin d'où nous étions, ces gens nous montrèrent et donnèrent à entendre que nous étions au deuxième

---

30. Les rapides de Lachine.

31. Jacques Cartier.

32. Le royaume de Saguenay.

33. Les rapides de Lachine.

34. Espèce de bouillie de maïs désignée sous le nom de « sagamité ».

35. Cf. GANONG, *op. cit.*, 1934, p. 267-268 : « Ce village se trouvait sans doute aux rapides de Lachine [...] où se terminait la navigation en canoë et où commençait le portage [...] il y avait là un centre de pêche abondante comme toujours en des lieux semblables. Ceci devait être quelque part au nord de l'île Héron, à neuf milles à peu près du premier sault où étaient restées les chaloupes. Remarquons-le en passant : en tenant compte de cette distance, on ne peut admettre l'idée que ce village fût Tutonaguy, sans compter que — même si cela était — Cartier n'en fait pas mention. »

saut et qu'il n'y en avait qu'un autre à passer [36] ; que la rivière [37] n'était pas navigable pour se rendre au Saguenay et que ledit saut n'était qu'à un tiers du chemin que nous avions déjà parcouru ; nous montrant celui-ci avec des petits bâtons qu'ils placèrent sur la terre à certaines distances et ensuite mirent certaines autres branches entre ceux-ci, représentant les sauts. Et d'après leurs marques, s'ils disent vrai, il ne peut y avoir que six lieues par terre pour passer les sauts.

Description des trois sauts ou courants d'eau qui sont au-dessus d'Hochelaga [38]

Après que nous fûmes avertis par les gens des choses ci-dessus dites, autant parce que la journée était avan-

---

36. *Ibid.* : « Il reste à se demander où était le troisième saut. A première vue, il ne semble pas avoir sa place, car le lac Saint-Louis intervient aussitôt. En effet, il n'y a pas de rapides au-dessus de Lachine, sauf les Cascades où le Saint-Laurent entre dans le lac Saint-Louis à vingt milles de là, ou bien les minuscules rapides de l'île Perrot, presque à la même distance, où l'Ottawa se décharge dans le lac des Deux-Montagnes ; mais ils ne réunissent pas les conditions voulues — distance d'un tiers du parcours déjà accompli ou un total de six lieues. Il est clair que d'une façon ou d'une autre Cartier n'a pas compris ce que les Indiens lui ont dit. Cependant, la solution semble s'imposer. Les rapides de Lachine s'étendent en réalité sur un parcours de quelque trois ou quatre milles, commençant un peu au-dessus de Caughnawaga et de Lachine à quelque trois ou quatre milles au-dessus du lieu où Cartier s'était arrêté, et il semble tout à fait logique de conclure que Cartier, qui concentrait toute son attention sur la distance à parcourir avant d'avoir surmonté les obstacles du voyage qu'il désirait tant faire au [royaume de] Saguenay, prit pour un troisième sault une marque par laquelle les Indiens prétendaient indiquer les têtes des rapides de Lachine et la fin des entraves à la navigation. Cette interprétation rend les distances vraisemblables et résout le problème. » Cf. *supra, Deuxième Voyage,* note 136.

37. L'Ottawa (Biggar, *Voyages,* p. 258, note 4).

38. Cf. Ganong, *op. cit.,* 1934, p. 268 : « Hakluyt, ici, intercale dans le texte ces mots : " ci-après suit le dessin des trois

cée que parce que nous n'avions ni bu ni mangé de cette journée, nous décidâmes de retourner à nos barques [39], et y étant arrivés, nous trouvâmes grande quantité de gens au nombre de quatre cents ou environ, lesquels parurent nous bien accueillir et se réjouir de notre arrivée. Aussi notre capitaine donnat-il à chacun d'eux quelques petites bagatelles, comme peignes, épingles d'étain et de laiton et autres colifichets, et aux chefs, chacun sa petite hachette et hameçon, auxquels ils firent plusieurs cris et cérémonies de joie. Mais néanmoins il faut se garder de toutes ces belles cérémonies et joyeusetés car, s'ils s'étaient crus plus forts que nous, ils auraient fait de leur mieux pour nous tuer, ainsi que nous le comprîmes par la suite. Cela fait, nous retournâmes avec nos barques et passâmes près de la demeure du seigneur de Hochelay chez qui le capitaine avait laissé les deux jeunes garçons, en remontant la rivière, pensant le trouver. Mais il ne put y trouver personne, sauf l'un de ses fils qui dit au capitaine qu'il [40] était allé à Maisouna [41], ainsi que nous le dirent aussi nos garçons, disant qu'il était parti depuis deux jours. Mais de vrai il était allé au Canada [42] pour délibérer avec Agona de ce qu'ils pouvaient entreprendre contre nous. Et lorsque nous

---

Saults " [dans la traduction de Québec 1843, il y a : " Description des trois Saults ou courants d'eau qui sont au-dessus de Hochelaga "] lequel dessin, poursuit Ganong, n'aurait pu provenir d'aucune source autre que d'un croquis de Cartier, qui aurait accompagné le manuscrit qu'il a traduit. Malheureusement, il n'a pas reproduit ce dessin dont aucune trace n'apparaît ultérieurement sur les cartes qui ne donnent seulement, à l'instar les unes des autres, que le " premier Sault " (d'après la relation du deuxième voyage). »

39. Laissée au courant Sainte-Marie.

40. Le chef sauvage de Hochelay. (BIGGAR, *Voyages,* p. 259, note 2.)

41. Ce nom ne figure nulle part ailleurs qu'ici (*ibid.,* note 3).

42. Dans la région de la rivière Saint-Charles (*ibid.*).

fûmes arrivés à notre fort [43], il nous fut dit par nos gens que les sauvages du pays ne venaient plus autour de notre fort comme ils avaient coutume de faire, pour nous apporter du poisson, et qu'ils nous redoutaient et craignaient extrêmement. Sur ce, notre capitaine ayant été averti par quelques-uns de nos hommes lesquels avaient été à Stadacona [44] pour les voir, qu'il y avait un nombre considérable de gens du pays assemblés, fit mettre toutes choses en bon ordre dans notre forteresse : etc.

(La suite de cette relation se trouve perdue.)

---

43. A Charlesbourg-Royal, à l'embouchure de la rivière du cap Rouge.
44. Par conséquent, Stadacona existait toujours. Cf. BIGGAR, *Voyages,* p. 259, note 8.

Le voyage de
Roberval au Canada
(1542-1543)

Le voyage de Jean François de La Roque1, chevalier, seigneur de Roberval, au pays de Canada, Saguenay et Hochelaga, avec trois grands navires et deux cents personnes, tant hommes que femmes et enfants, commencé en avril 1542. Auxquels lieux il est demeuré pendant l'été de la même année et tout l'hiver suivant.

Le sieur Jean François de La Roque, chevalier, seigneur de Roberval, nommé par le Roi son lieutenant aux pays du Canada, Saguenay et Hochelaga, équipa trois grands navires en grande partie aux frais du Roi. Et ayant sur sa flotte deux cents personnes tant hommes que femmes, accompagné de diverses personnes de qualité, savoir : Monsieur Saine-Terre [2], son lieutenant ; l'Espinay, son enseigne [3], le capitaine Guinecourt, Monsieur Noirefontaine [4], Dieu Lamont Frote [5], la Brosse, François de Mire, la Salle [6] et

---

1. Son nom était La Rocque. Cf. *supra, Troisième Voyage,* note 2.

2. « Paul d'Aussillon, seigneur de Sauveterre en la Sénéchaussée de Carcassonne et demeurant audit lieu de Sauveterre. » Voir *Notes pour servir à l'histoire, à la Bibliographie et à la Cartographie de la Nouvelle-France,* Paris, Tross, 1872, p. 254. L'auteur [Harrisse] a lu Sanneterre.

3. « Peut-être Nicolas de Lépinay, seigneur de Neufville-sur-le-Wault. Il y avait une autre branche à La Fraye, près de Roberval. Voir Bibliothèque nationale, Pièces originales, vol. 1697, n°s 5 et 6. » (BIGGAR, *Voyages,* p. 263, note 9.)

4. « Probablement l'un des fils de Jean de Noirefontaine, seigneur du Buisson et du Vociennes ; ces terres étaient près de Chalons-sur-Marne. Voir Bibliothèque nationale, Dossiers bleus 496, n° 12846. » (*Ibid.,* note 10.)

5. « Probablement un fils de Jacques de Frotté, président du Parlement de Paris, dont la femme était fille d'une dame La Brosse. » (*Ibid.,* note 11.)

6. « Probablement Jean de La Salle, " homme d'armes de la compagnie dont avait charge et conduite Monsieur le Baron

Royese et Jean Alphonse de Xaintoigne [7], un excellent pilote, fit voile de La Rochelle le seizième d'avril 1542. Le même jour vers les midi, nous nous trouvâmes en face de Chef-de-Bois, où nous fûmes contraints de passer la nuit qui suivit. Le lundi dix-septième dudit mois, nous partîmes de Chef-de-Bois [8]. Le vent nous fut favorable pendant quelque temps, mais en peu de jours il devint tout à fait contraire, ce qui retarda notre route pendant longtemps, car nous fûmes soudainement forcés de retourner en arrière et de chercher un abri au havre de Belle-Ile [9], sur la côte de Bretagne où nous demeurâmes si longtemps et éprouvâmes tant de vents contraires que nous ne pûmes atteindre la Terre-Neuve que le septième jour de juin. Le huit de ce mois, nous entrâmes au havre de Saint-Jean [10] où nous trouvâmes dix-sept navires de pêcheurs. Durant notre long séjour en cet endroit, Jacques Cartier et sa suite, venant du Canada où il avait été envoyé l'année auparavant [11] avec cinq navires, arriva au même havre. Après avoir rendu ses devoirs à notre général, il lui dit qu'il avait apporté certains diamants et une

---

de Curton ", et qui par commission datée du 16 février 1542 (n. s.) reçut l'ordre de passer en revue cette compagnie qui était à Tréguier, près de Saint-Malo. Voir Bibliothèque nationale, Carrés d'Hozier 569, fol. 263. » (*Ibid.,* note 13.)

7. Jean Fonteneau, dit Alfonse ou Alphonse, eut en son temps la réputation d'un grand navigateur. Cf. BIGGAR, *Early trading Companies,* p. 222-226 ; SAINÉAN (« La Cosmographie », in *Revue des études rabelaisiennes,* 1912, p. 19-67) a démontré que son œuvre était entièrement apocryphe.

8. Chef-de-Baie qui forme la pointe nord-ouest de la baie de La Rochelle.

9. A Belle-Ile-en-Mer, petite île de France de quarante kilomètres de circonférence, à seize kilomètres de la côte de Quiberon, dans le département du Morbihan.

10. Aujourd'hui, capitale de Terre-Neuve. Ce port était depuis longtemps fréquenté par les pêcheurs de morue des côtes basques et portugaises.

11. C'est-à-dire 1541.

quantité de mine d'or qu'il avait trouvés au pays. Le dimanche suivant [12] on fit l'essai de cette mine et elle fut trouvée bonne.

De plus, il dit à notre général qu'il n'avait pu avec sa petite bande résister aux Sauvages qui rôdaient journellement et l'incommodaient fort et que c'était là la cause qui le portait à revenir en France. Cependant, lui et sa compagnie louèrent fort le pays comme étant très riche et très fertile ; mais, lorsque notre général qui avait des forces suffisantes lui eut commandé de retourner avec lui, Cartier et ses gens, remplis d'ambition et parce qu'ils voulaient avoir toute la gloire d'avoir fait la découverte de ces parties, se sauvèrent secrètement de nous la nuit suivante, et sans prendre congé partirent incontinent pour se rendre en Bretagne.

Nous passâmes la meilleure partie du mois de juin au havre de Saint-Jean, tant pour nous approvisionner d'eau fraîche dont nous eûmes grand besoin durant toute la route que pour accommoder une querelle qui s'était élevée entre des gens de notre pays et quelques Portugais. Enfin, vers le dernier jour dudit mois, nous prîmes notre départ, entrâmes dans la grande baie [13], passâmes par l'île de l'Ascension [14] et arrivâmes finalement à quatre lieues à l'ouest de l'île d'Orléans [15]. En cet endroit, nous trouvâmes un havre commode

12. « Probablement le dimanche, 18 juin. » (BIGGAR, *Voyages,* p. 264, note 68.)
13. La partie du golfe Saint-Laurent qui forme l'entrée sud-ouest du détroit de Belle-Isle.
14. L'île d'Anticosti que Cartier avait nommée l'île de l'Assomption.
15. Ainsi nommée par Cartier. Voir *Deuxième Voyage,* note 30.

pour nos navires [16]. Nous y jetâmes l'ancre et nous nous rendîmes à terre avec nos gens et fîmes choix d'une place commode pour nous fortifier, et capable de commander la grande rivière [17] et de pouvoir résister à l'attaque des ennemis. En sorte que vers la fin de juillet nous avions apporté à terre toutes nos victuailles et autres munitions et provisions et commençâmes à travailler pour nous fortifier.

Du fort de France-Roi et de ce qui fut fait en cet endroit

Ayant décrit le commencement, le milieu et la fin du voyage que fit Monsieur de Roberval dans les pays de Canada, Hochelaga, Saguenay et autres pays dans les contrées de l'ouest, il naviga si avant (comme il est écrit dans d'autres mémoires) qu'il aborda enfin au pays susdit, accompagné de deux cents personnes, soldats, mariniers et gens du commun avec tout ce qui était nécessaire pour une flotte. Le général susdit, aussitôt son arrivée, fit bâtir un joli fort, proche et un peu à l'ouest du Canada [18], lequel était beau à voir et d'une grande force, situé sur une montagne, dans lequel il y avait deux corps de logis, une grosse tour et une autre de quarante à cinquante pieds de long, où il y avait diverses chambres, une salle, une cuisine, des chambres d'office, des celliers hauts et bas et proche de ceux-ci, il y avait un four et des moulins, aussi un poêle pour y chauffer les gens, et un puits devant la maison. Le bâtiment était situé sur la grande

---

16. La rivière du cap Rouge.
17. Le fleuve Saint-Laurent.
18. Cela paraît peu vraisemblable ; l'auteur a sans doute voulu parler des travaux effectués sur les constructions de Cartier.

rivière du Canada appelée *France-Prime* [19] par Monsieur Roberval. Il y avait aussi au pied de la montagne un autre logement, dont partie formait une tour à deux étages, avec deux bons corps de logis où tout d'abord furent envoyés pour y être conservés nos victuailles et tout ce que nous avions apporté avec nous ; et près de cette tour, il y a une autre petite rivière. Dans ces deux endroits, tant en bas qu'en haut, furent logés les gens du commun.

Et durant le mois d'août et au commencement de septembre, chacun fut employé à la besogne qu'il se trouvait capable de faire. Mais le quatorzième de septembre, notre général susdit renvoya en France deux navires qui avaient apporté ses effets et il nomma à l'un d'eux pour amiral Monsieur de Saineterre [20] et à l'autre pour capitaine Monsieur Guinecourt, afin de donner avis au Roi et de revenir l'année suivante avec des victuailles et autres fournitures, ainsi qu'il plairait au Roi [21] : et aussi afin d'apporter des nouvelles de France, pour savoir comment le Roi avait accepté certains diamants qui lui avaient été envoyés et que l'on avait trouvés dans ce pays.

Après le départ de ces deux navires, on délibéra sur ce qu'il fallait faire et de la manière qu'on passerait l'hiver dans cet endroit. On fit premièrement l'examen des provisions et l'on trouva qu'elles seraient insuffi-

---

19. Le Saint-Laurent.
20. Voir ci-dessus, note 2.
21. Voir la commission de François Ier donnée à Paul d'Aussillon, seigneur de Sauveterre, pour son retour au Canada avec deux vaisseaux chargés de marchandises et destinés à secourir Roberval, 26 janvier 1542 (1543). Harrisse, *Notes,* p. 272-273. BIGGAR, *A Collection,* p. 471-2 et Archives nationales, Paris, série K, carton 1232, n° 37.

santes. On fit le partage, de manière que chaque mess n'avait que deux pains pesant chacun une livre, et une demi-livre de bœuf. L'on mangeait du lard au dîner, avec une demi-livre de beurre : et du bœuf au souper avec environ deux poignées de fèves sans beurre. Les mercredis, vendredis et samedis, on mangeait de la morue séchée et quelquefois verte au dîner, avec du beurre et du marsouin et des fèves au souper.

Vers ce temps les Sauvages nous apportèrent une grande quantité d'aloses qui sont des poissons presque aussi rouges que des saumons, pour avoir de nous des couteaux et autres bagatelles. A la fin, plusieurs de nos gens tombèrent malades d'une certaine maladie dans les jambes, les reins et l'estomac, de telle sorte qu'ils nous paraissaient avoir perdu l'usage de tous leurs membres, et il en mourut environ cinquante [22].

Il est à remarquer que la glace commença à fondre en avril.

Monsieur de Roberval faisait bonne justice et punissait chacun selon son offense. Un nommé Michel Gaillon fut pendu pour cause de vol. Jean de Nantes [23] fut mis aux fers et emprisonné pour sa faute, et d'autres furent pareillement mis aux fers et plusieurs autres furent fouettés, tant hommes que femmes : au moyen de quoi ils vécurent en paix et tranquillité.

Des manières des Sauvages

Pour vous déclarer quelle est la condition des Sauvages, il faut dire à ce sujet : que ces peuples sont

---

22. « Sans doute la même maladie dont avaient été atteints les gens de Cartier : le scorbut. » (BIGGAR, *Voyages,* p. 267, note 12.)

23. Chef-lieu du département de la Loire-Inférieure, à cinquante-cinq kilomètres de la mer. Important port de commerce.

de bonne stature et bien proportionnés. Ils sont blancs, mais vont tout nus : et s'ils étaient vêtus à la façon de nos Français, ils seraient aussi blancs et auraient aussi bon air ; mais ils se peignent de diverses couleurs à cause de la chaleur et de l'ardeur du soleil.

Au lieu de vêtements, ils s'accoutrent de peaux en manière de manteaux, tant les hommes que les femmes ; et ils ont de petites culottes qui couvrent leur nature, aussi bien hommes que femmes. Ils ont des bas de chausses et des souliers de cuir proprement façonnés. Ils ne portent point de chemises et ne se couvrent point la tête, mais leurs cheveux sont relevés au haut de la tête et tortillés ou tressés [24]. Pour ce qui est de leurs vivres, ils se nourrissent de bonnes viandes, toutefois sans aucune saveur de sel : mais ils les font sécher et ensuite griller et ce tant le poisson que la chair.

Ils n'ont aucune demeure arrêtée, mais vont d'un lieu à un autre où ils croient qu'ils pourront mieux trouver leur nourriture, comme aloses dans un endroit, et ailleurs différents poissons, tels que saumons,

---

24. Cf. SAGARD, *op. cit.,* p. 362-364. « Les Canadiens et Montagnais, tant hommes que femmes, portent tous longue chevelure qui leur bat les épaules et à costé des joues, sans estre nouéz ny attachéz ; et n'en couppent qu'un bien peu de devant, qui restent courts sur le front, comme les garsettes des femmes mondaines. [...] Les femmes et filles Algoumequines mypartissent leur longue chevelure en trois, les deux parts leur pendant de costé et d'autre sur les oreilles et à costé des joues, et l'autre partie est accommodée par derrière en tresse, en forme d'un marteau pendant couché sur le dos, de la longueur d'environ cinq quarts de pied. Mais les Huronnes et Petuneuses ne font de tous leurs cheveux qu'une tresse accommodée de mesme celle des Algoumequines. [...] Pour les cheveux ou poils levéz des nations que nous avons au Su, ils entretiennent tous leurs cheveux sur le front fort droits et relevez, plus que n'étoient ceux que nos demoiselles portoient anciennement, ils sont couppez de mesure, allans toujours en diminuans et racourcissans de dessus le front jusques au derrière de la teste. »

esturgeons, mulets, surmulets, bars, carpes, anguilles, pimperneaux [25] et autres poissons d'eau douce et quantité de marsouins. Ils se nourrissent aussi de cerfs, sangliers, bœufs sauvages, porcs-épics et de nombre d'autres sauvagines.

Le gibier se trouve en aussi grande abondance qu'ils peuvent désirer. Pour ce qui est de leur pain, ils le font d'une bonne saveur, avec du gros mil. Ils se nourrissent bien, car pour autre chose ils n'ont aucun souci. Leur breuvage est l'huile de loup marin ; néanmoins, ils la réservent pour leurs grands festins.

Ils ont un roi dans chaque pays auquel ils sont étonnamment soumis et ils lui font honneur d'après leurs manières et façons [26]. Lorsqu'ils voyagent d'un lieu à un autre, ils emportent dans leurs canots tout ce qu'ils possèdent. Les femmes nourrissent leurs enfants à la mamelle et sont continuellement accroupies, et elles ont le ventre enveloppé de fourrures.

Le voyage que fit le sieur de Roberval de son fort au Canada au Saguenay le cinquième de juin 1543

Le sieur de Roberval, lieutenant général pour le Roi dans les pays de Canada, Saguenay et Hochelaga, prit son départ pour aller à ladite province de Saguenay, mardi le cinquième de juin 1543, après souper ; et il s'était rendu à bord des barques, avec tous ses

---

25. Variété d'anguille.
26. Cf. SAGARD, *op. cit.*, p. 390-391 : « Il y avoit à la ville de Sainct-Joseph [mission huronne] le grand capitaine de la Province des Ours, qu'ils appelloient Garihoua Andionxra pour le distinguer des ordinaires de guerre qu'ils appellent Garihoua doutagueta. [...] Et ce Garihoua Andionxra n'avoit pas si petite estime de luy mesme, doigts demonstratifs des mains qu'il nous monstroit joints ensemble, en nous faisant cette ridicule & inepte comparaison. »

effets, pour faire le voyage susdit. Mais, à cause de quelques circonstances qui survinrent, lesdites barques demeurèrent dans la rade vis-à-vis du lieu ci-devant nommé. Et le mercredi, vers les six heures du matin, elles firent voile, naviguant contre le flot et la marée. La flotte était composée de huit barques tant grandes que petites ; et il y avait à bord soixante-dix personnes ensemble avec ledit général.

Le général laissa dans ladite place et fort le nombre de trente personnes, lesquelles y devaient demeurer jusqu'au retour du voyage au Saguenay, qui devait être au premier juillet [27] ; passé lequel temps, ils devraient retourner en France. Et il ne laissa en ce lieu que deux barques pour y contenir lesdites trente personnes, avec tout ce qui s'y trouvait lorsqu'il faisait sa demeure dans le pays.

Et pour ce sujet, il y laissa comme son lieutenant un gentilhomme nommé le sieur de Royeze, auquel il donna sa commission ; enjoignant à tous les hommes de lui porter obéissance et d'être aux ordres dudit lieutenant.

Les vivres qui avaient été laissées pour leur subsistance jusqu'audit premier jour de juillet furent reçus par ledit lieutenant de Royeze.

Le jeudi, quatorzième de juin, le sieur de l'Epinay, le sieur La Brosse, le sieur Frete [28] et le sieur Lon-

27. « Ceci montre que le royaume de Saguenay était considéré comme n'étant pas éloigné de l'embouchure de l'Ottawa, puisque Roberval espérait s'y rendre, en prendre possession et revenir ; tout cela dans le court espace de temps de trois semaines. » (BIGGAR, *Voyages,* p. 270, note 1.)

28. Hakluyt écrit au début du récit Frote.

queval [29] et autres revinrent de devers le général, du voyage du Saguenay [30].

Et il est à remarquer qu'il y eut une barque de perdue et huit personnes furent noyées : parmi lesquelles se trouvaient le sieur Noirefontaine et un nommé Levasseur, de Constance [31].

Le jeudi, dix-neuvième du mois de juin susdit, arrivèrent de devers le général, les sieurs de Villeneuve, Talbot et trois autres, lesquels apportèrent cent vingt livres pesant de blé ; avec lettres mandant qu'on demeurât jusqu'à la veille de la Sainte-Madeleine, qui est le vingt-deuxième de juillet.

(La suite de cette relation se trouve perdue.)

29. Robert de Longueval, sieur de Thenelles (Oise), épousa en 1519 la fille de Robert de Hangard et de Catherine de La Rocque Voir Bibliothèque nationale, Cabinet d'Hozier, vol. 215, n° 5593. (BIGGAR, *op. cit.*, p. 270, note 4.)

30. Ils ont dû laisser Roberval aux Rapides de Lachine. Cf. l'inscription qui se trouve à cet endroit sur la carte Desceliers 1550, reproduite par Biggar, planche XIV, p. 225 : « jusques icy a esté Monsr de Roberval ». (BIGGAR, *op. cit.*, p. 270, note 5.)

31. Sans doute Coutances (Manche). [*Ibid.*]

Table

La collection de poche
LA DÉCOUVERTE

ACHEVÉ D'IMPRIMER LE 11 MARS 1981
SUR LES PRESSES DE L'IMPRIMERIE
CORBIÈRE ET JUGAIN, ALENÇON. PRE-
MIER TIRAGE : 10 000 EXEMPLAIRES.
DÉPÔT LÉGAL : 1er TRIMESTRE 1981.
ISBN 2-7071-1227-5

30R